焦点结构和意义的研究

（增订本）

徐烈炯　潘海华——主编

上海教育出版社

目　录

前　言

　　近年来国外语言学家在句法学、语义学、话语分析等多个领域对多种语言的焦点作了深入的研究,仅 Kiss(1995)所编《话语概念结构化语言》(*Discourse Configurational Language*)一书各章就收集了对英语、匈牙利语、芬兰语、卡德兰语、巴斯克语、现代希腊语、索马利语、克契瓦语、朝鲜语如何表达焦点所作的系统描述。由 Rebuschi & Tuller(1999)编的另一部文集《焦点语法》(*The Grammar of Focus*)中研究了英语、法语、葡萄牙语、土耳其语、标准阿拉伯语、摩洛哥阿拉伯语以及印地语、乌儿都语、马拉雅拉姆语等印度语言的焦点。Bosch & van de Sandt(1999)编的《语言、认知和计算机角度看焦点》(*Focus: Linguistic, Cognitive, and Computational Perspectives*),从书名就可以看出其多学科性质。

　　2000 年上半年就召开过几次有关话题和焦点的国际专题研讨会,四月份一个月内就有两次:英国语言学会在伦敦大学举行的会议有一百多人参加,讨论在焦点问题上句法和语用的相互关系;欧亚语言学会(GLOW)在西班牙召开的年会上也有一个有关焦点的专题讨论。美国约翰斯·霍普金斯大学二月至四月连续十周每逢星期二都有专题讨论,讨论对话题和焦点的理解、信息结构语序等有关问题。这一年中国香港也召开过一次有关汉语话题和焦点的国际会议。

　　屈承熹(1999)《普通话话语语法》(*A Discourse Grammar of Mandarin Chinese*)提到汉语著作很少论及焦点的概念,中国境外著作中比较详细研究焦点在汉语中表现形式的文章仍是郑良伟及汤廷池在 1983 年发表的论文,境内著作中张伯江、方梅(1996)《汉语功能语法研究》中有论述焦点的章节。总的说来,国内对焦点研究的重视不如国外,对焦点研究的重视也不如对话题的研究。因此,需要有一部著作向国内读者介绍近年来国外语言学家深入研究其他语言所获得的启示,以此为基础既可以继续深入研究其他语言,也可以研究汉语中焦点的概念及表现形式。焦点和其他许多重要的语言现象一样,既有共性又有个性。例如,国内语法学家常说的"语义指向",其中有相当大一部分与焦点有关。这些现象别的语言也有,国外的语言学家在研究焦点时早就作过细致深入的分析和解释。

在生成语法领域里对焦点进行研究已经三十多年了,本书第一章先回顾这一段历史,突出 Chomsky、Jackendoff 等早期研究的几座里程碑,一直写到以匈牙利语言学家 Kiss 为代表的当代研究。然后有一章说明焦点的几个不同概念,重点说明信息焦点与对比焦点的不同,提请读者注意不要混淆。接下来是焦点的语音、语用、句法、语义等各方面。英语和许多其他印欧语言表达焦点的主要手段是语音语调,国外的学者历来重视这方面的研究。在多大程度上可以凭语音语调来确定句子的焦点研究尤其深入,注意到了音系和句法之间的关系。有关语用的一章介绍用 Lambrecht 信息结构的理论来分析名词词组、动词词组和句子的焦点,这一章还从信息结构的角度说明汉语的词序。第五章专门介绍 Rochemont 对英语焦点的研究,Rochemont(1978)的博士论文《英语文体规则理论》(*A Theory of Stylistic Rules in English*),是在生成语法框架下研究焦点问题的第一篇博士论文,试图将焦点的音系、句法和语义特点统一在一个框架下,揭示"焦点"概念的本质以及与焦点有关的一些语言学特性。这篇论文后来经过修改扩充于 1986 年出版,书名为《生成语法中的焦点》(*Focus in Generative Grammar*)。1990 年 Rochemont 研究焦点问题的另一部专著出版。他的观点对以后的焦点研究有相当大的影响。第六章介绍在焦点释义中非常重要的焦点关联现象(association with focus)和三分结构(tripartite structure),并讨论英语中的一些对焦点敏感的现象与结构。

焦点的语义研究是重点,形式语义学家提出了不同的理论来处理焦点的语义问题,本书在后面几章一一介绍。国外有关焦点语义解释的理论,一般可以分为两大类,即焦点移位说和非移位说,后者指的是焦点不移位而在原位受到某个算子的约束。基于这两个大类,又可引申出六个有关处理焦点语义的主要理论框架。焦点移位说主要是指焦点逻辑形式移位(focus LF movement),它的理论基础是在逻辑结构上,焦点会从原位移往句法上处于较高的一个位置,并邻接约束它的焦点敏感算子。焦点非移位说有五个。第一个是结构意义说(structured meanings semantics),其主张是焦点会引出一个"焦点–背景"的划分,属于一个结合句法与语义的理论框架。第二个是选项语义论(alternative semantics),这个框架集合语义与语用两方面的因素,其精髓在于焦点会引出一个成员间相互对比的选项集合。第三个是原位约束说(in-situ binding semantics),这个框架建立在选项语义论之上,两者都是主张焦点在原位上释义,不同之处在于只有原位约束说会赋予算子与变量之间一个约束关系。第四个是逻辑代换法(replace theory),它利用高阶合一(higher order unification)运算对焦点进行语义解释,是一种纯语义的逻辑方法。最后一个是 Krifka 提出的混合分析法（hybrid framework for focus interpretation），这个分析法结合了焦点移位说与非移位说的特点，主张区分焦点和焦点短语，用移位说来处理后者，而用非移位说中的选项语义论来处理前者。

在讨论过上述有关焦点释义的语义框架后，最后一章介绍焦点与否定词"不"的相互作用。以往有关"不"的文献都集中于两个语言事实："不"不能与完成态标记"了"和表方式修饰语共现。解释这两个语言事实，前人都采用黏合说，不过，都未能完满地解释所有"不"字句，原因是这些分析都忽略了焦点在"不"字句中的重要性。本章通过讨论焦点与"不"及能愿动词／量化副词间的相互作用，来说明焦点在句子释义过程中的重要性。

书中的语言材料有英语的，也有各种其他语言的。作者尽可能采用一些汉语的例子，用在其他语言基础上归纳出来的理论联系汉语事实，发表自己对汉语焦点的见解。当今语言学形式主义是主流，有关焦点的研究也以形式语言学研究居多，读者会注意到本书也有专门章节讨论信息结构等非形式化的研究。

本书例句在需要标明焦点的地方用黑体或黑体加"[…]F"来表示焦点成分，凡是例句中的焦点在文中已经交代清楚不会造成误解的地方，可以不用黑体。另外，需要指出焦点中的重音的地方，用大写字母表示带重音的词。必要的地方，例句中会既有黑体，又有大写字母，甚至有黑体大写字母。有几章对本章所采用的标法有所说明，请读者留意。

本书是香港城市大学 1998—2000 年重点项目"焦点与句子理解"的成果之一。参加撰稿的有课题组的徐烈炯、潘海华和中文、翻译及语言学系的另一位同事罗仁地，以及他的合作者香港教育学院的潘露莉，还有原在该校攻读博士学位的胡建华、花东帆、李宝伦和沈园。另外，本书在编辑过程中得到了李宝伦的许多帮助，在此表示感谢。

第一章　生成语法对焦点的研究

胡建华

虽然 Chomsky([1955]1975)就涉及句子中的焦点(focus)现象,但直到最近 30 年,生成语法才更多地从跨语言的角度来深入研究焦点问题。当生成语法从跨语言的角度来研究焦点时,它发现焦点不仅是一个语义现象,而且还是一个句法现象。最近 30 多年,生成语法学家开始注重话语结构化(discourse-configurational)语言的研究。他们发现,在话语结构化语言中,焦点具有特定的句法位置,而正是这一特定的焦点结构位置把对比(contrastive)焦点与非对比(non-contrastive)焦点区分开来。本章首先简要介绍一下生成语法对焦点现象的早期研究,然后着重介绍生成语法对焦点的句法研究。

1. 焦点与预设

生成语法对焦点的研究最早见于 Chomsky([1955]1975),但由于当时生成语法的研究基本不涉及语义,所以当时 Chomsky 只是把焦点现象看作句子层面上的韵律(prosodic)现象,认为焦点是韵律上的突出(salient)成分。Chomsky(1970)是最早从语义方面研究焦点的论文。Chomsky 认为句子的语义表达(semantic representation)应该分成预设(presupposition)与焦点两个部分。根据 Chomsky(1970),在以下例句中(2)是对(1a)的自然回答,同时是对(1b)的证实。

(1) a. Is it **JOHN** who writes poetry?

　　　是约翰写诗吗?

　　b. It isn't **JOHN** who writes poetry?

　　　不是约翰写诗吗?

(2) No, it is **BILL** who writes poetry.

　　不是,是比尔写诗。

在(1)中,句子的焦点是 John,句子的预设是 someone writes poetry。(1)的自然

回答是(2),(2)的预设与(1)相同,(2)与(1)的区别仅在于焦点不同。注意,下句(3)不能作(1)的回答,因为(3)所表达的预设与(1)不相同。

　　(3) No, John writes only short **STORIES**.

　　　　不是,约翰只写短篇小说。

　　在 Chomsky(1970)之后,Jackendoff(1972)对焦点现象作了更加深入细致的研究。他认为,"如果一个短语 P 被选作句子 S 的焦点,那么 S 中的最强重音就会落在 P 中根据正常重音规则所指派的最强重音的音节上面"。从这一原则出发,Jackendoff 假定焦点是一种可以与表层结构中的任何节点(node)相关联的句法标记(syntactic marker)F。Jackendoff(1972)从语义上对焦点和预设之间的关系作出了说明,他指出,句子的焦点是与 F 支配的表层结构节点相关联的语义材料,而用适当的语义变量去替换焦点标记的材料就可以推导出句子的预设。根据 Jackendoff(1972),焦点的指派过程如下:首先,用变量来代替句子中的焦点从而形成预设[Presupp$_s$(x)];然后,建立预设集(presuppositional set):[λx Presupp$_s$(x)]。预设集指的是那些替换[Presupp$_s$(x)]中的变量 x 就可以形成一个真命题的值的集合。由于预设是通过变量代替焦点推导出来的,所以焦点肯定是预设集的成员,即焦点∈λx Presupp$_s$(x)。根据 Chomsky(1970),在以下例句中,John 写诗的地方只有一个,即 study(书房),而根据 Jackendoff(1972),study 只是若干地方中的一个。

　　(4) John writes poetry in his **STUDY**.

　　　　约翰在书房写诗。

　　最早强调对比焦点和非对比焦点的区分是 Guéron(1980)。她认为在以下例句中,(5a)中的宾语既可以做对比焦点又可以做非对比焦点,而(5b)中的主语却只能做对比焦点。

　　(5) a. George loves **MARTHA**.

　　　　　乔治爱玛莎。

　　　　b. **GEORGE** loves Martha.

　　　　　乔治爱玛莎。

　　Guéron 还对逻辑(logical)焦点和语调(intonational)焦点作了区分。逻辑焦点是动词的成分统领语域(c-command domain)内的最后的论元(argument)。(5b)显示了这两种焦点没有重合时的情况。在 Guéron(1980)的分析中,弱跨越效应(Weak Crossover Effect)与句子语法无关。她认为在以下例句(6a)中句子焦点 John 之所以不能与代词所有格 his 同标(co-index),就是因为(6a)中的焦点

John 是引入话语的新信息,而代词所有格 his 代表话语中的旧信息,如果把它们二者同标,就会引起新、旧信息之间的冲突。

　　(6) a. His wife mistreats **JOHN**.

　　　　　他妻子虐待约翰。

　　　 b. His wife **MISTREATS** John.

　　　　　他妻子虐待约翰。

Guéron 注意到在(6b)中,当动词成为语调焦点时,John 就变成了旧信息,因此可以与代词所有格 his 同标。

2. 焦点算子与焦点投射

　　进入 20 世纪 80 年代以后,生成语法对焦点的研究主要侧重于其算子(operator)特性的研究,而只有对比焦点才有算子特性。把焦点看作算子,就是强调其量化(quantificational)特性。根据这一分析,以下例句(7a)中的焦点标记成分 John 不能与代词所有格 his 同指的原因与(7b)和(7c)中的量化词语 everyone 和 who 不能与其句内的代词所有格 his 同指的原因相同。

　　(7) a. *His$_i$ dog bit **JOHN**$_i$.

　　　　　*他$_i$的狗咬了约翰$_i$。

　　　 b. *His$_i$ dog bit everyone$_i$.

　　　　　*他$_i$的狗咬了每一个人$_i$。

　　　 c. *Who$_i$ did his$_i$ dog bite?

　　　　　*他$_i$的狗咬了谁$_i$。

　　世界上各种语言都有表达焦点的手段。大体上讲,大多数语言基本使用两种方法来表达焦点。一种是使用音系手段(如重音和语调),另一种是使用结构手段。结构焦点往往还会伴随形态焦点标记共同出现。É. Kiss(1999)认为使用结构手段来表达焦点的语言是话语结构化语言。她指出,虽然使用结构手段来表达焦点的语言往往又是话题显著型语言(topic-prominent language),但这二者之间并没有必然的联系,因为有的话题显著型语言,如汉语、日语等,并没有结构焦点,而有的语言,如威尔士语,虽然有结构焦点,却并不是话题显著型语言。基于对使用结构手段来表达焦点的语言的分析,最近的一些生成语法对焦点的研究,如 Uriagareka(1988, 1992)、Choe(1989)、Brody(1990)、Rizzi(1997)、Szabolcsi(1997)、É. Kiss(1998)等,把焦点算子与焦点的功能投射(functional projection）结合起来，认为焦点算子占据焦点中心语（focus head）投射的标志语（specifier）位置，即［Spec, FP］。Uriagareka(1988, 1992)认为焦点中心语 F 不仅与焦点相关联，而且还与任何表达视角（point of view）的算子相关联。Brody(1990)在 Horvath(1981, 1986)的基础上提出，焦点解读源自动词指派的［＋F（焦点）］特征。动词移入功能焦点投射的中心语 F 位置，然后把［＋F］特征指派给移入［Spec, FP］的语言成分。根据 Brody(1990)，动词之所以向 V 移动是因为以下焦点准则（Focus Criterion）中的 A 条件在起作用。焦点准则与 May(1985)和 Rizzi(1990)提出的 WH 准则（WH-Criterion）相似。

(8) **焦点准则**

　　A. FP 的标志语位置必须包含一个［＋F］短语。

　　B. 所有的［＋F］短语都必须位于 FP。

É. Kiss(1998)在 Brody(1990,1995)的基础上提出，焦点短语 FP 的中心语 F 是一个抽象的功能中心语，它具有强 V 特征，从而触发 V 至 F 的移位。她认为，焦点取辖域（scope）的范围是 F 的补足语（complement）。

É. Kiss(1998)认为在匈牙利语中，焦点投射支配 VP，而量化语（quantifier）投射和话题投射则支配焦点投射。FP 的标志语位置通过焦点移位来填充，焦点移位可以跨越句子边界，如以下匈牙利语例句(É. Kiss, 1998：256)所示。

(9) a. [$_{VP}$ Szretném　　[$_{CP}$ ha [$_{FP}$ **Péterre**$_i$ szavaznátok t$_i$]]]

　　　　I.would.like　　if　　Peter.on voted. You

　　I wish it was Peter on whom you voted.

　　我希望你是投彼得的票。

b. [$_{FP}$ **Péterre**$_i$ szretném，[$_{CP}$ t$_i$ ha szavaznátok t$_i$]]

　　　　Peter.on I.would.like　　if voted.you

　　It is Peter on whom I would like you to vote.

　　我希望你投的是彼得的票。

3. 焦点移位

音系焦点与结构焦点之间的重要区别在于音系焦点是原位焦点（focus-in-situ），因而不需要移位，而结构焦点则必须移位。那么，如何解释不同语言在焦点移位上的差异？方法之一便是假设在不同的语言中焦点准则在不同的句法表达层次上运用。如果某一语言要求焦点准则必须在 S 结构运用，那么这一语言便是结构焦点语言;如果在某一语言中,焦点准则可以在 LF 运用,那么这一语言便是原位焦点语言。虽然这一假设可以方便地说明不同语言在焦点移位上的差异,但它无法解释为什么同一种语言既可以有移位焦点又可以有原位焦点。另一种方法便是遵循 Chomsky(1991)的思路,把语言间的差异与功能语类(functional category)而不是表达层次挂上钩。根据这一分析方法,我们可以假设所有的语言都有一个功能语类 F。语言间的差异在于 F 在不同的语言取的值不同。例如,我们可以假设,FP 的中心语在匈牙利语中总是取[＋F]值,在英语中总是取[－F]值,而在希腊语中它则既可取[＋F]值,又可取[－F]值,因为焦点移位在希腊语中是任意性的。虽然这一假设十分诱人,但它与上一个假设一样,并没有解释焦点为什么要移位。

É. Kiss(1998)用认定(identificational)①焦点与信息(information)焦点之间的对立来涵盖一般所讲的对比焦点与呈现(presentational)焦点或窄(narrow)焦点与宽(wide)焦点之间的区别。她认为焦点可以用[±穷尽性(exhaustiveness)]和[±对比性(contrastiveness)]这两个特征来进行分类。她认为认定焦点或者在这两个特征上都取正值,或者至少在一个特征上取正值。根据 É. Kiss(1998),认定焦点在语义上是一个具有穷尽性和排他性特点的算子,在句法上则是一个必须移入[Spec, FP]的句法成分。与认定焦点相比,信息焦点仅标记它所传载的信息的非预设性,同时也不涉及句法移位。É. Kiss(1998)认为匈牙利语和英语都有认定焦点,其特征描述都是:[＋穷尽性;±对比性]。在匈牙利语中,认定焦点是移入动词前的[Spec, FP]的成分,如(9)所示。

那么在英语中,什么是认定焦点呢? É. Kiss(1998)认为英语中的认定焦点是分裂结构(cleft construction)中的分裂成分,这一分裂成分占据[Spec, FP]位置。根据 É. Kiss(1998)的分析,句子(10)的结构为(11)。

(10) It was to John that I spoke.

　　　我是和约翰讲话。

---

① 本文按照袁毓林(2003)的译法,把 identificational focus 翻译成"认定焦点"。

（11）

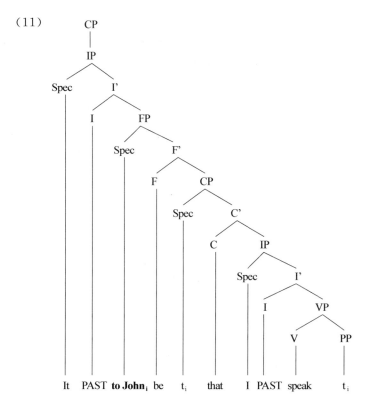

结构(11)显示焦点中心语 F 的补足语是 CP。根据 Brody(1990，1995)，没有语音形式的焦点中心语 F 必须触发 V 至 F 移位从而使之词汇化，但因为 CP 是 F 的补足语，V 至 F 移位自然会被 CP 中的标句词(complementizer)阻断。由于 CP 的标句词阻断了 V 至 F 移位，所以填充词 be 要先填入焦点中心语 F 节点，从而使之词汇化，然后 be 再移入主句 I 位置。

　　如果以上对英语分裂句的分析是正确的话，那么焦点中心语 F 在不同的语言所选择的补足语应该有所不同。在匈牙利语中，它选择 VP 做补足语，而在英语中，它则选择 CP 做补足语。

　　根据 É. Kiss(1998)，认定焦点与信息焦点之间的一个重要区别就是，认定焦点位置排斥全称量化词，而信息焦点则不排斥，如(12)中的匈牙利语例句和(13)中的英语例句所示。

（12）a. *Mari **minden kalapot** nézett ki magának.

　　　　Mary every hat.ACC picked out herself.DAT

　　　* It was **every hat** that Mary picked for herself.

玛丽是给自己选了**每一顶帽子**。

(É. Kiss，1998：252)

b. MINDEN KOLLÉGÁMAT　　meg hívtm.

every　　　colleague.my.ACC　　PERF invite.I

I invited EVERY COLLEAGUE OF MINE.

我邀请了<u>我的每个同事</u>。

(É. Kiss，1998：253)

(13) a. *It was **everybody** that Mary invited to her birthday party.

玛丽是邀请**每一个人**参加她的生日晚会。

b. Mary invited EVERYBODY to her birthday party.

玛丽邀请<u>每一个人</u>参加她的生日晚会。

(É. Kiss，1998：253)

在以上例句中，黑体字母表示认定焦点，大写字母以及带下划线的汉字表示信息焦点。以上例句清楚地显示，认定焦点与信息焦点具有本质上的差异。

根据 É. Kiss(1998)的分析，只有认定焦点才移入[Spec, FP]，信息焦点则不需移位。这一分析面临的问题是如何解释英语的 *only*-短语：*only*-短语具有穷尽性和排他性，显然符合认定焦点的特点，但 *only*-短语并不一定要移入[Spec, FP]。É. Kiss(1998)的解决办法是假设 *only*-短语在 LF 移入[Spec, FP]。那么，为什么 *only*-短语不需要在显性句法(overt syntax)移入[Spec, FP]呢？É. Kiss (1998)认为如果一个语言成分的认定焦点特征在 PF(语音形式)层面是可视(visible)或可听(audible)的，那么焦点移位便可推延至 LF 进行。É. Kiss 的这一分析符合 Ouhalla(1994)对阿拉伯语焦点的描述。根据 Ouhalla(1994)，在阿拉伯语中，认定焦点必须在显性句法层面移入[Spec, FP]，但如果认定焦点具有形态标记的焦点特征，则不必在显性句法层面移入[Spec, FP]。

本章简要介绍了生成语法对焦点的研究。从介绍中可以看出，生成语法对焦点的研究是放在普遍语法的框架中进行的。它主要侧重研究与焦点有关的句法共性以及共性下的参数差异。

参考文献

1. 袁毓林.句子的焦点结构及其对语义解释的影响[J].当代语言学,2003(4)：323-338.

2. Brody, Michael. Some Remarks on the Focus Field in Hungarian[C]// UCL Working Papers in Linguistics 2. London：University College of London, 1990：201-225.

3. Brody, Michael. Focus and Checking Theory [M] // I. Kenesei. Levels and Structures (Approaches to Hungarian V, Vol. 5). Szeged: JATE, 1995: 30 - 43.

4. Choe, Hyon Sook. Restructuring Parameters and Scrambling in Korean and Hungarian[M]// L. Maracz & P. Muysken. Configurationality. Dordrecht: Foris, 1989.

5. Chomsky, Noam. The Logical Structure of Linguistic Theory [M]. New York: Plenum, [1955] 1975.

6. Chomsky, Noam. Deep Structure, Surface Structure and Semantic Interpretation [M] // R. Jakobson & S. Kawamoto. Studies in General and Oriental Linguistics. Tokyo: TEC, 1970: 52 - 91. (Also in Chomsky, Noam. Studies on Semantics in Generative Grammar [M]. The Hague: Mouton, 1972: 62 - 119.)

7. Chomsky, Noam. Some Notes on the Economy of Derivations and Representations[M] // R. Freidin. Principles and Parameters in Comparative Grammar. Cambridge, Mass.: MIT Press, 1991: 417 - 454.

8. Guéron, Jacqueline. On the Syntax and Semantics of PP Extraposition[J]. Linguistic Inquiry, 1980, 11(4): 637 - 678.

9. Horvath, Julia. Aspects of Hungarian Syntax and the Theory of Grammar[D]. Los Angeles: UCLA, 1981.

10. Horvath, Julia. Focus in the Theory of Grammar and the Syntax of Hungarian [M]. Dordrecht: Foris, 1986.

11. Jackendoff, Ray. Semantic Interpretation in Generative Grammar[M]. Cambridge, Mass.: MIT Press, 1972.

12. Kiss, Katalan É. Introduction[M]// Kiss, Katalan É. Discourse Configurational Languages. Oxford: Oxford University Press, 1995: 3 - 27.

13. Kiss, Katalan É. Identificational Focus versus Information Focus [J]. Language, 1998, 74(2): 245 - 273.

14. Ouhalla, Jamal. Focus in Standard Arabic[J]. Linguistics in Potsdam, 1994, 1: 65 - 92.

15. Rebuschi, Georges & Laurice Tuller. The Grammar of Focus[M]// Rebuschi, Georges & Laurice Tuller. The Grammar of Focus. Amsterdam: John Benjamins, 1999.

16. Rizzi, Luigi. The Fine Structure of the Left Periphery[M]// L. Haegeman. Elements of Grammar: Handbook of Generative Syntax. Dordrecht: Foris, 1997.

17. Rochemont, Michael S. Focus in Generative Grammar[M]. Amsterdam: John Benjamins, 1986.

18. Szabolcsi, Anna. Strategies for Scope Taking[M]// Szabolcsi, Anna. Ways of Scope Taking. Dordrecht: Foris, 1997.

19. Uriagereka, Juan. On Government[D]. University of Connecticut, Storrs, 1988.

20. Uriagereka, Juan. The Syntax of Movement in Basque [M]// J. Lakarra & J. Ortiz de Urbina. Syntactic Theory and Basque Syntax. Donostia: ASJU, 1992.

第二章　几个不同的焦点概念

徐烈炯

焦点(focus)是音系学、句法学、语义学、话语分析等语言学各个学科共同感兴趣的问题,也是形式语言学、功能语言学等语言学各个学派共同感兴趣的问题。语言学中得到如此广泛注意的课题不多。好处是各学科各学派可以互得益彰;难处是正如 Vallduví & Vilkuna(1998)指出,研究焦点好比住在"术语的地雷区"。虽然大家都用"焦点"这一词语,含义却各不相同。当大家意识到含义不统一时,就开始在"焦点"前面加上不同的形容词以便区分。结果是甲和乙采用不同的形容词来称呼同一类焦点,丙和丁采用同一个形容词,指的却是不同类的焦点。于是产生了更大的混乱。

概念混乱是由以下几个原因造成的:一是由学科不同造成。例如从音系角度来研究往往会把用同一音系手段表现的归入同一类,不去理会其语义功能有无不同。二是由学派不同造成。从形式角度来研究往往只理会有形式体现的焦点,从而把焦点的外延收窄。三是由语种不同造成。各种语言用各种不同的方式体现焦点,只研究某一种语言的人也会把焦点的外延收窄。还有一些其他原因,例如用其他语言中现成的词语翻译英语的 focus 也会引起混乱。

焦点与话题有密切关系。在有些语言学系统中,焦点与背景(background)相对,话题(topic)则与述题(comment)相对。而在另一些语言学系统中,这两对合为一对,焦点与话题相对。掺入话题更增加了概念和术语的复杂性。

术语不统一的情况无法改变。虽然无法把别人用过的术语都拿来比较一番,但是有必要把焦点的概念理清楚。

1. 信息焦点(informational focus)

1.1　上下文不同,则焦点不同

通俗地说,所谓焦点就是句子中的重要部分、突出部分、强调部分。在一定的语言环境中,凭语感不难指出焦点在哪里。同一个句子在不同的场合说,其焦点就不同。以下是 Zubizarreta(1998：17)中用的例子。

(1) John ate the pie.

　　约翰吃了馅饼。

(2) a. What happened?

　　　发生了什么事?

　　　John ate the pie.

　　b. What did John do?

　　　约翰做了什么?

　　　John **ate the pie.**

　　c. What did John eat?

　　　约翰吃了什么?

　　　John ate **the pie.**

　　d. Who ate the pie?

　　　谁吃了馅饼?

　　　John ate the pie.

　　e. What happened to the pie?

　　　馅饼怎么了?

　　　John ate the pie.

　　f. What did John do with the pie?

　　　约翰把馅饼怎么了?

　　　John **ate** the pie.

(2a)—(2f)中任何一个问题都可以用(1)来回答,但每次回答焦点不同。(2a)中整个句子都是焦点,(2b)中焦点是动词词组,(2c)中焦点是宾语,(2d)中焦点是主语,(2e)中焦点是主语加动词,(2f)中焦点是动词。

　　以下是 Vallduví & Vilkuna(1998)中举的一组例子,也是同一句话可以用来回答不同的问题。

(3) The pipes are rusty.

　　管子锈了。

(4) a. What about the pipes? In what condition are they?

　　　管子怎么样了? 处于什么情况了?

　　　The pipes are **rusty.**

　　b. What about the pipes? What's wrong with them?

管子怎么样了？出了什么毛病了？

The pipes **are rusty**.

c. Why does the water from the tap come down brown?

龙头里流出来的水为什么会发黄？

The pipes are rusty.

d. I have some rust remover. You have any rusty things?

我有除锈剂。你有生了锈的东西吗？

The pipes are rusty.

(4)中四个句子命题内容相同，用 Vallduví 的话来说，其不同之处在于信息包装（information packaging）。

以下是汉语的例子。句(5)可以用来回答(6a)(6b)或(6c)。

(5) 老张明年退休。

(6) a. 谁明年退休？

　　老张明年退休。

　b. 老张什么时候退休？

　　老张**明年**退休。

　c. 老张明年做什么？

　　老张明年**退休**。

回答(6a)时"老张"是焦点，回答(6b)时"明年"是焦点，回答(6c)时"退休"是焦点。

1.2　旧信息和新信息

虽然大家语感一致，要给焦点下个定义却不容易。一种常见的观点是：焦点就是新信息，非焦点是旧信息。什么是旧信息？什么是新信息？Halliday（1967）认为旧信息是"可以从上文中找回的"（anaphorically recoverable），而新信息是"从文字和情境中都无法推出的信息"（textually and situationally non-derivable information）。这一新信息定义适用于(7)，却不适用于(8)(9)：

(7) A：Why don't you have some French toast?

　　你为什么不吃法式土司？

　B：I've forgotten how to **make** French toast.

　　我已经忘了怎么做法式土司。

(8) (John's mother voted for Bill.)

　　约翰的妈妈选了比尔。

　No，she voted for **John**.

　　　　　不，她选了约翰。

　　（9）（Who did John's mother vote for?）

　　　　　约翰的妈妈选了谁？

　　　　　She voted for **John.**

　　　　　她选了约翰。

于是要补充：新信息与预期的选择相反，新信息替换问句中的疑问词，等等。汉语当然也一样，传递新信息的词语未必在上文没有出现过。

　　（10）a. 小张的妈妈选了谁？

　　　　　b. 她选了小张。

鉴于新信息定义比较困难，Schwarzschild(1999) 建议只提非焦点为旧，而不提焦点为新。

　　旧信息新信息主要是功能学派的用语，相比之下功能语言学比形式语言学更重视对信息焦点的研究。形式语言学不大提新旧信息，而常把句中焦点以外的部分称为背景，或者称为预设(presupposition)。也有人把信息焦点称为 presentational focus。用汉语写的有关焦点的著作中张伯江、方梅(1996)把信息焦点称为"常规焦点"，徐烈炯、刘丹青(1998)称为"自然焦点"，指的都是同一个概念。

2. 对比焦点 (contrastive focus)

　　这一节先说对比焦点的基本概念，第 3 节介绍区别对比焦点和信息焦点的两种测试方法。

2.1　对比范围

　　对比焦点的特点是说话者头脑中有一个范围，从这个范围中挑出一个（或者几个）对象，排除其他对象。例如：

　　（11）去年他冬天才来。

一年有四季，春夏秋冬构成一个成员互不相容系统，他不是春天来，不是夏天来，也不是秋天来。四季是一个自然范围，有时候范围由环境所定。Erteschik-Shir (1997)举了下面一个例子：

　　（12）A：Who wants to marry John, Jane or Janet?

　　　　　谁想要跟约翰结婚，简还是珍妮特？

　　　　　B：Janet wants to marry John.

　　　　　珍妮特想要跟约翰结婚。

问句已经定下了范围,答句中的 Janet 属对比焦点。对比范围不一定由说话或者文字构成的上下文划定,以下是 Vallduví & Vilkuna(1998)举的例子:

（13）John introduced Bill to Sue.

约翰把比尔介绍给苏。

在特定现实环境下只有 Bill、Carl、Mark 三个候选人,John 介绍了 Bill 给 Sue,而没有介绍其他两位。如果说话者头脑中根本不存在一个三人范围,那只可能是信息焦点,而不是对比焦点。Vallduví & Vilkuna(1998)用以下公式来表示确认某个对象构成对比焦点。

（14）如果 M＝{a,b,c}且 P{x∈M}则 P(a)

对比焦点与 Rooth(1985,1990)提出的选项语义学(Alternative Semantics)中焦点的概念一致。Rooth 认为凡有焦点,必有选择,选中其一,排除其他,就成了焦点。还有人用窄焦点(narrow focus)来指对比焦点,这是相对于宽焦点(broad focus)而言的。

2.2 典型结构

对比焦点可以通过某种语音或者句法手段表达,英语中表示对比焦点的典型句型是分裂结构,可以把(13)改写为(15):

（15）It was Bill that John introduced to Sue.

约翰介绍给苏的是比尔。

Rochmont(1986)对对比焦点作了深入的研究,他指出对比焦点并不是非采用分裂结构不可,然而分裂结构则必须理解为对比焦点。分裂结构可以表达新信息,但不一定都表达新信息。分裂结构不能在没有上文的情况下使用,比较:

（16）John was here.

约翰在这儿。

（17）It's John that was here.

是约翰在这儿。

(16)可以用作起始句,(17)却不可以,因为对比焦点必须有预设,而他认为信息焦点不一定要有预设。有人说凡焦点必有预设,实质上也是没有分清信息焦点和对比焦点之故。再比较以下两句:

（18）Nobody left.

没人走。

（19）?It was nobody that left.

*走的是没人。

（18）是正常的句子，而（19）不大能说，也是因为没有预设，不存在比较范围。

　　汉语对比焦点的典型句型是"是"字句，有人称之为汉语的分裂结构。①

　　（20）是老张明年退休。

　　（21）明年退休的是老张。

以上两个句子语法上完全正确，但是不会在没有任何语言环境的情况下使用。说这两句话的典型环境是：说话者认为听话者有可能以为并不是老张，而是其他人明年退休，例如老李和老王。老张、老李和老王三人构成一个选择范围。

2.3　各种对比环境

　　对比用于各种不同的情况，Dik(1989：282)提到并列、替代、扩展、限制等各种对比焦点，以下各举一个汉语的例子。

　　（22）a. 老张明年退休，老李明年放假。

　　　　　b. 不是老李，而是老张明年退休。

　　　　　c. 老李明年退休，老张明年也退休。

　　　　　d. 老李明年不退休，老张明年退休。

2.4　对比焦点与信息焦点的关系

　　对比焦点与信息焦点属不同的语用概念。信息焦点是每句中必有的，而对比焦点不是必有的。任何一句话都不能没有新信息，但并非每句话都要作对比。为什么研究焦点的人往往把信息焦点和对比焦点混为一谈？至少有以下三个原因。

　　其一，两者概念上毕竟有共同之处。不仅说(20)(21)时必须在老张、老李和老王之间选择，说(5)的时候也有所选择。既然提到了老张，就排除了其他可能退休的人。信息焦点的选择符合索绪尔（Ferdinand de Saussure）所提出的语言的聚合性（paradigmatic）特点。对比焦点与信息焦点的区别在于对比焦点的选择有一个范围，说话者的头脑中有老张、老李和老王三人组成的集合存在，而信息焦点的选择没有这样一个范围。

　　其二，许多语言表达信息焦点和对比焦点往往使用同一种方式，例如都用重音或都用语调。

　　其三，信息焦点和对比焦点虽然是两个不同的概念，却并不一概互相排斥。Vallduví & Vilkuna(1998)明确指出有些词语可以既表达新信息，又起对比作用。假定某人家里养着一只猫和一条狗，有人问你：

---

　　①　其实汉语"是"字句中的"是"不一定把焦点和非焦点分割开来，例如(20)。

（23）What did you see?

你看见了什么？

I saw only the dog.

我只看见了狗。

答句中的 dog 既是信息焦点，又是对比焦点。以下是一个汉语例子。

（24）你要喝什么？

我喝茶，不喝咖啡。

Erteschik-Shir(1997)指出：没有上下文的单句，往往难以分辨信息焦点和对比焦点，而当一个句子中既有信息焦点，又有对比焦点时，句重音落在对比焦点上。

3. 对比焦点的排他性测试

1998 年发表了三篇著作都强调区分信息焦点和对比焦点。几位作者用的术语不尽相同。Vallduví & Vilkuna(1998)把信息焦点称为 rheme，把对比焦点称为 kontrast。① Kiss（1998）用 information focus 和 identificational focus；而 Roberts(1998)则用 informational focus 和 operational focus。这几篇文章中的对比焦点的外延也不完全相同，而区分两者的精神一致。

3.1　区别的必要性

三篇论文都指出有关焦点研究中出现的不少混乱，其根源往往在于没有区分信息焦点和对比焦点这两个不同的概念。下面举 Tsimpli(1995)对现代希腊语的分析和 Vilkuna(1995)对芬兰语的分析为例。

（25）a. [Ston **Petro** [dhanisan to vivlio]]

他们借书给他的人是佩特罗。

b. [Dhanisan [to vivilio ston **Petro**]]

他们借书给佩特罗。

（26）a. [**Annalle** [Mikko antoi Kukkia]]

米科送花给她的人是安娜尔。

b. [Mikko antoi [kukkia **Annalle**]]

米科送花给安娜尔。

(25a)和(26a)中的焦点是对比焦点，而(25b)和(26b)中的焦点是信息焦点。对比

---

① 他们故意用字母 k，而不用字母 c，引起读者注意这是一个专用术语。

焦点位于句子前面,而信息焦点位于后面。两者之间的区别本来是很清楚和简单的,然而他们以为都是同一种焦点,应该处于相同的位置,于是假设(25a)和(26a)中的焦点在句法表面层次移到句首,而(25b)和(26b)中的焦点在语义逻辑层次移到句首。为了把不同的东西硬说成是相同的而作的这类假设,完全是多余的。

Kiss(1998)指出许多语言中对比焦点都具有穷尽和排他的特点。在一组事物中选择甲为对比焦点,就排除了乙、丙、丁……而信息焦点并不排斥其他。她用两个方法来测定英语和匈牙利语中对比焦点(她称为 indentificational focus)的排他性。①

3.2　并列结构测试

第一个测试是 Szabolci(1981)首先使用的并列结构测试。取两个句子,第一句中包含一对并列词组,第二句中保留这对并列词组中的一个词组,然后察看两句之间有没有蕴含关系。下面例子中第一行是匈牙利语,第二行是英语,第三行是汉语。

(27) a. Mari egy kalapot és egy kabátot nézett ki magának.

　　　It was a hat and a coat that Mary picked for herself.

　　　玛丽给她自己选的是一顶帽子和一件大衣。

　　b. Mari egy kalapot nézett ki magának.

　　　It was a hat that Mary picked for herself.

　　　玛丽给她自己选的是一顶帽子。

(28) a. Mari ki nézett magának egy kalapot és egy kabátot.

　　　Mary picked a hat and a coat for herself.

　　　玛丽给她自己选了一顶帽子和一件大衣。

　　b. Mari ki nézett magának egy kalapot.

　　　Mary picked a hat for herself.

　　　玛丽给她自己选了一顶帽子。

(27)中的焦点是对比焦点,(28)中的焦点是信息焦点。(28a)蕴含(28b),即如果(28a)为真则(28b)必然也为真。但是(27a)并不蕴含(27b),(27a)为真(27b)不必为真。可见蕴含关系只存在于信息焦点,不存在于对比焦点。用这个办法测试可以把两者区分开来。我们用 Kiss(1998)中的方法再来测试另一组汉语句子。

---

①　如果真如 Vallduví & Vilkuna(1998)所说,信息焦点和对比焦点并不互相排斥,应该不容易测试。不过 Kiss 并没有说可以兼类,而且她用对比焦点的例子都是典型的分裂结构。

（29）a. 老张和老王设计害了老李。

　　　　b. 老张设计害了老李。

（30）a. 是老张和老王设计害了老李。

　　　　b. 是老张设计害了老李。

（29a）蕴含（29b），而（30a）并不蕴含（30b），因为（30b）中的"是老张"是个有穷尽性（exhaustiveness）和排他性（excluciveness）的对比焦点，这句话的意思是害老李的只是老张，没有别人。看来这一方法也能区分汉语中的对比焦点和信息焦点。

　　Kiss还用这一方法来测试句首的话题，测试的结果是（31a）蕴含（31b），可见话题并不具有排他性。

（31）a. A hat and a coat，she picked for herself.

　　　　帽子和大衣，她给自己选好了。

　　　　b. A hat，she picked for herself.

　　　　帽子，她给自己选好了。

汉语话题也有同样性质，（32a）也蕴含（32b）。这一点下文第5节要涉及。

（32）a. 帽子和大衣，她买了。

　　　　b. 帽子，她买了。

3.3　否定结构测试

　　第二个测试方法是 Donka Farkas 提出来的。两个人对话时，一方能不能否定另一方话里的焦点？Kiss（1998）举的例子如下。

（33）a. Mari egy kalapot nézett ki magának.

　　　　It was a hat that Mary picked for herself.

　　　　玛丽给她自己选的是一项帽子。

　　　　b. Nem，egy kabátot is ki nézett.

　　　　No，she picked a coat，too.

　　　　不，玛丽还给她自己选了一件大衣。

（34）a. Mari ki nézett magának egy kalapot.

　　　　Mary picked herself a hat.

　　　　玛丽给她自己选了一项帽子。

　　　　b. ％Nem，egy kabátot is ki nézett.①

　　　　％No，she picked a coat，too.

---

① 句子前面的％符号表示该句语法不错，但与上文句子接不上。

　　　　　　　　％不,玛丽还给她自己选了一件大衣。

(a)句是一方说的话,(b)句是另一方试图否定对方而说的话。(34b)中匈牙利语、英语、汉语三个句子都不如(33b)中的句子那么自然。测试结果表明:(33)中的对比焦点可以否定,而(34)中的信息焦点却难以否定。我们用这一方法再来测试一组汉语句子。

　　　　(35) a. 是老张和老王设计害了老李。

　　　　　　　b. 不,是老张设计害了老李。

　　　　(36) a. 老张和老王设计害了老李。

　　　　　　　b. ％不,老张设计害了老李。

可以用(35b)来否定(35a),因为(35b)中用了带"是"的对比焦点"老张",足以排除其他任何人,包括老王。但是不能用(36b)来否定(36a),除非要接着补充说老王并没有设计害他。

　　　　看来这两个测试方法不仅适用于匈牙利语和英语,也适用于汉语,至少可以用来区分典型的对比焦点和信息焦点。

4. 语义焦点(semantic focus)

4.1　焦点对真值的影响

对比焦点是一个外延比较广的概念,这一节讨论一种特殊的对比焦点。

　　　　本章 1.1 节提到在不同的环境中说同一句话可以有不同的焦点,(37)中焦点可以是 Mary、John 或者 to the movies。

　　　　(37) a. **Mary** took John to the movies.

　　　　　　　玛丽带约翰去看电影。

　　　　　　　b. Mary took **John** to the movies.

　　　　　　　玛丽带约翰去看电影。

　　　　　　　c. Mary took John **to the movies.**

　　　　　　　玛丽带约翰去看电影。

现在在(37)中加一个词 always 成为(38),这就是 Rooth(1985)中的句子,后来一再被大家引用的典型的例子。

　　　　(38) a. **Mary** always took John to the movies.

　　　　　　　总是玛丽带约翰去看电影。

　　　　　　　b. Mary always took **John** to the movies.

玛丽总是带约翰去看电影。

　　c. Mary always took John **to the movies.**

　　玛丽带约翰总是去看电影。

(37)和(38)有一个显著的不同之处。(37)中三句虽然焦点不同,真值条件却相同,只要其中一句为真,其他两句也必然为真。而(38)中三句不但焦点不同,真值条件也不相同,更精确地说正因为焦点不同,真值条件才不同。假如 Mary 总是带 John 去看电影,而她也带 Bill 去看电影,那么(38b)是假的,而(38c)还可以是真的。

　　下面看一个汉语的例子。

(39) a. 只是/只有**老张**明年放假。

　　 b. 老张只是**明年**放假。

　　 c. 老张明年只是**放假**。

这类句子与1.1节中的句子(6)的不同之处是多了一个成分:"只是/只有"。(39a)(39b)(39c)中紧跟"只是/只有"的词语"老张""明年"和"放假"分别是这三句的焦点。句中焦点会影响句子语义的真值。假如老李和老张明年都放学术假,那么(39a)是假的,而(39b)和(39c)可以是真的。假如老张明年后年连放两年学术假,那么(39b)是假的,而(39a)和(39c)可以是真的。回过去看例句(6),不论焦点落在哪个词语上,句子的真值条件都是一样的。

　　对于研究真值条件语义学的人来说,这种差别至关紧要。所谓语义无非就是真值条件。信息焦点的不同不会影响句子的真值,也就不影响语义,所以他们一般只研究影响句子真值的焦点。Gundel(1999)把这类真值条件语义学研究的焦点称为语义焦点(semantic focus)。语义焦点也是一种对比焦点,因为它不仅与句内的 always 和"只"这类成分关联,而且与句外的词语作对比。①

4.2　焦点敏感算子(focus-sensitive operator)

　　是否影响真值关键在于有没有 always 和"只"这类成分。真值条件语义学把这类成分称为焦点敏感算子。焦点敏感算子有很多种,它们的共同点是必须与句中某个成分有关联(association)。(38a)中算子 always 与 Mary 关联,(38b)中算子与 John 关联,(38c)中算子与 to the movies 关联。(39a)中算子"只"与"老张"关联,(39b)中算子与"明年"关联,(39c)中算子与"放假"关联。与它们关联的成分是句子的语义焦点。

① Roberts(1998)把对比焦点称为 operational focus,operational 来自 operation,意思就是算子,这样命名是因为对敏感算子的研究是对比焦点的研究重点。

Partee(1991，1999)对焦点敏感算子有详细的研究，Hajičová、Partee & Sgall(1998)列举了英语中许多焦点敏感算子，以下是其中一部分。

(40) a. John only introduced **Bill** to Sue.

　　　约翰只介绍比尔给苏。

　　b. John only introduced Bill to **Sue**.

　　　约翰只介绍比尔给苏。

(41) a. If Clyde hadn't **married** Bertha, he would not have been eligible for the inheritance.

　　　如果克莱德没有娶伯莎，他就没有资格继承了。

　　b. If Clyde hadn't married **Bertha**, he would not have been eligible for the inheritance.

　　　如果克莱德没有娶伯莎，他就没有资格继承了。

(42) a. **Dogs** must be carried.

　　　必须抱条狗。

　　b. Dogs must be **carried**.

　　　狗必须抱着。

(43) a. **Londoners** most often go to Brighton.

　　　伦敦人常去布来敦。

　　b. Londoners most often go to **Brighton**.

　　　伦敦人常去布来敦。

(44) a. Why did Clyde **marry** Bertha?

　　　克莱德为什么娶伯莎？

　　b. Why did Clyde marry **Bertha**?

　　　克莱德为什么娶伯莎？

(45) a. It is odd that Clyde **married** Bertha.

　　　克莱德居然娶了伯莎。

　　b. It is odd that Clyde married **Bertha**.

　　　克莱德居然娶了伯莎。

这些句子文献中都有过研究：(41)(44)(45)来自 Dretske(1972)，(40)来自Jacobs(1983)，(42)来自 Halliday(1970)，(43)来自 Sgall et al.(1986)。各句中的焦点敏感算子句法上属于不同的句法语类：(40)中的敏感算子 only 是所谓的"聚焦词"(focalizer)；(41)中的敏感算子 if 是表示虚拟的连词；(42)中的算子

must 是情态动词;(43)中的算子 most often 是频度副词;(44)中的算子 why 是疑问副词;(45)中的算子 it is odd 表示说话者态度。这些焦点敏感算子在语义方面起的作用是相同的。

与上述英语词语语义相当的汉语词一般也会是焦点敏感算子,例如相当于全称量词的"总是",表示频度的"通常",表示情态的"必须",表示条件的"如果""要是",表示否定的"不",表示说话者看法、态度的"很奇怪""真的""居然""竟然"以及疑问词"为什么"等等。下面举一些例句反映这些算子与不同的词语关联会影响句子的真值条件。

(46) a. 总是老张星期一开校车。

　　　b. 老张总是星期一开校车。

　　　c. 老张星期一总是开校车。

(47) a. 通常老张星期天打扫房间。

　　　b. 老张通常星期天打扫房间。

　　　c. 老张星期天通常打扫房间。

(48) a. 必须大家会上表示同意。

　　　b. 大家必须会上表示同意。

　　　c. 大家会上必须表示同意。

(49) a. 如果老张去年申请,就不会有问题了。

　　　b. 老张如果去年申请,就不会有问题了。

　　　c. 老张去年如果申请,就不会有问题了。

(50) a. 不是大家会上同意就不行。

　　　b. 大家不是会上同意就不行。

　　　c. 大家会上不同意就不行。

(51) a. 居然老张在会上答应了。

　　　b. 老张居然在会上答应了。

　　　c. 老张在会上居然答应了。

(52) a. 为什么他们会后反对?

　　　b. 他们为什么会后反对?

　　　c. 他们会后为什么反对?

这类例子中,(a)(b)(c)三句的真值条件往往不一样,哪些词语是焦点敏感算子取决于语义。用汉语语法学界的话说,这些词有语义指向,但是他们不把语义指向与真值条件联系起来。汉语和英语不同之处在于英语中的焦点敏感算子往往属于不同的语类,而其句法位置多半比较固定,例如英语表示虚拟语态的 if 只能放在句首,不能放在主语之后,无法通过语序表明谓语是语义焦点所在。而情态动词 must 在陈述句中不能放在主语之前,只能放在主语之后,无法通过语序表示主语是语义焦点所在。汉语中用作焦点敏感算子的词语语类比较一致,绝大多数是副词,而在语序方面有较大的灵活性。相比之下,汉语中不能用作焦点敏感算子的词语在语序方面并不都有如此大的灵活性。

焦点是信息传递的重要方面,每种语言都有一定的办法表达,都有一套 Vallduví(1992)所谓的"信息包装"手法。算子浮动性是汉语表达焦点的一大特点。英语主要通过语调体现语义焦点,以匈牙利语为代表的许多语言靠移动焦点所在的成分来表现语义焦点所在,而汉语则通过算子变换位置来表现。

5. 话题焦点

这一节讨论汉语中位于动词之前的名词性成分究竟是焦点还是话题,例如:

(53) 老张烈性酒不喝。

Ernst & Wang(1995)、Gasde(1997)把(53)中的"烈性酒"称为焦点。如果称为焦点,那不是信息焦点,而是对比焦点,把"烈性酒"与其他酒或者其他饮料对比。处于这一位置上的词语一般表达旧信息。比较以下两例:

(54) a. 老张不喝什么酒?

b. 老张不喝烈性酒。/? 老张烈性酒不喝。

(55) a. 老张喝烈性酒吗?

b. 老张不喝烈性酒。/老张烈性酒不喝。

例(54)问句中没有出现过"烈性酒",答句中"烈性酒"表示新信息,宜放在动词之后。例(55)问句中已经出现过"烈性酒",答句中"烈性酒"不表示新信息,可以放在动词之后,也可以放在动词之前。

由于这一位置上的成分与信息焦点互相排斥,可以不称为焦点,反而称为话题。如果把"烈性酒"放在主语之前,便是通常说的话题:

(56) 烈性酒老张不喝。

从语义和信息的角度看,(53)与(56)并无大区别。两句中"烈性酒"都可以重读,都可以与葡萄酒或其他饮料对比。两者的区别仅仅在于"烈性酒"所处的句法位置不同。按徐烈炯、刘丹青(1998)的说法,(56)中的"烈性酒"处于主话题位置,(53)中的"烈性酒"处于次话题(subtopic)位置。

徐烈炯、刘丹青(1998)用了一个折中办法：把对比性的话题称为话题焦点。

类似现象其他语言中也很常见,也有很多不同名称,如 Molnar(1998)、Gundel (1999)将其归入对比性焦点,而 Kiss(1987)、Lambrecht(1994)却称之为对比性话题(contrastive topic)。Molnar(1998)对这类成分有比较详细的论述。Lee (1999)写到韩语中的类似现象。

还有几个问题须要说明一下：

第一,并非所有处于话题位置上的成分都是对比焦点。话题的基本语用作用是所谓"有关性"(aboutness),不是对比性。例如：

(57) 那场大火幸亏消防队来得早。

(58) 他英语学了三年,还没有学会。

说(57)时并不一定要与另一场火作比较。说(58)时也不一定是在把英语与其他语言作比较。没有对比时,"那场大火"和"英语"还是话题,但不再是对比性话题,不是话题焦点。

第二,有人不愿把起对比作用的话题称之为话题,宁愿称为焦点,这是因为在许多语言中它与其他焦点以相同的形式出现,在汉语中都可以重读,在英语中都用语调升降表示;而有些语言中,尤其是在非话题显著型语言中,一般没有专门的结构位置。

第三,位于动词之前的名词性成分和句首的话题一样通不过第 3 节中的两个测试。我们不妨试一下。

(59) a. 老张不喝白酒和啤酒。

　　　b. 老张不喝白酒。

(60) a. 老张白酒和啤酒都不喝。

　　　b. 老张白酒不喝。

(59a) 蕴含(59b),而(60a)也蕴含(60b)。(60b)中的"白酒"虽然位于动词之前,却并不具有穷尽性、排他性,这句话并不表示除了白酒以外他别的酒都喝。(60)和(61)的性质其实是一样的,都是话题。可参照 Kiss(1998)以上文(31)为例对英语话题的测试。

(61) a. 白酒和啤酒老张都不喝。

　　　b. 白酒老张不喝。

第二种方法用否定来测试,也得出同样的结果：动词前的成分并不具有穷尽性、排他性,不同于一般对比性焦点,而与对比性话题一致。

(62) a. 老张白酒不喝。

　　　　b. ％不，老张啤酒也不喝。

（63）a. 白酒老张都不喝。

　　　　b. ％不，啤酒老张也不喝。

无论是主话题还是次话题都可能有对比性，但是都没有穷尽性和排他性，不同于分裂结构中的典型对比性话题。

　　总之，如果不喜欢"话题焦点"这一名称，不如把（53）中位于动词之前的名词性成分称为次话题，比含混地称它焦点更恰当些。因为一则它不表达新信息，所以不是信息焦点；二则它虽有对比性却没有穷尽性和排他性，不同于一般对比焦点。

6. 心理焦点（psychological focus）

　　最后简单提一下一个与上述几个概念关系不大的焦点概念。Gundel（1999）是一篇专门论述不同焦点概念的文章，Gundel 提到心理学上注意力的焦点，并把它称为心理焦点，例如有人告诉你：

（64）Emily hasn't changed much.

　　　　艾米莉没变多少。

这一事实占据了你的注意力，便成为你心理上的焦点。心理焦点也有语言学意义，可以用不重读的代词，甚至零形代词来指代。例如可以接着（64）说：

（65）She still looks like her mother, doesn't she?

　　　　她还是很像她妈妈，是吗？

所谓心理焦点不一定是一句话，指着一张照片也可以构成心理焦点，也可以接着说（65）。

　　非心理焦点就不大可以用不重读的代词或者零形代词来指代，比较以下两句：

（66）My neighbor's bull mastiff bit a girl on a bike.

　　　　我邻居的斗牛獒犬咬了一个骑自行车的女孩。

（67）Sears delivered new siding to my neighbor with the bull mastiff.

　　　　西尔斯送来新墙板给我那位养斗牛獒犬的邻居。

（66）中的狗是心理焦点，而（67）中的狗不占主要地位，不是心理焦点。所以（66）后面可以接（68），用人称代词 it；而（67）后面不可以接（68），不能用人称代词 it，只能接（69），用指示代词 that。

（68）It's the same dog that bit Mary Ben last summer.

就是去年夏天咬了玛丽·本的那条狗。

（69）That's the same dog that bit Mary Ben last summer.

那就是去年夏天咬了玛丽·本的那条狗。

参考文献

1. 徐烈炯,刘丹青.话题的结构与功能[M].上海：上海教育出版社,1998.

2. 张伯江,方梅.汉语功能语法研究[M].南昌：江西教育出版社,1996.

3. Dik, Simon C. The Structure of the Clause[M]// Kees Hengeveld. The Theory of Functional Grammar(2nd edition). Amsterdam: Mouton, 1997.

4. Dretske, Fred. Contrastive Statements[J]. Philosophical Review 1972, 81: 411 – 437.

5. Ernst, Tom & Chengchi Wang. Object Preposing in Mandarin Chinese[J]. Journal of East Asian Linguistics, 1995, 4: 235 – 260.

6. Ertschik-Shir, Nomi. The Dynamics of Focus Structures[M]. Cambridge: Cambridge University Press, 1997.

7. Gasde, Horst-Dieter. Topic, Foci and Sentence Structure in Mandarin Chinese [J]. Sprachwissen-schaft, Typologie und Universalienforschung, 1998, 51: 43 – 94.

8. Gundel, Jeanette K. Different Kinds of Focus[M]// Peter Bosch & Rob van der Sandt. Focus: Linguistic, Cognitive, and Computational Perspectives. Cambridge: Cambridge University Press, 1999: 293 – 305.

9. Hajičová, Eva, Barbara H. Partee & Peter Sgall. Topic-Focus Articulation, Tripartite Structures, and Semantic Content[M]. Dordrecht: Kluwer, 1998.

10. Halliday, Michael A. K. Notes on Transitivity and Them in English [J]. Journal of Linguistics, 1967, 3: 199 – 244.

11. Halliday, Michael A. K. A Course in Spoken English: Intonation[M]. Oxford: Oxford University Press, 1970.

12. Jacobs, Joachim. Fokus und Scalen. Zur Syntax und Semantik von Gradpartikeln in Deutschen [M]. Türbingen: Niemeyer, 1983.

13. Kiss, Katalan É. Configurationality in Hungarian[M]. Dordrecht: Reidel, 1987.

14. Kiss, Katalan É. Discourse Configurational Languages [M]. Oxford: Oxford University Press, 1995.

15. Kiss, Katalan É. Indentificational Focus versus Information Focus[J]. Language, 1998, 71: 245 – 273.

16. Lambrecht, Knud. Informational Structure and Sentence Form: Topic, Focus, and the Mental Representation of Discourse Referents [M]. Cambridge: Cambridge University Press, 1994.

17. Lee, Chunming. Contrastive Topic: A Locus of Interface Evidence from Korean and English

[M]//K. Turner. Semantics/Pragmatics Interface from Different Points of View. Oxford: Elsevier, 1999: 317 - 342.

18. Molnar, Valeria. Topic in Focus: on the Syntax, Phonology, Semantics and Pragmatics of the So-called "Contrastive Topic" in Hungarian and German[J]. Acta Linguistica Hungarica, 1998, 45: 89 - 166.

19. Partee, Barbara H. Topic, Focus, and Quantification[M]//S. Moore & A. Wyner. Proceedings from SALT 1. Ithaca: Cornell University Press, 1991.

20. Partee, Barbara H. Focus, Quantification, and Semantic-pragmatic Issues [M] // Peter Bosch & Rob van der Sandt. Focus: Linguistic, Cognitive, and Computational Perspectives. Cambridge: Cambridge University Press, 1999: 187 - 212.

21. Rebuschi, Georges & Laurice Tuller. The Grammar of Focus [M]. Amsterdam: John Benjamins, 1999.

22. Roberts, Craige. Form, the Flow of Information, and Universal Grammar [M] // Peter Cullicover & Louise McNally. Syntax and Semantics 29: The Limits of Syntax. New York: Academic Press, 1998: 109 - 160.

23. Rochmont, Michael S. Focus in Generative Grammar[M]. Amsterdam: John Benjamins, 1986.

24. Rooth, Mats. Association with Focus[D]. University of Massachusetts, Amherst, 1985.

25. Szabolcsi, Anna. The Semantics of Topic-focus Articulation[M]//Jan Groenendijk, Theo Jansen & Martin Stokhof. Formal Methods in the Study of Language. Amsterdam: Matematisch Centrum, 1981: 513 - 541.

26. Sgall, Peter, Eva Hajičová & J. Panevová. The Meaning of the Sentence in Its Semantic and Pragmatic Aspects[M]//Jacob L. Mey. Springer Dordrecht: Reidel, 1986.

27. Schwarzschild, Roger. Giveness and Optional Focus[J]. Natural Language Semantics, 1999, 7: 141 - 177.

28. Tsimpli, Ianthi Maria. Focusing in Modern Greek [M] // Katalan É. Kiss. Discourse Configurational Languages. Oxford: Oxford University Press, 1995: 176 - 206.

29. Vallduví, Enric. The Informational Component[M]. New York: Garland, 1992.

30. Vallduví, Enric & Maria Vilkuna. On Rheme and Kontrast[M]//Peter Cullicover & Louise McNally. Syntax and Semantics 29: The Limits of Syntax. New York: Academic Press, 1998: 79 - 108.

31. Vilkuna, Maria. Discourse Configurationality in Finnish[M]//Katalan É. Kiss. Discourse Configurational Languages. Oxford: Oxford University Press, 1995: 244 - 268.

32. Zubizarreta, Maria Luisa. Prosody, Focus, and Word Order[M]. Cambridge: MIT Press, 1998.

第三章　焦点的语音表现

徐烈炯

　　焦点可以通过句法、词法、语音等不同手段来表现：可以确定某一个结构位置，把表示焦点的词语放在这一位置上；可以用某种标记来标注表示焦点的词语；可以通过重音或者语调来表示焦点。不同的语言可以采用不同的手段，同一种语言可以采用相同的手段来表现不同类的焦点，也可以采用不同的手段来表现不同类的焦点，甚至可以同时采用两种甚至三种手段表示同一个焦点。

　　许多语言都采用语音手段来表现焦点，根据语言本身的特点把某个音读得重一些，长一些，或者用语调的升降变化使某一个音显得突出，或者既重又长，又有语调升降变化。①

　　英语和许多其他印欧语都以语音为表现焦点的主要手段。以下一个英语句子可以有多种不同读法，突出不同的成分。

（1）John writes poetry in the garden.

　　　约翰在花园里写诗。

（2）a. JOHN writes poetry in the garden.

　　　　是约翰在花园里写诗。

　　　b. John WRITES poetry in the garden.

　　　　约翰在花园里是写诗。

　　　c. John writes POETRY in the garden.

　　　　约翰在花园里是写诗。

　　　d. John writes poetry in the GARDEN.

　　　　约翰是在花园里写诗。

就英语而言，突出不仅体现在重读，更重要的是体现在语调变化，即语调在这个地方升降，为了方便起见，下文在不会引起误解的地方用"重音"来表示这类又重读又有语调变化的音，必要时用大写字母来表示语音突出。

_____

　　①　升降变化可以用语调结构（intonation contour）来表现。文献中有人把词重音称为 stress，把句重音，即语调变化称为 accent 或 pitch accent；有人不作区分。

　　同一句句子可以有多种不同读法,并非说话者可以任意挑选一种。每一种读法都有其使用环境。以下例子表明怎么问该怎么答。

　　（3）a. Does Mary write poetry in the garden?

　　　　　玛丽在花园里写诗吗?

　　　　　No，JOHN writes poetry in the garden.

　　　　　不,是约翰在花园里写诗。

　　　　b. Does John read poetry in the garden?

　　　　　约翰在花园里读诗吗?

　　　　　No，John WRITES poetry in the garden.

　　　　　不,约翰在花园里是写诗。

　　　　c. Does John write novels in the garden?

　　　　　约翰在花园里写小说吗?

　　　　　No，John writes POETRY in the garden.

　　　　　不,约翰在花园里是写诗。

　　　　d. Does John write poetry in the study?

　　　　　约翰在书房里写诗吗?

　　　　　No，John writes poetry in the GARDEN.

　　　　　不,约翰是在花园里写诗。

很容易看出重音所在的地方就是句子表达的新信息,也就是焦点所在。

　　然而语音和焦点的关系没有那么简单,并不都一一对应,以下问题尤其值得思考。

　　（4）焦点是否都有重音?

　　（5）有重音的是否都是焦点?

许多人对这些问题做过仔细的研究,有关的文献很丰富。生成语法学家尽可能找出一些规律来说明重音和焦点之间的关系,而有的语言学家则认为焦点基本上是话语范围内的问题,以 Bolinger(1972,1985)为代表。

1. 核心重音规则(nuclear stress rule)

　　焦点不一定是一个词,可以是一个短语,甚至是一个句子,而重音落在一个词的一个音节上,所以重音往往不能显示焦点的范围究竟有多大。Chomsky(1970)早就注意到了这一问题,以下是他举的一个有名的例子,有关文献中常常引用。

(6) He was [warned to [look out for [an ex-convict with a [red SHIRT.]]]]

　　有人警告他要当心一个穿红衬衫的判过刑的人。

虽然语调在句子末尾才下降,核心重音(nuclear stress)落在最右边,也就是最后一个词上,焦点的范围可以不止这一个词,在一定的上下文中,各层括弧内的成分都可以是焦点。例如,不论问句是(7)还是(8),答句都可以是(6),读法都一样。

(7) What was he warned to do?

　　有人警告他做什么?

(8) Whom was he warned to look out for?

　　有人警告他要当心谁?

如果问句是(7),答句焦点是 to look out for an ex-convict with a read shirt,如果问句是(8),答句焦点是 an ex-convict with a red shirt。

　　这样看来,凡是包含重音的任何一个语法成分都可以成为焦点,这种情况后来称为焦点投射(focus projection),成为研究的重点。Chomsky 认为焦点与非焦点〔他称为预设(presupposition)〕的区别如下:包含语调中心的短语(之一)为焦点,用变项替换焦点即为预设。包含重音则是焦点的必要条件。

　　还有一个相关的问题:在没有上下文的情况下,句子怎么读? 英语音系规则规定:任何一个句子必须有核心重音,语调必须在句子中某处下降或上升。在没有上下文的情况下,核心重音一般落在句末。按 Chomsky & Halle(1968)的核心重音规则:

(9) 核心重音落在句末实词上。①

20 世纪 70 年代初 Chomsky 认为核心重音规则在确定焦点方面起重要作用。

2. 焦点标注

　　问题显然没有那么简单。句子的核心重音可以不落在最后一个实词上,例如:

(10) a. Who came first?

　　　　谁先来?

　　 b. The BOY came first.

　　　　那个男孩先来。

---

　　① 　Chomsky 假定只有实词(lexical category)有重音,功能语类(functional category)没有重音。Gussenhoven (1984)提供了许多虚词重读的例子。Ladd(1980)提出"可重读性"(accentability)的概念。

回答问题(10a)时,主语表示新信息,因而要重读主语,主语当然并不在句末。

Jackendoff(1972)看到了问题所在,建议把确定焦点的语音条件修正如下:

(11) 如果选中句子 S 中的一个短语 P 作为焦点,那么 S 中的最重音落在 P
中按常规重音规则获得最重音的音节上。

根据(11),不能单凭核心重音规则推定焦点,必须先选定哪一个成分做焦点,然后按常规重音规则确定重音落在这个成分的哪一个词的哪一个音节上。换句话说,根据信息结构确定焦点在前,根据重音规则确定重音在后。这样一来,确定焦点重音就不是自动的了。

焦点重音的问题本来是在讨论究竟由深层结构决定语义,还是由表层结构决定语义的背景之下提出来的。Chomsky(1970)认为焦点由表层结构决定。采用 Jackendoff 的(11),则必须增加一个步骤,他用的办法是在表层结构中加上焦点标记[F],(10b)可以记作:

(12) [The BOY]$_F$ came first.

此外还要在音系系统中增加一条强调重音规则(emphatic stress rule):

(13) V [emph stress]/[X [1 stress] Y]$_F$

(13)的意思是要强调的音用一级重音。表层结构中加上了焦点标记,运用强调重音规则就能确定焦点成分怎么读,调核在哪里。(10b)重音落在[X]$_F$范围内最后一个实词 boy 上,而不是落在全句最后一个实词上。

3. 焦点规则

Selkirk(1984)是一部研究如何通过语调来体现语法的专著,对焦点的语音表达作了详细的研究。Selkirk 认为语调变化(pitch accent)体现在词或者比词更小的结构单位上,而焦点的确定与语调变化直接发生关系,并不与重音(stress)规则发生关系。她提出以下两条焦点规则。[①]

(14) **基本焦点规则**:体现语调变化的结构成分是焦点。

(15) **短语焦点规则**:一个结构成分如果符合以下两个条件或者其中之一就可以是焦点:

i. 该成分的中心语是焦点,

ii. 该成分包含的论元是焦点。

---

① 　Selkirk 严格区分 pitch accent 和 stress,我们也作相应的区分。

　　基本焦点规则的意思是：如果语调变化体现于一个词 X，那么 X 是焦点。短语焦点规则的意思是：如果语调变化体现于 X，X 是一个短语中的中心语，或者是中心语的内部论元，那么包含 X 的短语是焦点。以下是 Selkirk(1995)中举的例子：

（16）Mary bought a book about BATS.

　　　　玛丽买了一本关于蝙蝠的书。

　　　　a. Mary bought a book about [BATS]$_F$

　　　　b. Mary bought a book [about BATS]$_F$

　　　　c. Mary bought [a book about BATS]$_F$

　　　　d. Mary [bought a book about BATS]$_F$

　　　　e. [Mary bought a book about BATS]$_F$

(16a)中语调变化体现于名词短语的中心语"BATS"上，焦点可以投射到整个名词短语。① （16b）焦点从介词短语的论元（名词短语）投射到整个介词短语。(16c)焦点从名词短语的论元（介词短语）投射到整个名词短语。（16d)焦点从动词短语的论元（名词短语）投射到整个动词短语。(16e)焦点投射到全句。这种焦点投射的基点是：焦点是一个句法概念，而不是一个语音概念，只是在语音和语义层次上有所体现。在这一方面 Selkirk 的观点与 Chomsky 和 Jackendoff 不同。

　　Chomsky 和 Jackendoff 的理论同样也能说明以上这个例子，但是不能说明以下两个句子的不同。

（17）She sent the book to MARY.

　　　　她把那本书寄给玛丽了。

（18）She sent the BOOK to MARY.

　　　　她把那本书寄给玛丽了。

两个句子中的动词短语都可以是焦点，然而说这两句话的语言环境不同，其语调意义(intonational meaning)不同。(17)中的 book 是旧信息，不是焦点，而(18)中的 BOOK 是新信息，是焦点。按 Selkirk 的办法，(18)中两条途径都把焦点投射到整个动词短语。

　　根据 Selkirk 的焦点规则，焦点的投射全靠句法，常规重音规则就没有地位了。Selkirk 认为这样能更好地说明英语和其他语言的异同。德语的常规重音也在句末，例如以下两个句子也是重读最后一个词。

---

　　①　这里名词短语中除了名词本身外，没有其他成分。

（19）Die Schuhe von Heinrich sind KAPUT.

　　　海因里希的鞋破了。

（20）Peter betrachtet ein BUCH.

　　　彼得在看一本书。

可是下面句子中，即使焦点在动词短语，重音却落在并不位于句末的宾语BUCH上。

（21）Er hat in Wohnzimmer sein BUCH verloren.

　　　他在起居室里把书丢了。

根据（15ii），（21）中的动词短语可以是焦点，因为它包含的论元BUCH是焦点。

　　持类似观点的著作很多，如Schmerling（1976）、Gussenhoven（1984）、Rochemont（1986）等都认为焦点投射是句法概念，与论元结构有关，都认为Chomsky试图用核心重音规则来处理焦点投射不可能成功。他们之间还有一些分歧，Gussenhoven（1999）把Selkirk的观点称为广义焦点投射（extended focus projection），把他自己的观点称为狭义焦点投射（restricted focus projection），这里不作详细介绍。

4. 重音不是必要条件

　　Rochemont写了第一部在生成语法系统内研究焦点的博士论文，后来以专著形式出版为Rochemont（1986），本书有专章介绍他的观点（见本书第五章）。Rochemont对焦点的语音表现也有论述，他指出重音和语调变化既不是焦点的充分条件也不是必要条件。上文很多例子中焦点包含非重读成分，可见不是充分条件。他以英语特殊疑问句为例证明重音和语调变化也不是必要条件。

（22）A：I finally gave into my desire to splurge and went out and bought something new today.

　　　今天最终我还是被自己的挥霍欲望占了上风，外出买了新东西。

　　　B：Oh，really? What did you BUY?

　　　是吗？你买了什么？

答句中的BUY是旧信息，不是新信息，不是焦点，然而语调在此下降。可见重音和语调变化也不是焦点的必要条件。

　　Rochemont建议把Jackendoff的规则（11）改为：

（23）语调变化体现在句中（带焦点标记[F]成分的）最后一个实词上。

不用括弧，（23）表达的意思是：

(24) i. 如果句中有带焦点标记[F]的成分,语调变化体现在该成分最后一
　　　　个实词上;

　　 ii. 如果句中没有带焦点标记[F]的成分,语调变化体现在句子最后一
　　　　个实词上。

他认为疑问词 what 等不带焦点标记[F],所以根据(24ii),(22B)中语调变化体
现在句子最后一个实词 BUY 上。

5. 语法和话语焦点

　　有关焦点的语音表现问题从 20 世纪 60 年代中期以后沉寂了一个时期,大
家热衷于研究焦点的逻辑式,似乎基本上已经放弃了 Chomsky 最早提出的以核
心重音规则处理焦点的办法。20 世纪 90 年代意大利语言学家 Cinque 出来为此
翻案。Cinque(1993)提醒大家在考虑焦点问题时必须记住语法和话语对于焦点
起的不同作用,并不是所有的焦点都能由语法处理。

　　话语对焦点的影响是很明显的。说话者根据所处的环境判断哪是旧信息,哪
是新信息,哪是预设,哪是焦点。下面一个例子是很出名的,最早见于 Schmerling
(1976)。

(25) a. Truman DIED.

　　　　杜鲁门去世了。

　　 b. JOHNSON died.

　　　　约翰逊去世了。

(25a)和(25b)都可以是没有上文的始发句,但是有不同的背景。美国总统杜鲁
门在病故之前患病已久,大家都知道,而约翰逊总统则是突然去世的。约翰逊总
统去世让人出乎意料,他的名字成了焦点。杜鲁门去世在人们意料之中,整个句
子都是焦点,重音就落在最后一个词上。这说明话语起作用,而语法通过核心重
音规则也起作用。

　　即使话语因素决定焦点,也决定了重音所在,核心重音规则还会有所体现,
下面的例句反映出这一点。

(26) a. Any news of John?

　　　　有关于约翰的消息吗?

　　 b. [NP Our poor child] [VP is in bed with a FLÚ]

　　　　我们可怜的孩子患流行性感冒病在床上。

（27）a. Who is in bed with a flu?

　　　　谁患流行性感冒病在床上？

　　b. [NP Our poor CHÍLD] [VP is in bed with a flû]

　　　　我们可怜的孩子患流行性感冒病在床上。

（27b）中虽然焦点 child 最突出，句末的 flu 仍比其他词突出。由此看来核心重音规则的作用还是不应该忽视。这里用符号′表示主重音，用符号＾表示次重音（secondary stress）。

　　Cinque 也考虑到各种语言中重音的不同位置。他把核心重音的位置定为树形图递归方向嵌套最深的位置（the most embedded position on the recursive side of the tree）。英语是右分枝结构语言，核心重音位于树形图的最右端，也就是句中最后一个词。而德语和荷兰语结构有左分枝成分，宾语位于动词的左侧，所以当句中出现宾语时，会出现上文例句（21）中的现象。

6. 韵律引起的移位

　　Zubizarreta（1998）进一步研究了（27）这类现象，她认为这里体现了核心重音规则和焦点突出规则（focus prominence rule）两者之间的矛盾。焦点突出规则定义为：在语音方面，如果两个姐妹节点 C_i 和 C_j 中，C_i 带有焦点标记[＋F]，而 C_j 带有非焦点标记[－F]，则 C_i 应比 C_j 突出。

　　她举的例子是：

　　（28）[[F The cat in the blue hat] [−F wrote a book about rats.]]

　　　　戴蓝帽子的猫写了一本关于老鼠的书。

根据核心重音规则（9），重音应该落在句末最后一个词 rats 上。根据焦点突出规则（27），重音应该落在带有焦点标记[＋F]的名词短语[F The cat in the blue hat]中最后一个词 hat 上。

　　各种语言采用不同的办法解决核心重音规则和焦点突出规则之间的矛盾。英语和德语等日耳曼语使用核心重音规则时不理会带有非焦点标记[－F]的成分。仍以（28）为例，核心重音规则对带有非焦点标记[－F]的成分[−F wrote a book about rats]视而不见，于是重音就落在带有焦点标记[＋F]的名词短语[F The cat in the blue hat]中最后一个词 hat 上。而西班牙语和葡萄牙语等罗曼语却采用句法移位的方式来取得核心重音规则和焦点突出规则的一致。如果问：谁吃了苹果？西班牙语不可以用（29a）的词序，只能用（29b）的词序。

(29) a. *[[_F Juan] [_-F comió una manzana.]]

　　b. [[_-F Comió una manzana] [_F Juan.]]

　　胡安吃了苹果。

没有焦点标记的成分[_-F Comió una manzana]往前移,让有焦点标记的成分[_F Juan]留在最后,以便从核心重音规则获得核心重音。Zubizarreta 把这种特殊的移位称为韵律引起的移位(prosodically motivated movement)。

7. 汉语焦点的语音表现

　　我们还没有提到汉语中焦点有没有语音表现和怎么表现,有关汉语焦点的研究起步比较晚,文献很少。

　　2000 年欧亚语言学会年会上有一个焦点研究的专题讨论,征稿启事中特别提到希望有人回答:有没有一种语言用了其他办法标注焦点就不再用语音来体现的? 后来会上并没有人回答这个问题。其实汉语在某种程度上是这样的。

　　Xu(2002)认为汉语信息焦点主要通过句法位置体现。在不违反其他句法规则的前提下,信息焦点一般位于树形图递归方向嵌套最深的位置。汉语是右分枝结构语言,递归方向嵌套最深的位置也就是句中最后一个词。这和 Cinque 对英语、德语和意大利语研究得出的结论是一致的。但是有一个很大的不同之处。英语、德语和意大利语的焦点都在这一位置上获得重音,Zubizarreta 甚至认为正是为了获得重音,焦点才跑到这一位置上去。而汉语的焦点一旦处于这一位置上反而不需要重读。道理很简单,既然已经通过句法手段标出了焦点,用语音手段也不过是达到同一个目的,何必多此一举呢? 比较下列英语和汉语句子。

(30) a. What did you buy?

　　b. I bought a BOOK.

(31) a. 你买了什么?

　　b. 我买了一本书。

英语句子(30b)中的 BOOK 必须有重音,语调在此下降。凭我们说汉语的人的语感,汉语句子(31b)中的"书"如果是信息焦点,并不需要重读,不是不能重读,而是不一定要重读。似乎还没有人用声谱仪分析过(31b)中的"书"的音重,即使将来用仪器分析出来它的确读得比较重,这种轻重在话语交谈中起不到标注焦点的作用。

　　上文说过英语焦点可以投射,汉语可不可以? 再比较:

（32）a. What did you do?

　　　b. I bought a BOOK.

（33）a. 你做了什么?

　　　b. 我买了一本书。

英语句子(32b)读法与(30b)没有区别,只重读 BOOK,但焦点不只是动词的宾语,而是投射到整个动词短语。汉语句子(33b)读法与(31b)也没有区别,不一定要重读句中任何一个成分,而焦点也是整个动词短语。

　　那么是不是汉语的焦点都可以不重读呢? 答案是否定的,因为投射不到的焦点要重读。

（34）I BOUGHT a book.

（35）我买了一本书。

汉语句子(35)相当于英语句子(34),焦点只是动词,不是从宾语投射而来的,要靠 Jackendoff 的办法来人工标注焦点,也就是属于 Cinque 说的话语焦点。这时汉语和英语一样需要重音。

　　从以上这些事实可以看出,Cinque 对语法焦点和话语焦点的划分对汉语也有用,汉语中语法焦点不一定要重读,而话语焦点要重读。"树形图递归方向嵌套最深的位置""投射"这些概念本来是为核心重音提出来的,汉语焦点不一定要有重音,然而这些概念却仍然有用。汉语焦点的语音表现还有待于深入研究。

参考文献

1. Bolinger, Dwight. Accent is Predictable (if you're a mind reader)[J]. Language, 1972, 48: 633 – 644.

2. Bolinger, Dwight. Intonation and Its Parts[M]. London: Arnold, 1985.

3. Chomsky, Noam. Deep Structure, Surface Structure, and Semantic Interpretation[M]// Roman Jakobson & Shigeo Kawamoto. Studies in General and Oriental Linguistics. Tokyo: TEC, 1970: 52 – 91.

4. Chomsky, Noam & Morris Halle. The Sound Pattern of English[M]. New York: Harper and Row, 1968.

5. Cinque, Guglielmo. A Null Theory of Phrase and Compound Stress[J]. Linguistic Inquiry, 1993, 24: 239 – 298.

6. Gossenhoven, Carlos. On the Grammar and Semantics of Sentence-accents[M]. Dordrecht: Foris, 1984.

7. Gossenhoven, Carlos. On the Limit of Focus Projection in English[M]// Peter Bosch & Rob van der Sandt. Focus: Linguistic, Cognitive and Computational Perspectives. Cambridge:

Cambridge University Press, 1999: 43 - 55.

8. Jackendoff, Ray. Semantic Interpretation in Generative Grammar[M]. Cambridge: MIT Press, 1972.

9. Ladd, D. Robert, Jr. The Structure of Intonational Meaning[M]. Bloomington: Indiana University Press, 1980.

10. Rochemont, Michael S. Focus in Generative Grammar[M]. Amsterdam: John Benjamins, 1986.

11. Schmerling, Susan. Aspects of English Sentence Stress[M]. Austin: University of Texas Press, 1976.

12. Selkirk, Elizabeth. Phonology and Syntax: The Relation between Sound and Structure[M]. Cambridge: MIT Press, 1984.

13. Selkirk, Elizabeth. Sentence Prosody: Intonation, Stress, and Phrasing[M]// J. Goldsmith. The Handbook of Phnological Theory. Oxford: Blackwell, 1995: 550 - 569.

14. Zubizarreta, Maria Luisa. Prosody, Focus, and Word Order[M]. Cambridge: MIT Press, 1998.

第四章　焦点结构的类型及其对汉语词序的影响

罗仁地(Randy J. LaPolla)　潘露莉(Dory Poa)

1. 绪论：信息结构/焦点结构

　　人类进行语言交际的时候,说话者是在某一种语境中说出话语的。为了能正确理解说话者的交际意图(communicative intention),听话者也要在同一个语境中对说话者所说出的话语进行推论/推测(inference)(罗仁地、潘露莉,2002)。但是语境是超出语言环境而包含着各种不同的假设(assumption)的,听话者不一定能够准确地推测说话者的交际意图,因此误解就可能发生。为了降低听话者对自己交际意图误解的机率,说话者会尽量地选择能让听话者最不费力、最容易推测说话者的交际意图的表达方式,而听话者也理所当然地认定对方会这么做。因此,在进行对话的时候,当听话者的脑中呈现出第一个有可能的理解(命题)的时候,听话者就会把这个命题认定是说话者的意图,同时把第一套与这个命题有关的假设认定是交际意图的背景假设。正因为如此,在语言交际的时候,说话者为听话者所"特制"的话语最关键的是信息在话语句子中的分布。这种信息在句子中的分布,就是所谓的句子的信息结构(information structure)。

　　在一般语言交谈情况中,当说话者讲话的时候,说话者所发出的话语就是所谓的语用断言(pragmatic assertion),或简称断言(assertion)。断言就是信息,是说话者让听话者能够从她/他所发出的话语中推测出来的命题。说话者的断言是一种语用断言,因为它包含着语用结构。断言一般来说包含"已知/旧"的信息(如:话题以及与话题有关的预设)和"新"的信息(如:对话题的陈述)。我们在"已知/旧""新"两个词上加了引号,是因为如果用"已知/旧信息"和"新信息"来指断言的各个成分,恐怕会引起误解。问题的关键是能提供信息的不仅仅是"新"的信息,而是"新""旧"信息之间的关系,是这种关系使断言带有信息。"已知"的信息是谈话时引发的一套假设,是理解谈话所必需的语境和前提。这一套假设称之为语用预设(pragmatic presupposition),或简称预设(presupposition)。

断言中不在语用预设内的部分,我们将之称为断言的焦点(focus of the assertion)或焦点(focus),也就是语境中不可预测或不可复原的部分。断言附有的信息并不仅是焦点本身的信息,还是焦点的信息和组成语用预设的一套假设加在一起所引发的联想。比如,有人说"张三",只说出"张三"这个名字本身没有信息意义,但如果有人提问"谁打我?"而有人回答"张三"或者说"是张三打你",那么焦点("张三")中的信息就给语用预设中的不完整命题(open proposition)"x打提问者"提供信息。这么一来,就给出了"张三打提问者"这么一个有信息的断言。换句话说,焦点中的信息以较具体的"张三"替代了预设"有人打提问者"中的"有人"。

Lambrecht(1994)从布拉格学派的句子功能观(functional sentence perspective)和韩礼德(M. A. K. Halliday)的信息结构类型进一步区分下面两种情况:①(1)谈话参与者脑中个别句子成分所指(referent)的语用情况(pragmatic states);(2)扮演谓语或论元的所指与命题之间所建立的语用关系。Lambrecht 认为二者是有一定区别的,是后者的这种语用关系的建立使得信息得以传达。如果有人问"谁先走了?"而回答是"李四"的话,那就是说,说话者认定"李四"这个所指一定是听话者认识的。"听话者认得李四",就是李四在听话者脑中的可识别度状况(identifiability status),而"有人先走了"这个命题也是听话者所知道的。这个句子所传达的新信息是"先走的人是李四"。"有人先走了"这个预设(presupposition)和"李四"这个所指〔即所谓的焦点(focus)〕之间的语用关系,就是句子的信息结构。所有语言都有各自标记话语中信息类型的语法系统,如用特定语调、形态、词序等等。说话者为听话者所"特制"的句子中的特定信息结构和特定的形态句法或语调结构,就是 Lambrecht(1994)所谓的焦点结构(focus structure)。

2. 焦点结构的类型

通过分析世界各种不同语言的结构,Lambrecht(1986,1987,1994,2000)把句子的焦点结构分为宽焦点(broad focus)和窄焦点(narrow focus)两大类型。

2.1　宽焦点

宽焦点结构句的焦点可能是谓语,也可能是整个句子,因此 Lambrecht 把这种焦点结构划分为:谓语焦点(predicate focus)和句子焦点(sentence focus)两类。

---

①　如想了解布拉格学派、韩礼德和 Lambrecht 之间的异同,请参看 LaPolla(2019)的讨论。

2.1.1 谓语焦点

谓语焦点结构句是最常见的和最无标记(unmarked)的焦点结构,也就是人们常说的话题-述题结构。在谓语焦点结构句中,话题是在预设中,焦点域(focus domain)就是述题(谓语),谓语对话题作出陈述。我们可以从以下 Lambrecht(1994:223)所举的例子中进一步理解谓语焦点结构句的信息结构,同时也可以从这些例子中看出不同语言表达焦点结构的方式。(1e)是本文作者所提供的与中文对应的例子。

（1）Q：What happened to your car?

　　　问：你的车怎么了？

　　A：a. My car/it broke **DOWN**.（英语：主语-谓语）

　　　　我的车/它坏了。

　　　　b. (La mia macchina) si è **ROTTA**.

　　　　（意大利语：主语-谓语）

　　　　c. (Ma voiture) elle est en **PENNE**.

　　　　（法语：话题-主语-谓语）

　　　　d. (Kuruma wa) **KOSHOO**-shi-ta.

　　　　（日语：话题-述题）

　　　　e. (我的车)**坏了**。（汉语：话语-述题）

对"你的车怎么了?"这个问题的答案所引发的预设是:听话者的车可以作为进行陈述的话题。命题就是话题与谓语所陈述的具体情况之间所建立的关系。焦点是谓语"坏了",而焦点域是整个谓语。以下是这个例子的信息结构(Lambrecht,1994:226):

（2）句子：我的车坏了。

　　预设：'说话者的车可以作为陈述 X 的话题'

　　断言：'X＝坏了'

　　焦点：'坏了'

　　焦点域：动词加其余的动词后的成分

从以上例子也可以看出,不同语言用不同的方式把话题与有关话题的陈述区分开来。对于英语和意大利语来说,没有重音的主语就是话题;日语是在话题后面加话题标记 wa;法语(口语)的话题出现在主语之前,话题与主语同指;而汉语则是以话题-述题的结构呈现。为了方便阐述,以上例子中话题的形式都是完整的词汇名词组,但是在一般情况下谓语焦点结构中的话题通常不需要表达出

来,或者是以没有重音的代词代替名词。在很多不同语言的句子结构中,话题通常也就是主语,但是话题并不一定总是主语。如:

（3）a. As for Jose, I think he is a great guy.（英语）

　　　　至于扶西,我认为他是个很好的人。

　　　b. Sono　okasi　　wa　　hutora-nai.（日语）

　　　　那　　糖果　　　TOP　发胖-不。

　　　　那些糖果,[人吃了也]不会发胖。

　　　c. 那些树,树身大。

2.1.2　句子焦点

句子焦点结构句,很少需要甚至不需要预设,断言的焦点是整个子句,因此就没有话题。除了任何一种焦点类型都有的没有区别性的预设之外,句子焦点结构句几乎不会引发任何语用预设。请看以下例子（Lambrecht, 1994:223）。(4e)是本文作者所提供的与汉语对应的例子。

（4）Q：What happened?

　　　问：发生什么事了?

　　A：a. My **CAR** broke down.

　　　　　（英语：带重音的主语焦点）

　　　b. Mi si è rotta la **MACCHINA**.

　　　　　（意大利语：一种倒装句;动词后有焦点重音）

　　　c. J'ai ma **VOITURE** qui est **EN PANNE**.

　　　　　（法语：存现句加关系子句;动词后有焦点重音）

　　　d. **KURUMA** ga **KOSHOO**-shi-ta.

　　　　　（日语：ga 焦点标记,前后有焦点重音）

　　　e. （我的）**车坏了**。

　　　　　（汉语：前后有焦点重音）

以上例句没有预设,断言和焦点刚好是同一个命题“答话者的车坏了”,焦点域就是整个子句。以下是这个例句的信息结构:

（5）句子：我的车坏了。

　　　预设：没有

　　　断言：‘答话者的车坏了’

　　　焦点：‘答话者的车坏了’

　　　焦点域：整个子句

焦点域能包含非焦点成分，如，"我的车坏了"中的"我"（Lambrecht，1994：5.2.4 节）。在上述例句中，"我"指的是答话者，虽然是有话题性（topical）的，但在这个句子中"我的车"并不是话题。这就是句子焦点结构的特点：没有话题。如上所述，话题之所以成为话题并不是其所指本身的语用情况，而是该所指和所要建立的断言之间的关系。句子焦点结构句中的主语和句子所表达的命题之间没有话题–述题的关系。换句话说，句子并不是关于主语的所指的述言。没有预设的结果是，命题未能展现其他焦点类型所展现的二元关系（如：X＝坏了）。也就是说，这种结构在语义上是非二元的，即没有一个一分为二的焦点-预设结构。

把例（4）与例（1）比较一下，我们可以看出不同的语言用不同的方式标记焦点结构。意大利语和法语用一种特殊的词序，日语在主语名词短语后面用焦点标志 ga（Ono，Thompson ＆ Suzuki，2000），同时在主语和谓语短语上加重音。英语则在主语上用重音来表示语用上的不同。但是这些语言结构中却有一个共同点，就是要标记主语不是话题（Lambrecht，2000）。这种标记主语的非话题性就是有标记焦点结构（句子焦点句和窄焦点句）和无标记焦点结构（谓语焦点句）之间的关键差别。

2.2 窄焦点

窄焦点结构句的焦点域只限于一个单一的成分。句子中的任何一个成分，不论是主语、宾语、间接论元或谓词都可以是焦点成分。我们可以把上文所举的例（1）、例（4）和下面的例句进行比较（Lambrecht，1994：223）：

（6）Q：I heard your motorcycle broke down.

　　问：我听说你的摩托车坏了。

　　A：a. My **CAR** broke down.

　　　　（英语"我的车坏了"：名词组中心词带焦点重音）

　　b. Si è rotta la mia **MACCHINA**/E la mia **MACCHINA** che si è rotta.

　　　　（意大利语"坏了我的车/是我的车坏了"："è"分裂句；动词后的名词组中心词带焦点重音）

　　c. C'est ma **VOITURE** qui est en panne.

　　　　（法语"是我的车坏了"："c'est"分裂句；动词后的名词组中心词带焦点重音）

　　d. **KURUMA** ga koshoo-shi-ta

　　　　（日语：ga 焦点标记，谓语无焦点重音）

　　e. 是（我的）**车**坏了。（汉语：分裂句）

这些句子的结构如下：

（7）句子：我的车坏了

　　　　预设：'答话者的 X 坏了'

　　　　断言：X＝'车'

　　　　焦点：'车'

　　　　焦点域：名词组

例（6）的两个信息成分（即"我的车"和"坏了"）的识别情况，看起来好像跟谓语焦点结构句相反，因为其不完整的命题（open proposition）"X 坏了"是"已引入"（active）的，而"我的车"的所指是尚未引入（in-active）的。但是这种说法会引起误会，会使人认为，信息结构中识别情况的差异是最关键的。其实语用情况的差异才是最重要的。在回答"是你的车还是摩托车坏了？"时，答话中的"我的车"和不完整的命题都是已知的。从这一点我们可以看出，断言中"新"的信息（"答话者的车坏了"）并不是指焦点成分（"我的车"）本身，而是指焦点成分的所指（"我的车"）和预设（"答话者的某件东西坏了"）之间所建立的关系。正是这种关系使焦点成分有信息价值，而不在于所指是不是新引入的。正如 Lambrecht（1986：160）所说的，"信息一向都不是通过单个词或单个陈述句甚至单个组成成分提供的，而是透过一种关系的建立……"

Lambrecht（1994：5.6 节）进一步指出，有标记窄焦点和无标记窄焦点之间的差别关键在于窄焦点成分的位置。许多语言在子句中有相当清楚的无标记焦点位置；在动词后置的语言中这个焦点位置就在动词正前面的位置（Kim，1988），如朝鲜语（Kim，1988；Yang，1994）和ᵕ卢里语（Kaluli，巴布亚新几内亚的一种语言）（Schieffelin，1985）等。英语中的无标记焦点位置是在核心（即动词及其直接论元）的最后位置，往往是在子句的最后位置。换句话说，焦点是在无标记位置成分上的时候就是无标记的窄焦点，而焦点在无标记焦点位置之外的子句成分上的时候就是有标记的窄焦点。以下是英语的一些例子：

（8）a. John gave the book to **MARY** yesterday.

　　　　约翰昨天把书给了玛莉。

　　　b. John gave the book to Mary **YESTERDAY**.

　　　　约翰昨天把书给了玛莉。

　　　c. John gave the **BOOK** to Mary yesterday.

　　　　约翰昨天把书给了玛莉。

　　　d. John **GAVE** the book to Mary yesterday.

　　　　约翰昨天把书给了玛莉。

　　e. **JOHN** gave the book to Mary yesterday.

　　　　是约翰昨天把书给了玛莉。

　　(8a)的重音落在 Mary 上，听起来与谓语焦点结构一样，但是若以谓语焦点结构来理解，gave the book to Mary yesterday 是焦点域，然而，以窄焦点结构来理解，只有 Mary 在焦点里。由于子句中的焦点成分是核心的最后成分，该窄焦点的诠释一定是无标记窄焦点。其他例句的焦点结构都是有标记的窄焦点。

3. 焦点结构对形态语法的影响

　　焦点结构对不同语言的句法结构有不同的影响，即使是亲属语言，有的时候差异也很大。上文所举的法语和意大利语的对照就是一个典型的例子。然而语言之间，用来标记焦点结构的形式都有些类似，有的时候差别就在于某一种语言除了用某种标记之外还配合其他方法来标记焦点。比如，所有语言在某种程度上都用语调来标记不同的焦点结构构造，但差别在于有些语言除了语调之外还用某种句法或形态形式来标记。从例(8)中我们可以看到，英语可以单用语调来区分焦点，三种不同焦点结构的句法结构都完全相同。这是因为英语的语调可以落在句子的任何一个组成成分上，除此之外，英语用语序来区分句法关系（主语和宾语）和语法语气（grammatical mood）。在英语里，谓语焦点结构的重音落在谓语（就是无标记形式）而不是落在主语名词组上；句子焦点结构和窄焦点结构的重音则落在主语或窄焦点成分上。以上列举的四种不同语言都显示同样的情况，即窄焦点结构的焦点成分是唯一被强调的成分。也就是说，语调与焦点结构有很重要的关联作用（参看 Kempson，1975；Selkirk，1984；Steedman，1991；Lambrecht，1994、2000）。除了语调之外，也可以用有标记的语序来表达窄焦点或句子焦点结构。以英语为例，窄焦点通常是用分裂结构来表达的，如：It was Ruben that hit you.／The one that hit you was Ruben.（是罗斌打你／打你的是罗斌）。

　　在日语里，不同的焦点结构是用语调和形态标记来展现的；基本上日语是用不同的后置成分（postpositions）wa 或 ga 来标记的。虚词 wa 标记谓语焦点句中的话题〔例句(1d)〕。以有 ga 的句子结构来说，如果重音在 ga，就是用来标记窄焦点结构〔例句(6d)〕，如果重音不在 ga，就是用来标记句子焦点结构〔例句(4d)〕。Kuno(1973)称这种情况为中性描述 ga (neutral description "ga")和穷尽列举 ga（exhaustive listing "ga"）。瓦亚加河哥查语（Huallaga Quecha）（Weber，1989）有一种后缀-qa 跟日语的 wa 一样用来标记话题成分，它可以在子句中出现多次。

至于法语和意大利语，因为焦点成分不能出现在动词前，所以不能跟英语一样在动词前的名词组上加重音来标记句子焦点或窄焦点结构。这两种语言都必须借助于句法来凸显不同的焦点结构。我们可以从例句（6）中看出这两种语言可以用分裂结构来标记窄焦点结构。意大利语也可以把主语放在动词后面来表达窄焦点结构。法语例句显示，虽然逻辑上焦点名词组是"我的车坏了"的主语，但是法语的窄焦点结构用了双子句分裂结构（biclausal cleft）使焦点名词组出现在第一个子句动词后面的位置（焦点的常规位置），而命题的主要语义内容则出现在关系子句里。这么一来，第一个子句就有谓语焦点结构的句法和语调，而第二个子句则完全没有加重音。法语的句子焦点结构用类似的句法结构（avoir-cleft）标记，但两个子句都有正常的谓语焦点的谓语重音。意大利语的情况很相似，可是意大利语与法语的不同之处是，意大利语更偏向于用简单的倒装结构（非话题的主语出现在动词后）标记窄焦点和句子焦点结构。

4. 焦点结构与汉语的词序

焦点结构类型中谓语焦点是最常见的。汉语中的谓语焦点结构的句子，也就是话题-述题结构的句子，占所有句子的大多数。由于在谓语焦点结构句子中，话题是在述题之前，而非话题性的名词则在动词之后，所以汉语句子的词序以名-动或名-动-名的话题-述题句子为最多。请看以下摘自《儒林外史》的一小段文字（为了方便讨论，我们把要讨论的句子和句子的每一段编了号码）：

（9）① 元朝末年，也曾出了一个嵌石磊落的人。②.1 人姓王 ②.2 名冕，②.3 在诸暨县乡村居住；②.4 七岁时死了父亲，③.1 他母亲做些针黹，③.2 供给他到村学堂里去读书。

以上这段话是汉语句型结构的典型例子，体现了谓语焦点（话题-述题）结构居多的现象。其实，这一段话包含着两个所谓的话题链（topic chain）。句子①的出现是为了引发下面②句的话题（"人"）；②.1 涵盖这个话题和第一个述题（"姓王"），而 ②.2 ②.3 ②.4 都是同一个话题〔"人"（＝王冕）〕的述题。在 ③.1 里出现新的话题（"他母亲"），③.2 是这个新的话题的述题。这整段句子，除了句子①是存现句之外，其他都是遵循话题-述题结构的谓语焦点结构。这是汉语典型的结构，而(2.4)虽然也遵循这个原则,但其内部的结构被许多汉语语言学家认为是一种特别的结构,原因是不及物动词的论元出现在动词的后面(在这方面它跟存现句一样)。多年来汉语语言学家从各种不同的角度和不同的理论来诠释这些有标记的（marked）特殊结构,可是却未能够较全面地解释其中的原因。下面,我们将从焦点结构来看汉语的这种不带有普遍性词序的句式〔这里只谈几个句式;另见LaPolla（1995）〕。

除了谓语焦点句子之外,上文也提到另一种焦点结构,就是句子焦点结构。这一类结构的整个子句是在焦点域中,因此就没有话题。这种结构主要是用来叙述一个事件的发生,有时候也同时引入新的人物或事物作为下一句的话题。由于跟谓语焦点结构不一样,所以其语法的形式也不一样。英语中带有句子焦点结构的句子,主语名词组不是话题,虽然其句法结构可以跟谓语焦点一样〔如上文例句(4a)"My CAR broke down."〕,但是为了使听话者能够知道主语不是话题,英语便在主语上加重音。然而,汉语的做法就不一样,为了避免一个有可能当话题的名词组被诠释为话题,汉语带句子焦点结构的句子一般是不会跟谓语焦点句有同样的句法结构的。我们看以下的例句:

（10）a. 元朝末年,也曾出了一个嵌石磊落的人。（《儒林外史》1 页）

　　 b. 周炳扭亮了神厅的电灯,打开了大门,跳进来一个漂亮而壮健,大眼窝,大嘴巴的年轻小伙子,原来是杨承辉。（《三家巷》245 页）

　　 c. 麦地边,土埂上,坐着一群忧愁的亲人哪!（《金光大道》30 页）

　　 d. 下雨了。

　　 e. 下雪了。

　　 f. 晃晃眼又过了几个月,到了阳历六月下旬了。六月二十三那天的下午,一会出太阳,一会阴天,下着阵雨,十分闷热。（《三家巷》132 页）

　　 g. 转眼又过了旧历年,到了一千九百二十一年的春天了。（《三家巷》47 页）

　　 h. 家家屋顶冒青烟（《金光大道》419 页）

　　 i. 后来,在另一次小考的成绩单子上,出现了三个四分。（《周立波小说选·调皮角色》210 页）

　　 j. 有一个星期天早晨,罗淑清正在自己卧室里对着一面圆镜子,梳理她的略微松散的长发,忽然看见镜里出现一个熟识的孩子的油黑的圆脸。（《周立波小说选·调皮角色》211 页）

（10a－j）中的"也曾出了一个嵌石磊落的人""跳进来一个漂亮而壮健,大眼窝,大嘴巴的年轻小伙子""坐着一群忧愁的亲人哪""下雨了""下雪了""晃晃眼又过了几个月……出太阳……阴天,下着阵雨""又过了旧历年""冒青烟""出现了三个四分""出现一个熟识的孩子的油黑的圆脸"这些部分,因为提到的所指不是话题,所以名词组不管其所指的可识别度如何都位于动词后。在这种句子中,被断言的是事件的存现(或发生),我们在此称之为事件存现结构(presentative structure)。呈现这种结构最典型的例子就是关于天气的陈述,如例(10d-e),由于这两个句子中的"雨"和"雪"不是话题,因此被置于动词后。

在某些情况下,句子焦点结构的句子可以是话题-述题结构中的述题。如例(11a):

(11) a. 人姓王名冕,……七岁时死了父亲。(《儒林外史》1 页)

　　b. 动物园跑了一只熊猫。(郭继懋,1990:24)

　　c. 王冕的父亲死了。

我们可以看到(11a)是谓语焦点结构句子,是典型的话题-述题结构的句子。话题是"人"(王冕),述题是"七岁时死了父亲"。跟一般话题-述题结构不一样的是,这个句子的述题部分是事件存现结构。述题部分所要陈述的事件是"王冕的父亲死了"这件事,但是作者的陈述模式并不是以王冕的父亲为话题而是以王冕为话题。由于父亲不是话题,因此"父亲"就被置于动词后的位置。"死了父亲"是代表一个事件,同时也是对话题"王冕"的陈述。意思是说,这件事情发生在王冕的身上,或者跟王冕有关(或王冕受这个事件的影响)。(11b)的结构与(11a)的结构一样。虽然"跑"的是"熊猫",但是熊猫不是话题,动物园才是话题,而"熊猫跑了"这件事是这个话题的述题。由于"熊猫跑了"这件事是"动物园"的述题,所以这个句子就要通过事件存现结构来表述。

(11c)也是一个谓语焦点(话题-述题)结构句。但是跟(11a)不一样的是,这个句子的话题是"王冕的父亲",述题是"死了",而述题所陈述的对象就是话题"王冕的父亲"。

再回到(11a)。当我们听到(11a)中的"死了父亲"这段话时,语义上,我们知道有一个父亲,而这个父亲死了,但是"死了父亲"这句话没有话题-述题二元关系的结构。"父亲"被置于动词后,就不可能是话题;说话者这么做是为了把"父亲的死"作为一个单一性的事件提出,而不是作为有关"父亲"的断言提出。事件存现的这种一元性(unitary nature)也体现于能够出现在类似(11a)这种句子结构中的体标记(aspect marking)。一般说来,非重复性(non-iterative)动词,如"死""烂""沉"等,不能跟表示经历(experiential)的体标记"过"一起出现,但是当这些动词出现在事件存现结构的述题中时，就可以和"过"一起出现。

（12）a. 他死过一匹马。

　　　b. 他烂过五十斤香蕉。

这是因为动词和后置的名词组所表达的情况被当作是一种可以重复的事件〔下面例子转引自郭继懋（1990），也可参看 Teng（1974）对这类结构中副词"又"的用法的讨论〕。（13a,b）需要特别的语境，因为在这些例句中，"一匹马"和"五十斤香蕉"必须被理解为"死过"和"烂过"的话题（即有二元性），而这些动词所表达的动作一般来说只能有一次经历：

（13）a. *他有一匹马死过。

　　　b. *他有五十斤香蕉烂过。

这是因为"动词＋动词后名词组"是一个整体，这种结构在语用上来说是等于"名词合并"结构（pragmatic noun incorporation）。在用语法化的标记来标识合并（incorporation）的语言中，主语并入不及物动词时，就会把一个简单的话题-述题（simple categorical structure）转化成一个没有话题-述题之分的一元性整体结构（thetic structure）；而主语或宾语并入及物动词时，就会把一个双重的话题-述题结构（double categorical structure）（即话题-述题中有话题和述题）转化成一个简单的话题-述题结构（Sasse，1984：260）。除了词序和语调之外，汉语虽然没有语法化的标志来标记合并，但是语用的效果是一样的。

在表事件存现结构的句子里，专有名称（proper name）也可以出现在动词后，比如：

（14）a. 我们的晚会只来了张三跟李四。（Li ＆ Thompson，1981：517）

　　　b. 但是在最牛群主初评展示环节，只来了群主管绍贤一个人。

　　　　　　　　　　（http://www.hljnews.cn/article/203/139633.html）

　　　c. 方言方面只来了詹伯慧。（会议上听到的）

McCawley（1988）认为例句（14a）中的动词后名词组是无定的（indefinite），因为他觉得这个名词组是副词"只"的焦点，所以是这种组合中的无定名词组；"只……张三"的意思是，"除了张三、李四之外没有其他人"。Li（1986：350）也认为在"只"之后的名词组必须是无定的。两位学者的说法都没有把所指的可识别度（identifiability）和信息结构区分开来。动词后名词组被看作非话题是对的，但是，非话题并不意味着它必须是无定的，例（14a）的"张三跟李四"很明显，指的就是张三、李四这两个人。例句（14b）是自然的例子，只能是介绍第四届黑龙江最牛群主活动的情况，不能被解释为关于"群主管绍贤一个人"的陈述。在（14b）

的语境里,管绍贤也是可识别的。例句(14c)也是自然的例子:在 21 世纪第一届现代汉语语法国际研讨会上(2001),有人在会议上指出,会议有关方言的文章太少,后来,有一位与会者就说:"方言方面只来了詹伯慧。"说话者说这一句话的意图并不是要陈述有关詹伯慧的事,而是陈述有关方言方面的事,所以就没把"詹伯慧"当作话题,但这也并不意味着"詹伯慧"是无定的,开会的人都知道他是谁。

　　这种事件存现的结构也出现于描述背景或场景的从句中(例见 Huang,1987:242)。

(15) a. 虽然来了李四/那个人,可是……

　　　b. 如果发生这件事情,就……

　　　c. 自从走了张三以后,就……

　　在以上这些例句中,动词后名词组的所指是可识别的,但不是焦点〔例(14a)中的"张三跟李四"在焦点里〕,也不是话题。这类副词性的从句给即将出现的主句的断言提供背景信息,即时间的参考点(temporal reference point),所以整个命题在语用预设中。然而,为了使"张三的离去"能被理解为时间的参考点,"张三的离去"必须以事件存现的结构来表达,因而张三这个名词组就被放在动词之后的位置上。

　　有时候,在谓语焦点句里,话题的所指跟述题里面的一个成分有领属与被领属或整体与部分的关系。在这种情况下,被领属的或作为部分的成分可能是一种次话题(secondary topic)。这就是双话题结构(Teng,1974),也是语用合并的另一种类型。如:

(16) a. 我肚子饿了。

　　　b. 我头疼了。

　　　c. 他起劲地在那儿叫卖了半天,过路的人仍然只是看看,仍然一个不买。(陆俭明,1993:76)

　　　d. 这桔子不酸,真的,一个不酸,不骗你。(陆俭明,1993:76)

　　以上例句是双话题结构句式。以(16a - b)来说,在这类句式中,主要话题"我"在语义上是第二话题"肚子"/"头"的领有者,两者本来可以合成为一个名词组,但是领属者("我")和被领属者("肚子"/"头")在语法上并没有组成一个名词组,而分为两个成分:领属者作为整个句子的主要话题;被领属者合并到有关主要话题的述题中("肚子饿"/"头疼")。同时,我们可以进一步看到,句中同时存在着关于被领属者的陈述("饿"/"疼")。也就是说,被领属者是第二话题。这种句式,其述题中的话题-述题结构本身是一种关于某一个话题("肚子"/"头")

的断言,同时也是关于一个更加凸显(salient)的话题("我")的断言。也就是说,这种句式能让听话者更明显地辨别出哪一个是首要的第一话题,哪一个是第二话题。这种句式与类似例句(11a)的句式的差别是前者述题中的名词是话题,而后者的述题中的名词不是话题。例句(16c - d)的结构跟(16a - b)的一样,但不是领属与被领属的关系,而是整体("过路的人"/"桔子")与部分("一个"/"一个")的关系。

如果被领属的或作为部分的成分不是第二个话题,它就会出现在动词后的位置上,如(17)。

(17) *那些苹果我已经削好了皮。*

这个结构跟双话题结构一样,在语义上也有领属者("苹果")和被领属者("皮"),两者可以成为一个名词组("苹果的皮")。例句中的领属者("苹果")和被领属者("皮")在语法上却没有组成一个名词组,而是分为两个成分:领属者("苹果")作为整个句子的主要话题;被领属者("皮")合并到有关主要话题的述题中("我削好了皮")。可是这个句式跟双话题句式不同的是,这个句式中被领属者不是话题。说话者在这方面有选择,看意图,可以当作次话题,也可以当作非话题:我肚子饿了/我饿了肚子。①

5. 结语

本文除了介绍焦点结构的类型之外,还试图用焦点结构来解释汉语的词序,指出(a) 汉语动词居中(verb medial)的词序居多的原因是由于谓语焦点结构的句子居多。在谓语焦点结构的句子里,动词通常是谓语的第一个成分,这种动词居中的结构具有把话题性和非焦点性名词组跟焦点性和非话题性名词组区分开来的功能,而不是用于区别有定的和无定的名词组。(b) 汉语中一些非常规的词序和语法结构都可以通过焦点结构来理解。汉语的句子主要以话题-述题为其构成原则;所谓的不按常规的词序是因为一贯地遵循这个原则而产生的。在坚持一贯性地应用话题-述题结构时,说话者会使用不同的策略让听话者能够很清楚地分辨不同等次的话题(如双话题结构),以避免一个可能当话题但并不是话题的名词组被当作是话题(如事件存现结构等)。

---

① 参看 LaPolla(2009、2017)的详细讨论和大量的自然例子。

资料来源

1. 浩然.金光大道[M].北京：人民文学出版社,1972.
2. 周立波.周立波小说选[M].长沙：湖南人民出版社,1981.
3. 欧阳山.三家巷[M].广州：广东人民出版社,1959.

参考文献

1. 郭继懋.领主属宾句[J].中国语文,1990：24-29.
2. 李临定.受事成分句类型比较[J].中国语文,1986：341-352.
3. 陆俭明.现代汉语句法论[M].北京：商务印书馆,1993.
4. 罗仁地,潘露莉.传达信息的性质、语言的本质和语言的发展[J].中国语文,2002(3)：203-209.
5. Huang, C-T. James. Existential Sentences in Chinese and（In）definiteness[M]∥Eric. J. Reuland & Alice G. B. ter Meulen. The Representation of（In）definiteness. Cambridge, Mass：MIT Press, 1987：226-253.
6. Kempson, Ruth. Presupposition and the Delimitation of Semantics[M]. Cambridge：Cambridge University Press, 1975.
7. Kim, Alan H. O. Preverbal Focusing and Type XXIII Languages[M]∥M. Hammond, E. Moravcsik & J. Wirth. Studies in Syntactic Typology. Amsterdam & Philadelphia：John Benjamins, 1988：147-172.
8. Lambrecht, Knud. Topic, Focus, and the Grammar of Spoken French[D]. UC Berkeley, 1986.
9. Lambrecht, Knud. Sentence Focus, Information Structure, and the Thetic-categorial Distinction[C]. Proceedings of the 13th Annual Meeting of the Berkeley Linguistics Society. Berkeley：Berkeley Linguistics Society, 1987：366-382.
10. Lambrecht, Knud. There was a Farmer had a Dog：Syntactic Amalgams Revisited[C]. Proceedings of the 14th Annual Meeting of the Berkeley Linguistics Society. Berkeley：Berkeley Linguistics Society, 1988.
11. Lambrecht, Knud. Information Structure and Sentence Form[M]. Cambridge：Cambridge University Press, 1994.
12. Lambrecht, Knud. When Subjects Behave like Objects：An Analysis of the Merging of S and O in Sentence-focus Constructions across Languages[J]. Studies in Language, 2000, 24(3)：611-682.
13. LaPolla, Randy J. Pragmatic relations and word order in Chinese[M]∥Pamela Downing & Michael Noonan. Word Order in Discourse. Amsterdam & Philadelphia：John Benjamins, 1995：297-329.
14. LaPolla, Randy J. Chinese as a Topic-Comment（not Topic-Prominent and not SVO）Language[M]∥Janet Xing. Studies of Chinese Linguistics：Functional Approaches. Hong

Kong: Hong Kong University Press, 2009: 9 – 22.

15. LaPolla, Randy J. Topic and Comment [M] // Rint Sybesma. Encyclopedia of Chinese Language and Linguistics, Vol. 4. Leiden: Brill, 2017: 370 – 376.

16. LaPolla, Randy J. Arguments for Seeing Theme-rheme and Topic-Comment as Separate Functional Structures [M] // J. R. Martin, G. Figuedero & Y. Doran. Systemic Functional Language Description: Making Meaning Matter. London: Routledge, 2019: 162 – 186.

17. Li, Charles N. & Sandra A. Thompson. Mandarin Chinese: A Functional Reference Grammar[M]. Berkeley: University of California Press, 1981.

18. Li, Linding. Shoushi Chengfen Ju Leixing Bijiao (A Comparison of Sentence Types with Affected (Patient) Elements) [J]. Zhongguo Yuwen, 1986: 341 – 352.

19. McCawley, James D. Notes on Li and Thompson 1981[J]. Journal of the Chinese Language Teachers Association, 1988, 24: 19 – 42.

20. Ono, Tsuyoshi, Sandra A. Thompson & Ryoko Suzuki. The Pragmatic Nature of the So-called Subject Marker ga in Japanese: Evidence from Conversation[J]. Discourse Studies, 2000, 2(1): 55 – 84.

21. Sasse, Hans-Jurgen. The Pragmatics of Noun Incorporation in Eastern Cushitic Languages [M] // Frans Plank. Objects: Towards a Theory of Grammatical Relations. London: Academic Press, 1984: 243 – 68.

22. Schieffelin, Bambi. The acquisition of Kaluli[M] // Dan I. Slobin. The Cross-linguistic Study of Language Acquisition. Hillsdale, NJ: Lawrence Earlbaum, 1985: 525 – 593.

23. Selkirk, Elizabeth. Phonology and Syntax[M]. Cambridge, MA: MIT Press, 1984.

24. Steedman, Mark. Structure and intonation[J]. Language, 1991, 67, 2: 260 – 96.

25. Teng, Shou-hsin. Double Nominatives in Chinese[J]. Language, 1974, 50: 455 – 473.

26. Weber, David J. A Grammar of Huallaga (Huanuco) Quechua (University of California Publications in Linguistics 112) [M]. Berkeley: University of California Press, 1989.

27. Yang, Byong-seon. Morphosyntactic Phenomena of Korean in Role and Reference Grammar: Psych-verb Constructions, Inflectional Verb Morphemes, Complex Sentences, and Relative Clauses[D]. State University of New York at Buffalo, 1994. (Published by Hankuk Publishers, Seoul, 1994.)

第五章 Rochemont 关于英语焦点表现的研究

沈　园

很多语言学家如 Chomsky(1971)、Jackendoff(1972)、Selkirk(1984)等都研究过英语焦点的表现问题。这些讨论涉及英语句法、词法、语音等各个层面。在这些研究的基础上,Rochemont 于 1978 年完成了题为《英语文体规则理论》(*A Theory of Stylistic Rules in English*)的博士论文,试图将焦点的音系、句法和语义特点统一在一个框架下,揭示"焦点"概念的本质以及与焦点有关的一些语言学特性。《英语文体规则理论》是在生成语法框架下研究焦点问题的第一篇博士论文,具有十分重要的意义。这篇论文后来经过修改扩充于 1986 年出版,书名为《生成语法中的焦点》(*Focus in Generative Grammar*)。Rochemont 研究焦点问题的另一部专著是 1990 年出版,与 Peter W. Culicover 合著的《英语焦点结构与语法理论》(*English Focus Constructions and the Theory of Grammar*)一书。《生成语法中的焦点》的第四章和第五章涉及对英语中一系列焦点结构的讨论,《英语焦点结构与语法理论》针对英语焦点的句法表现作了更为专门和深入的研究。

1. 焦点和重音

跟其他许多研究焦点的语言学家一样,Rochemont 也将重音与焦点的关系作为研究内容之一。所谓重音,主要指以下两类:一类称为词汇重音(lexical stress),是指词汇范畴内的重音;另一类是句重音(sentence stress),是指句子的语调中心。一些语言学家〔如 Chomsky & Halle(1968), Halle & Keyser(1971), Liberman & Prince(1977), Selkirk(1984)〕通过观察发现,词汇重音一般落在词的最左边,而句重音一般落在句子最右边。在下面的例子中,例(1)中大写的词表示的是词汇重音所在的位置,例(2)中大写的词表示的是句重音所在的位置①:

---

① 至于像 I、句首大写的 A 这样原来就需要大写的词是否带重音,在对例句的具体讨论中将会予以澄清。

（1）a. [$_N$LABOR union]

　　　工会

　　b. [$_N$BLACKboard]

　　　黑板

（2）a. [$_s$John was hit over the head with a black BOARD]

　　　约翰的头被一块黑板打了一下。

　　b. [$_s$The young girl left for SCHOOL]

　　　那个小姑娘上学去了。

在讨论焦点与重音的关系时，语言学家考虑的主要是句重音。一般认为，Chomsky & Halle(1968)提出的核心重音规则(nuclear stress rule)是在生成语法系统中对句重音分布所作的一个比较经典的归纳：

（3）核心重音规则：核心重音落在句末实词上。

他们认为焦点和重音有着密不可分的关系：焦点指的是包含有重音的句法成分。任何一个句法成分，只要其右分枝包含句末核心重音就可以被看作焦点。一个句子的核心重音只有一个，但焦点（包含核心重音的句法成分）可以有多个。例(4)中的句子核心重音落在句末实词 BEDROOM 上，但作为对例(5)中不同问句的回答时，它的焦点分别是包含 BEDROOM 的名词短语 the BEDROOM，介词短语 into the BEDROOM，动词短语 followed Ralph into the BEDROOM 和句子 Laurie followed Ralph into the BEDROOM。

（4）Laurie followed Ralph into the BEDROOM.

　　劳里跟着拉尔夫进了卧室。

（5）a. What did Laurie follow Ralph into?

　　　劳里跟着拉尔夫进了什么地方？

　　b. Where did Laurie follow Ralph?

　　　劳里跟着拉尔夫到了哪儿？

　　c. What did Laurie do?

　　　劳里干什么了？

　　d. What happened?

　　　发生了什么事？

虽然 Chomsky & Halle(1968)看到例(4)中的句子可以有不同的焦点，但他们认为所有的焦点都必须在其最右端包含重音。简单地说，就是有焦点就得有重音。

　　虽然 Chomsky & Halle(1968)用核心重音规则来归纳句重音分布的一般规

律,他们并不否认存在非核心重音,如例(6)那样重音并非落在句末的情况。但他们认为这种情况下,句中的重音必然作为对比重音出现,即带重音的成分只能被解释成含有对比的意味,如例(6a)中的 BLACK 和例(6b)中的 GIRL:

(6) a. John was hit over the head with a BLACK board.

　　　约翰的头被一块黑板打了一下。

　　b. The young GIRL left for school.

　　　那个小姑娘上学去了。

针对焦点是否都必须包含重音,非核心重音是否都必须作对比焦点解释,Rochemont 对焦点与重音关系重新作出思考,在核心重音规则的基础上提出了新核心重音规则:

(7) 新核心重音规则:重音落在句末(带焦点标记[F]成分)的实词上。

新核心重音规则包括了两方面的情况:要么重音落在句末实词上;如果重音不落在句末实词上,那么句中必定要有一个包含该重音的句法成分被解释成焦点(此时重音落在该焦点成分的最末一个实词上)。

之所以对核心重音规则作出这一修正,是因为 Rochemont 观察到 Chomsky & Halle(1968)所提出的规则和语言事实有相悖之处。比如,在英语的 wh 问句中,Rochemont 注意到句中的焦点(即 wh 短语)①不一定要重读,而句尾带重音的词或短语又不一定表明焦点所在。在例(8)中我们看到,虽然 Mary 带重音,但它不是焦点,因为一般来说焦点要表示新信息,而 Mary 在这里并不是新信息。而另一方面,我们看到作为焦点的 wh 短语在例(8)中并不带重音。

(8) A: John went to England to buy something for MARY.

　　　约翰去英格兰给玛丽买了点东西。

　　B: **What** did John buy for MARY?

　　　约翰给玛丽买了什么?

例(8)的情况说明句子的焦点不一定是重音所在,而重音所在的位置也不一定是焦点。当然,事实上作为焦点的 wh 短语可以带重音,也可以不带重音。问句(8)

---

① wh 短语本身就是焦点这一点在很多语言中都已得到证实。如东非的阿格海姆语(Aghem)在句法上有一个特别的焦点位置,即把紧跟动词后的句法位置作为焦点位置。在阿格海姆语中 wh 短语一般只能出现在这个焦点位置上。匈牙利语中也有类似情况。虽然匈牙利语不同于阿格海姆语,在句法上把动词前的位置作为焦点位置,但在匈牙利语中 wh 短语一般也只能出现在焦点位置。英语中也有证据证明 wh 短语内在地就是焦点。Rochemont(1978)和 Rochemont(1986)都提出只有当名词短语是焦点时才能从名词短语外移介词短语和关系从句,而在英语中一般情况下我们总是能够从以 wh 为中心语的名词短语中外移介词短语和关系从句。这就证明了 wh 短语本身就是焦点的说法。

完全可以读成：

（9）**WHAT** did John buy for Mary?

　　　约翰给玛丽买了什么？

同一问句在例（8）和（9）中重音的不同位置恰恰对应于 Rochemont 的新核心重音规则提到的两种情况。例（8）中的问句重音落在句末实词上，该重音与焦点不发生联系，wh 短语被解释成焦点与重音无关。例（9）因为无句末重音，根据新核心重音规则，非句末重音表明焦点所在，因此 what 成为焦点。虽然对于本身就是焦点的 wh 短语来说重音落在句末或 wh 短语上对焦点的确认和句子在语境中的恰当使用并没有影响。但在很多情况下重音是否落在句末很大程度上决定了句子在语境中的使用是否恰当。比如我们很难用例（10）和（11）中的问句来询问（8A）的相关内容：

（10）What did JOHN buy for Mary?

　　　约翰给玛丽买了什么？

（11）What did John BUY for Mary?

　　　约翰给玛丽买了什么？

原因是根据新核心重音规则，包含非句末重音的句法成分必须被解释成焦点，而例（10）和（11）中 John 和 buy 作为旧信息，几乎没有成为焦点的可能性，所以重音不能落在 John 和 buy 上。

除了解释 wh 问句中焦点和重音的关系之外，新核心重音规则的好处还在于它能够解释像例（12b）和例（13b）这样经过复杂名词短语移位的句子的焦点和重音关系。

（12）a. The Moral Majority elected a man named Ronald REAGAN to the presidency.

　　　　道德多数派选了一个叫罗纳德·里根的人做总统。

　　　b. The Moral Majority elected to the PRESIDENCY, **a man named Ronald REAGAN.**

　　　　道德多数派选了一个叫罗纳德·里根的人做总统。

（13）a. Mary invited several of her brother's best FRIENDS to the party.

　　　　玛丽邀请了她兄弟最要好的几个朋友参加聚会。

　　　b. Mary invited to the PARTY, **several of her brother's best FRIENDS.**

　　　　玛丽邀请了她兄弟最要好的几个朋友参加聚会。

在例（12b）和例（13b）中，经过右移的成分被看作焦点（关于这一点在第 3.1 节将会有详细说明）。经过复杂名词短语的移位后，原本是一个语调群的句子就有了两个语调群,经过右移的名词短语独立形成一个语调群。因为每一个语调群都必须有自己的重音,而例(12b)和例(13b)中的前一个语调群都不含焦点,根据新核心重音规则,重音就必定落在前一个语调群的最右端。如果前一个语调群的重音不落在该语调群的最右端〔如例(14)的情况〕,根据新核心重音规则,前一语调群中的重音位置必定表明焦点所在。事实上,用问答句检验焦点的方法,我们会发现例(14)的确是一个双焦点句①:

(14) The **MORAL MAJORITY** elected to the presidency, a man named Ronald **REAGAN**.

道德多数派选了一个叫罗纳德·里根的人做总统。

综上所述,我们看到 Rochemont 对焦点和重音关系的理解和传统提法有很大不同。Rochemont 用语言事实证明,虽然焦点和句重音之间有很多联系,但它们是两个不同的语法概念,焦点是句法概念,而重音是音系概念,两者之间并不存在充分必要关系。Rochemont 对焦点和重音关系的讨论虽然以语料分析为主,但在理论上为自主系统假说(autonomous systems hypothesis)〔参见 Chomsky(1975)〕提供了支持。

2. 英语焦点的解释

2.1　基于预设(presupposition)概念的焦点分析法

在语义上,Rochemont 将焦点解释为一个句子中表达新信息的部分。但 Rochemont 不同意 Chomsky(1971)、Jackendoff(1972)、Williams(1980)等认为每一句的焦点都必然有相对应的预设,将句中的旧信息等同于预设的做法。Rochemont 的理由是虽然焦点一般情况下是新信息,但焦点并不一定总是新信息;另外,Rochemont 认为支持旧信息预设论的语言学家并没有能够用一个明确的预设概念来定义"旧信息"。他的具体论据主要有三条:

首先,事实动词(factive verb)的补语尽管在逻辑意义上是预设②,但在一定

---

①　现在很多语言学家都不再把例(14)这样的句子作为双焦点句处理。他们认为所谓双焦点句中的两个焦点的解释其实是互相关联的(linked)(参见 Zubizarreta, 1998),例(14)只能用来回答"Who elected whom?"这类问题,因此像例(14)这样的句子应该被看作是带一个焦点。

②　事实动词是指像 realize、regret、discover 这样的动词。这类动词的补语所述的内容都是句子的预设。说(i)中的补语 that he had not told the truth 所述的内容是句子的预设,意思是(i)蕴涵(entail)它的补语,也就是说,当说话人说(i)时,他已经假定补语所述的内容为真。

(i) Sam regretted that he had not told the truth.

山姆后悔自己没有说实话。

语境中仍然可以有焦点,如例(15)所示的情况:

(15) A：I thought you realized that Mary had a husband.

我以为你知道玛丽是有夫之妇。

B：I did! But I didn't realize that Mary was **bald**!

我知道! 但我不知道玛丽是个秃子!

预设分析的第二个问题是如何解释像例(16)那样的句子:

(16) NOBODY likes Mary.

没有人喜欢玛丽。

根据预设分析,(16)的预设必须是:

(17) $\exists x\,(x\ likes\ Mary)$

(16)一方面预设一个非空集合,而另一方面又声称这个集合是个空集,这无疑是矛盾的。

预设分析的第三个问题在于分析象例(18)那样的呈现句时会遇到困难。

(18) A LETTER arrived for you today.

今天有你一封信。

例(18)可以出现在下面的语境中:

(19) A：Did anything arrive for me today?

今天有我什么东西吗?

B：Oh yes. **A letter** arrived for you today.

有。今天有你一封信。

这表明例(18)可以是有预设的。但应当看到的是,对于例(18)的句子来说还存在另外一种可能性,即当它用于语篇开头时,并不存在像(20)那样的预设:

(20) $\exists x\,(x\ arrived\ for\ you\ today)$

2.2　语境确定性(c-construability)

基于上述讨论,Rochemont 指出"预设"这一概念与焦点的确定之间并不存在必然联系。拿"预设"这一概念来取代"旧信息"的做法只会使情况更加混乱。为避免这种混乱,Rochemont 建议采用"语境中可确定的"这一概念,并在此基础上提出了两条与焦点解释相关的规则:

(21) 如果一个词语在语境中是不可以确定的,该词语就是焦点;

(22) 如果一个词语在语境中是可以确定的,我们说该词语"在讨论中"。

这里需要解释两个概念:一个是"语境中(不)可以确定的"(c-construable);另一个是"在讨论中"(under discussion)。先说说什么是"在讨论中"。说一个词语"在讨论中",大致来说,指的是该词语在上文已经出现过。具体来说,主要包括下面几种情况:第一种情况是该词语本身在上文出现过〔如例(23B)中的 kicked the bucket 在(23A)中出现过〕;第二种情况是上文曾经出现过与该词语具有相同语义的词语〔如例(24)中的 died 的语义相当于(23A)中的 kicked the bucket〕;第三种情况指的是上文曾出现过和该词语具有同样指称的词语〔如例(25A)中的 workshop 和(25B)中的 workshop 具有同样的指称〕。这些"在讨论中"的词语,Rochemont 称之为"语境中可直接确定的"("directly" c-construable)词语。

（23）A：I hear John's father kicked the bucket.

我听说约翰的爸爸死了。

B：Yeah. John's father kicked the bucket **yesterday.**

是啊。约翰的爸爸昨天死了。

（24）Yeah. He/The old man died **yesterday.**

是啊。他/那个老头昨天死了。

（25）A：The workshop I took was about the distinction between reaction and creation.

我参加的研讨会是关于反应和创造的区别。

B：**John** took a workshop once.

约翰曾参加过一次研讨会。

在上面各例中,句子的焦点都不是"在讨论中"的信息,都是"语境中不可确定"的信息。

说一个词语是"语境中可确定的",除了包括上面所说的该词语"在讨论中"的情况外,还包括该词语是表"出现"的谓语和指示语(indexical expression)的情况。表"出现"的谓语包括像"出现""到达""进来"这样的动词〔如例(26)〕。指示语是指像人称代词 I、you、we,时间状语 tomorrow、then,地点状语 here、there 等〔如例(27)(28)(29)所示〕。这些词语,Rochemont 称作是"语境中可间接确定的"("indirectly" c-construable)词语,一般具有"叙述背景"的功能。

（26）**A lawyer** appeared.

一位律师出现了。

（27）**A strange man** walked up to me today.

一个样子奇怪的男人朝我走了过来。

（28）I **know** you.

　　　　我认识你。

　（29）**John** brought his **son** here yesterday.

　　　　约翰昨天带儿子到了这里。

我们看到语境中可间接确定的词语,和在语篇中必须有先行词的"在讨论中"的词语一样,一般不成为焦点。

　　上面讨论的两类语境中可确定的词语都是从词汇着眼的,事实上还有另外两类从语用角度来定义的语境中可确定的词语,分别对应于上文所述的两种情况。为区别起见,Rochemont 将上一段提到的两类属于语境中可确定的词语称为"规约意义上的语境中可确定的词语"(conventional c-construal expression),而把后两类语境中可确定的词语称为"会话意义上的语境中可确定的词语"(conversational c-construal expression)。

　　会话意义上的语境中可确定的词语中的前一类是属于语境中可直接确定的,但这类词语要求的不是语篇中有先行词,而是在语境中必须有该事物存在。比方说,两个人坐在公园的长凳上谈话,一个人走过来冲他们挥了挥拳头。这个人走后,坐在长凳上的一个人问另外一个人:

　（30）Do you **know** him?

　　　　你认识他吗?

him 在这句话中是属于语境中可直接确定的词语。

　　会话意义上的语境中可确定的词语还包括一类属于语境中可间接确定的词语,如例(31)中的 the hospital:

　（31）I ran into **John** in the hospital this morning.

　　　　我今天上午在医院里碰到了约翰。

例(31)只能用在 the hospital 对于交谈双方来说是一个经常出现的场景或说话人认为听话人预料到他会提及这个场景的情况下。这时的 the hospital 具有叙述背景的功能,属于语境中可间接确定的词语,不可能成为焦点。应当指出的是,虽然会话意义上的语境中可间接确定的词语和上文提到的"出现"动词和指示语一样都有叙述背景的功能,不同的是,前一类词语并不一定在任何情况下都具有叙述背景的功能,而后一类词语必须用来叙述背景。因此规约意义上的语境中可间接确定的词语一般不可能成为焦点,而会话意义上的语境中可间接确定的词语在某些语境中是可以作为焦点出现的。比较例(31)和例(32):

　（32）I ran into **John** in the **hospital** this morning.

　　　　　我今天上午在医院碰到了约翰。

和例(31)使用的情况不同,只有当 the hospital 对于交谈双方来说并非一个经常
出现的场景或说话人不认为听话人会预料到他提及这个场景的情况下,我们才
能使用例(32)。例(32)和例(31)中的 the hospital 不同,不再是起叙述背景的作
用,也就是说不再是会话意义上的语境中可间接确定的词语,因此成为焦点也就
不足为怪了。

　　将会话意义上的语境中可确定的词语和规约意义上的语境中可确定的词语
作一个对比,我们发现规约意义上的语境中可确定的词语和词汇有比较密切的
关系,而会话意义上的语境中可确定的词语和语用因素的关系更为紧密。由于
和词汇有关的因素一般比较严格,牵涉到语用因素一般比较灵活,因此规约意义
上的语境中可确定的词语一定是语境中可确定的,一般情况下不能成为焦点,而
会话意义上的语境中可确定的词语随着语境的改变不一定总在语境中是可确定
的。"语境中可确定的"这一点对于会话意义上的语境中可确定的词语来说并不
是强制性的,在一个语境中作为会话意义上的语境中可确定的词语在另外的语
境中就有可能成为焦点。

2.3　对比焦点(contrastive focus)

　　在 2.2 节中 Rochemont 提出的两条与焦点解释相关的规则中,我们了解到
语境中不可确定的词语一定是焦点,那么是否语境中可确定的词语就一定不是
焦点呢? 答案是否定的,因为像例(33)这样的句子充分显示语境中可确定的词
语可以是焦点:

　　(33) a. **A letter** arrived for you **today**.

　　　　　　你今天有一封信。

　　　　b. **A letter** arrived for **you** today.

　　　　　　你今天有一封信。

　　　　c. **A letter arrived** for you today.

　　　　　　你今天有一封信。

在上一节我们已经提到像表"出现"的动词和指示语都属于语境中可确定的词
语,属于旧信息,一般不可以作为焦点。

　　(34) A LETTER arrived for you today.

　　　　　　你今天有一封信。

将例(33)中的句子和例(34)作一个比较,我们发现例(34)可以出现在语篇开
头,而例(33)中的句子却不行。原因就是例(33)中作为焦点的"出现"动词和指

示语都必须是对比焦点，对比焦点要求有上文，这样焦点才有可能带上对比的意味。根据对语料的观察，Rochemont 提出了以下有关对比焦点的规则：

（35）如果一个词语是焦点而该词语又是语境中可以确定的话，那么该词语就是对比焦点。

3. 从句法上定义的焦点

3.1　结构焦点（constructional focus）与分裂焦点（cleft focus）

焦点的确定受到很多因素的影响，其中包括句法因素的影响。Rochemont 在《生成语法中的焦点》和《英语焦点结构与语法理论》中特别探讨了两类根据句法因素确定的焦点。其中一类 Rochemont 称之为结构焦点。这一类焦点主要出现在有以下情况的句子中：名词短语内的介词短语和关系句外移〔如例(36a)和例(36b)〕，表方向的副词或方位词短语前置以及由此引起的主语和谓语简单动词的倒装〔如例(36c)和例(36d)〕，系动词及表语前置〔如例(36e)〕，复杂名词词组移位〔如例(36f)〕，插入 there 引导呈现句〔如例(36g)〕等：

（36）a. **A letter** arrived for you **from ENGLAND.**

你有一封英格兰的来信。

b. **A car** pulled out ahead of her **that she hadn't noticed at the LIGHT.**

一辆她在红绿灯处没有注意到的轿车这时开到了她的前面。

c. Into the forest ran **ROBIN HOOD.**

罗宾汉跑进了森林。

d. At the edge of the lake was **a small HOUSE.**

湖边有一座小房子。

e. Less fortunate are **the people without JOBS.**

那些没有工作的人没有这么幸运。

f. They elected as their leader **the man they most FEARED.**

他们选了他们最害怕的人当首领。

g. There walked into the room **a tall man with blond HAIR.**

一个高个子的金发男子走进了屋里。

在上述句法结构中，右移后位于句子最右端的短语一定是焦点。Rochemont 提出，我们可以用判断焦点使用是否正确的一般方法，即通过考察上述句子中句子最右端经过移位的短语是否可以提供 wh 问句所询问的新信息来判断这些短语

能否做焦点:

（37）Who ran into the forest?

　　　谁跑进了森林?

　　　a. Into the forest ran **ROBIN HOOD**.

　　　　罗宾汉跑进了森林。

　　　b. **ROBIN HOOD** ran into the forest.

　　　　罗宾汉跑进了森林。

（38）Who do you think might be less fortunate?

　　　你认为谁可能没有这么幸运?

　　　a. Less fortunate are **the people without JOBS**.

　　　　那些没有工作的人没有这么幸运。

　　　b. **The people without JOBS** are less fortunate.

　　　　那些没有工作的人没有这么幸运。

由于篇幅所限,我们这里只举两例。事实证明,上述例子中经过转换的(b)句中右移后位于句子最右端的短语和未经转换的(a)句中位于主语位置的短语一样可以提供问句所要求的新信息。这就证明在例子(37b)和(38b)中经过右移的位于句末的短语可以作为焦点出现。这一点同样适用于例(36)中的其他句子。

需要说明的是,例(36)中右移后位于句末的短语不但可以,而且必须是焦点。比较(39a)和(39b),(40a)和(40b),我们发现(39b)和(40b)之所以不能被接受,原因就在于(39b)和(40b)中右移后位于句末的短语在语境中因为不提供新信息,也不和其他短语对比,不能成为焦点,而经过右移的句末短语又必须作为结构焦点出现的缘故。

（39）Where did Robin Hood run?

　　　罗宾汉跑到哪里去了?

　　　a. Robin Hood ran **into the FOREST**.

　　　　罗宾汉跑进了森林。

　　　b. *__Into the FOREST__ ran Robin Hood.

（40）What about the people without jobs?

　　　那些没有工作的人呢?

　　　a. The people without jobs are **less FORTUNATE**.

　　　　那些没有工作的人没有这么幸运。

　　　　b. *Less **FORTUNATE** are the people without jobs.

　　　　　那些没有工作的人没有这么幸运。

　　Rochemont 讨论的另一类由句法因素决定的焦点被称作是分裂焦点，出现在 it 引导的分裂句中。

　　　　（41）a. It was **JOHN** that hid the matches.

　　　　　　　是约翰把火柴藏起来了。

　　　　　　b. It's **under the TABLE** that Cleo sits.

　　　　　　　克里奥坐的地方是桌子底下。

分裂句的表层结构可以表示成：

　　　　（42）it [$_{VP}$ be　　X^{max}　　S']

人们一般认为分裂句中 X^{max} 的部分就是焦点，Rochemont 指出这样的提法并不完全正确。

　　　　（43）a. It was [$_{NP}$ the man in the blue **COAT**] that he was talking to.

　　　　　　　听他说话的是那个穿蓝色上衣的男人。

　　　　　　b. It was [$_{NP}$ the man in the **BLUE** coat] that he was talking to.

　　　　　　　听他说话的是那个穿蓝色上衣的男人。

　　　　　　c. It was [$_{NP}$ the **MAN** in the blue coat] that he was talking to.

　　　　　　　听他说话的是那个穿蓝色上衣的男人。

很显然，上面例（43）中（b）句和（c）句中的 X^{max} 并不是焦点。比如（43b）可以用来作为对问句（44）的回答：

　　　　（44）What color coat was the man he was talking to wearing?

　　　　　　　听他说话的那个男人穿什么颜色的衣服？

就连（43a）也并非一定是 X^{max} 作焦点，因为（43a）可以用来回答问句（45）：

　　　　（45）Was it the man in the blue **HAT** that he was talking to?

　　　　　　　听他说话的是不是那个戴蓝色帽子的男人？

为避免混淆，Rochemont 将分裂句中的 X^{max} 部分称为分裂短语，将 X^{max} 中的焦点部分称为分裂焦点。

3.2　结构焦点和分裂焦点的解释

　　虽然结构焦点和分裂焦点都可以从句法上来定义，但 Rochemont 指出处于结构焦点位置和处于分裂焦点位置的短语得到的解释是不同的。Rochemont 提出两条原则来说明处于这两个位置的焦点短语在解释上的不同之处：

　　　　（46）结构焦点原则：如果一个短语出现在结构焦点的位置，那么该短语一定是呈现焦点(presentational focus)。①

(47) 分裂焦点原则：分裂焦点必须解释成对比焦点。

结构焦点一定是呈现焦点，Rochemont 认为这一点可以从处于结构焦点位置的代词所可能得到的解释中得到证明。我们知道代词一般情况下可以得到两种解释，一种是回指解(anaphoric interpretation)，代词回指上文中的先行词；另一种是指示解(deictic interpretation)，这种情况下代词完全是指称性的，其功能和直接指向物理环境中某个事物的名称(name)相仿。作指示解的代词一般是带重音的，而作回指解的代词一般是不带重音的。一个作回指解而又带重音的焦点只可能是对比焦点，因为回指性决定了该代词必须在语境中可直接得到确定，而在语境中可直接得到确定的词或短语即使可以做焦点的话也只能是对比焦点。

我们看到在下面的句子中，处于结构焦点位置的代词只能得到指示解，无法得到回指解：

(48) a. Into the forest ran **HIM**.

他跑进了森林。

b. Next to his father stood **HER**.

她站在父亲的身边。

c. At the edge of the clearing was **THIS**.

这东西就在林间空地的边缘。

d. Sitting on the bed was **THAT**.

那东西就蹲坐在床上。

e. We elect as our representatives，**THEM**.

我们选他们作我们的代表。

f. There stood before him，**HER**.

她站在他面前。

将(48)中的句子和与其对应的(49)中未经转换的句子作一个对比，Rochemont 发现(49)中未经右移的代词既可以理解成作指示解也可以理解成作回指解：

(49) a. **HE** ran into the forest.

他跑进了森林。

b. **SHE** stood next to his father.

她站在父亲的身边。

① 所谓呈现焦点，也就是我们通常所说的信息焦点(information focus)。结构焦点只是呈现焦点的一种；呈现焦点不仅仅限于出现在像本文例(36a)—(36g)所示的句法结构中。

　　c. **THIS** was at the edge of the clearing.

　　　这东西就在林间空地的边缘。

　　d. **THAT** was sitting on the bed.

　　　那东西就蹲坐在床上。

　　e. We elected **THEM** as our representatives.

　　　我们选他们作我们的代表。

　　f. **SHE** stood before him.

　　　她站在他面前。

Rochemont 认为代词在(48)和(49)中得到不同解释的现象恰恰说明结构焦点一定是呈现焦点。因为作指示解的代词不需要在语境中直接(或间接)得到确定,作回指解的代词必须在语境中直接得到确定,说(48)中处于结构焦点位置的代词不能作回指解,也就是说这些代词不能在语境中直接得到确定。在上文提到过,只有在语境中可以得到确定的焦点才可能成为对比焦点,(48)中处于结构焦点位置的代词不具备这一条件,因而只能是呈现焦点。

　　例(50)中位于结构焦点位置的第一、第二人称代词及中性代词 it 的使用不合语法更说明了这一点。第一、第二人称代词是指示语,必须在语境中得到确定;中性代词 it 由于只能得到回指解不能得到指示解,所以也必须在语境中得到确定。① 这些代词被禁止出现在结构焦点的位置正说明结构焦点位置不允许出现可以在语境中得到确定的焦点,也就是说结构焦点位置只能是呈现焦点。

（50）a. *Into the forest ran **ME**.

　　 b. *Next to his father stood **YOU**.

　　 c. *Sitting on the bed was **US**.

　　 d. *At the edge of the clearing was **IT**.

　　 e. *There stood before him **IT**.

　　至于说分裂焦点必须是对比焦点,Rochemont 的依据是结构焦点不可能出现在语篇开头的句子中。原因是传统上认为分裂句中的 S' 部分〔见(42)〕,即 Rochemont 称为分裂从句的部分必须表达预设,用 Rochemont 的话来说,分裂从句必须在语境中得到确定。与之相反,(51a)中的 arrived for you today 可以是一

---

　　① 比较例句(i)和(ii),我们看到中性代词 it 和第三人称代词 him 不同,it 只能作回指解。

　　(i) I am pointing at **HIM**.

　　(ii) I am pointing at **IT**.

　　我们无法在说(ii)的同时用手指向 it 的所指。

个指示语,也就是说可以但不一定在语境中得到确定,所以(51a)中的焦点可以是呈现焦点也可以是对比焦点,而(51b)中的分裂焦点只能是对比焦点。

(51) a. **A letter from your FATHER** arrived for you today.

今天你父亲给你寄来了一封信。

b. It was **a letter from your FATHER** that arrived for you today.

今天寄来的是你父亲的信。

3.3　结构焦点和分裂焦点的句法特征

关于结构焦点和分裂焦点的句法特点,Rochemont 最关心的问题是是否有一条简单的规律能概括这两类句子焦点出现的句法位置。

结合 Chomsky(1981,1982)、Kayne(1979)、Stowell(1981)的研究成果,存在方位词短语(或表方向的副词)前置以及由此引起的主语和谓语简单动词倒装,系动词及表语前置,复杂名词短语移位,插入 there 引导呈现句情况的带结构焦点的句子〔如例(36c)—(36g)所示〕,都可以看作是 α 移位规则作用的结果,并且移位后的短语都出现在和动词短语(VP)毗邻的位置上。Rochemont 的疑问是:介词短语或关系从句从名词短语内外移的句子〔如(36a)(36b)两例所示〕是否也和其他带结构焦点的句子一样受同样句法规则的作用呢? 在考察带结构焦点的句子后,Rochemont(1986)提出所有结构焦点都出现在一个位置,即和 VP毗邻的位置上。上一节提到的结构焦点原则因此可以改写为:

(52) 结构焦点原则

如果 α 出现在 $_{VP}$]α_{VP}]结构中,那么 α 就是呈现焦点。

Rochemont(1986)又分析了分裂结构。他发现分裂结构的一个重要特点就是分裂焦点在句法表层结构中出现在受动词管辖而又不受动词指派题元的位置上。Rochemont(1986)因此将上一节提到的分裂焦点原则结合这一句法发现也作了改写:

(53) 分裂焦点原则

在表层结构[$_{V}$... α... V ... α ...]中,若

i. 动词管辖 α,

ii. α 不接受动词的题元指派,[①]

则 α 是对比焦点。

在《英语焦点结构与语法理论》中,Rochemont 重新考察了 Rochemont(1986)

① 这里的动词指的是英语中的 be 动词〔参见(42)所示的分裂句结构〕,但在其他一些语言如匈牙利语和阿格海姆语中则可以是任何动词。

中讨论过的带结构焦点的句子,发现 Rochemont(1986)中对带结构焦点的句子的分析存在问题。原因是并非所有带结构焦点的句子焦点都出现在与 VP 毗邻的位置上:在 there 引导的呈现句中,焦点出现在与 IP 而非 VP 毗邻的位置上。另外 Rochemont 发现与 VP 或 IP 毗邻的修饰语(adjunct)并不一定就是结构焦点。例(54)和(55)中的问答句表明(54)和(55)中的修饰语 nude 和 early 并不是焦点:

(54) a. Did anyone arrive nude?

　　　　有谁没穿衣服来吗?

　　b. Yes. **A friend of Mary's** arrived nude.

　　　　有。玛丽的一个朋友就没穿衣服来。

(55) a. Did anyone leave early?

　　　　有谁早退吗?

　　b. Yes, **John** left early.

　　　　有。约翰就早退了。

在重新认识带结构焦点的句子后,Rochemont 提出结构焦点的确都是修饰语,但只能是那些<u>不能解释为谓语的修饰语</u>。综合结构焦点和分裂焦点的句法特点,Rochemont(1990)认为可以用一条焦点原则来概括包括结构焦点和分裂焦点在内的焦点的句法特征:

(56) **焦点原则**

　　α 被解释成句法焦点①:

　　1. 如果一个词汇中心语 β② 规范管辖(canonically govern)③α 并且 β 不
　　　　向 α 指派格或题元;

　　2. α 不是和 β 有题元关系的谓语。

通过证明上述带结构焦点和分裂焦点句子的句法结构都可以在毗邻原则(subjacency principle)和空语类原则(empty category principle)的限制下通过 α 移位得到,Rochemont 想说明这些句法结构并不是游离于“核心语法”之外的边缘结构或特殊“语体”结构。带结构焦点和分裂焦点的句子之所以在句法上受到这样的限制,Rochemont 认为很大程度应归因于毗邻原则和空语类原则的限制。

---

①　句法焦点是指从句法上定义的焦点,包括结构焦点和分裂焦点。

②　本文谈到的带结构焦点的句子,有一些句子中管辖焦点的词汇中心语是 V(如介词短语或关系从句从名词短语外移的句子)。但另外一些句子,如 there 引导的呈现句中,管辖焦点的词汇中心语是兼具 V 和 I 特征的 V/I。

③　对于英语来说,规范管辖就是向右进行管辖。有关规范管辖的具体内容,详见 Kayne(1983)。

这些句法结构之所以带有特殊"语体"特点是因为它们的句法结构导致了它们必须得到一定的焦点解释,从而限制了它们在语篇上的分布。

参考文献

1. Chomsky, Noam. Deep Structure, Surface Structure, and Semantic Interpretation[M]// Danny Steinberg & Leon Jacobovits. Semantics. London: Cambridge University Press, 1971.

2. Chomsky, Noam. Questions of Form and Interpretation[J]. Linguistic Analysis, 1975, 1: 75 – 109.

3. Chomsky, Noam. Lectures on Government and Binding[M]. Dordrecht: Foris, 1981.

4. Chomsky, Noam. Some Concepts and Consequences of the Theory of Government and Binding[M]. Cambridge: MIT Press, 1982.

5. Chomsky, Noam and Morris Halle. The Sound Pattern of English[M]. New York: Harper and Row, 1968.

6. Halle, Morris & Keyser, Samuel J. English Stress: Its Form, Its Growth, Its Role in Verse [M]. New York: Harper and Row, 1971.

7. Jackendoff, Ray. Semantic Interpretation in Generative Grammar[M]. Cambridge: MIT Press, 1972.

8. Kayne, Richard S. Rightward NP Movement in French and English[J]. Linguistic Inquiry, 1979, 10: 710 – 719.

9. Kayne, Richard S. Connectedness[J]. Linguistic Inquiry, 1983, 14: 223 – 249.

10. Liberman, Mark & Prince, Alan. On stress and linguistic rhythm[J]. Linguistic Inquiry, 1977, 8: 249 – 336.

11. Rochemont, Michael S. A Theory of Stylistic Rules in English[M]. New York: Garland Press, 1978/1985.

12. Rochemont, Michael S. Focus in Generative Grammar[M]. Amsterdam: John Benjamins, 1986.

13. Rochemont, Michael S. & Culicover, Peter W. English Focus Constructions and the Theory of Grammar[M]. London: Cambridge University Press, 1990.

14. Selkirk, Elizabeth. Phonology and Syntax: The Relation between Sound and Structure[M]. Cambridge: MIT Press, 1984.

15. Stowell, Tim. Origins of Phrase Structure[D]. MIT, 1981.

16. Williams, Edwin. Remarks on Stress and Anaphora[J]. Journal of Linguistic Research, 1980, 1(3): 1 – 16.

17. Zubizarreta, Maria L. Prosody, Focus, and Word Order[M]. Cambridge: MIT Press, 1998.

第六章　焦点关联现象与对焦点
敏感的结构

李宝伦　潘海华

1. 引言

本章介绍在焦点释义中非常重要的焦点关联现象和三分结构,并讨论英语中一些对焦点敏感的现象与结构。

2. 焦点关联现象 (association with focus)

Gundel(1999)在分析语言中的三类焦点①时指出,只有"语义焦点"(semantic focus)会影响句子的真值条件。焦点位置的不同会影响句子的真值。这类焦点一般都会与焦点敏感算子(focus-sensitive operator)或焦点副词(focusing adverb)相关联。这一现象被称作"焦点关联现象"(association with focus)(见 Jackendoff,1972;Rooth, 1985、1992、1996 等)。试看以下例句〔引自 Rooth(1985)〕。

(1) a. Carl likes [**Herring**]$_F$.

　　　卡尔喜欢 Herring 牌啤酒。

　b. [**Carl**]$_F$ likes Herring.

　　　卡尔喜欢 Herring 牌啤酒。

(2) a. I only claimed that Carl likes [**Herring**]$_F$.

　　　我只说过卡尔喜欢 Herring 牌啤酒。

　b. I only claimed that [**Carl**]$_F$ likes Herring.

　　　我只说过卡尔喜欢 Herring 牌啤酒。

(1a)及(1b)在真值条件上没有差别,因为不论事实是什么,这两句只能同时为

---

① Gundel(1999)认为焦点最少可以划分为三类,分别为心理焦点(psychological focus)、语义焦点(semantic focus)和对比焦点(contrastive focus),而只有语义焦点会影响句子的真值条件。有关焦点类别的详细讨论,参见本书第二章。

真或为假,它们的差别只是在于说话人所要强调的信息不同。在(1a)中,说话人要强调的是 Herring 这个牌子的啤酒,目的可能是想更正他人说 Carl 并不是特别喜欢任何啤酒的说法;而在(1b)中,说话人要强调的是 Carl,目的可能是想更正他人说没有人会喜欢 Herring 牌啤酒的说法。然而,(2a)及(2b)的真值条件却不同。假设说话人表示自己像 Carl 一样,也喜欢 Herring 牌啤酒,那么在这两句中,(2b)为假,而(2a)则可以为真。Jackendoff 把像句子(2)这样的焦点现象称之为"焦点关联",所指的就是焦点对句子语义的真值条件所产生的影响。在(2)中,(a)和(b)的分别只是在于焦点位置的不同,但这两个句子与焦点敏感算子 only 共现时,其相应的语义真值条件也就不同。由于(a)的焦点 Herring 与 only 关联,所以其为真的条件是:Carl 喜欢的只是 Herring 牌啤酒;而(b)与 only 关联的是焦点 Carl,这样其为真的条件就变成是:只有 Carl 喜欢 Herring 牌啤酒。

3. 三分结构(tripartite structure)

语义焦点在焦点敏感算子 only 的激发下,会引出一个三分结构。三分结构最早是由 Kamp(1981)和 Heim(1982)提出的,主要是为了处理量化和回指词的问题。我们只讨论与量化有关的问题。量化现象包括限定词量化(determiner quantification)及修饰语量化(adverbial quantification),如下面所示〔引自 Hajičová, Partee & Sgall(1998)〕。

(3) Most quadratic equations have two different solutions.

　　大部分二次方程式都有两个不同的解。

　　a.
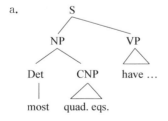

　　b.〔Det'(CNP')〕(VP')

　　c. Det'(CNP', VP')

(4) A quadratic equation usually has two different solutions.

　　二次方程式一般都有两个不同的解。

a. Usually，x is a quadratic equation，x has two different solutions.

通常，x 是一个二次方程式，x 有两个不同的解。

b.

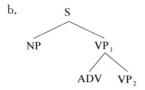

c. ADV' (NP'，VP$_2$')

(3)是限定词量化的例子,而(4)则是修饰语量化的例子。(3a)是简化了的树形图,CNP 代表"可数名词词组"(countable noun phrase)。从(3a)可见,限定词 most 与名词词组 quadratic equation 组成一个句法成分。(3b)为对应(3a)的语义表达式,即把量化名词 most quadratic equation 以广义量词(generalized quantifier)形式释义,限定词 most 被视为一个函数(function),取名词词组 quadratic equation 为其主目(argument),两者组成一个广义量词[Det'(CNP')]。该量词([Det'(CNP')])做函数,句子其余部分为其主目,如(3)中的动词词组(VP) have two different solutions,得出(3b)。(3b)中的"函数(主目)"表达式并不是我们想要的三分结构,它与其句法表达式(3a)一样,仍是一个二分结构。不过,(3b)中的 CNP 和 VP 实际上可被看成是限定词的第一主目和第二主目,即把涉及的从属(subsidiary)结构去掉,得出一个逻辑意义与二分结构等值的三分结构,如(3c)所示。

(4)中所代表的修饰语量化最早由 Lewis(1975)提出,其后再详述于 Kamp(1981)和 Heim(1982)。(4a)为简略的逻辑表达式,(4b)是简化了的句法关系。比较(3a)和(4b),我们可以看到(3a)的 most 是在主语名词词组中,而(4b)的 usually 是与动词词组 VP 相连的修饰语。(4c)则是简化了的"函数(主目)"语义表达式,如(3c)一样,以三分结构形式表达。

像(3)及(4)这样的句子显示,限定词量化和修饰语量化确实有类似的地方,最后都是得出一个三分结构。以三分结构形式把它们表达出来是非常重要的,原因是限定词量化和修饰语量化在语义上同属量化现象,但是它们却代表着两种完全不同的句法结构:限定词和可数名词词组结合,量化副词却属副词成分,修饰的是句子或动词词组。因此,要比较这两种量化现象,我们需要用一种可以把它们联系起来的语义表达式。从这一点出发,Heim(1982)提出下面的三分结构。

（5）
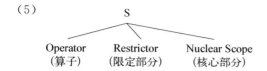

即：算子(operator)、限定部分(restrictor)和核心部分(nuclear scope)。Heim 用这个三分结构描述所有的量化现象,包括限定词量化和修饰语量化。以(3c)和(4c)这两个三分结构为例,我们可以看到在(3c)中,Det' 为算子,CNP' 为限定部分,而 VP' 则代表核心部分;在(4c)中,ADV' 是算子,NP' 是限定部分,而 VP₂ 则为核心部分。值得注意的是三分结构的划分可以由句法位置决定,也可以由纯语义因素决定。由于(3)中的限定词量化得出的三分结构由各成分的句法位置决定,即限定词是算子,其所修饰的名词词组是限定部分,而动词词组则是核心部分,因此,整个三分结构的划分是不受语义因素影响的,完全取决于句法。与限定词量化不同,修饰语量化的三分结构不是由句法位置所决定的,因为焦点位置的不同会影响修饰语量化的三分结构的组成。试比较下面的句子,(6)是限定词量化,most 是限定词,而(7)则是修饰语量化,always 是修饰语。

（6）a. Most logicians like linguistics.

　　　大部分逻辑学家都喜欢语言学。

　　 b. Most [**nice**]_F logicians like linguistics.

　　　大部分友善的逻辑学家都喜欢语言学。

（7）a. Mary always took [**John**]_F to the movies.

　　　玛丽总是带约翰去看电影。

　　 b. Mary always took John to the [**movies**]_F.

　　　玛丽总是带约翰去看电影。

上述句子的三分结构,分别如(8)和(9)所示。

（8）a. MOST　　（logicians）　（like linguistics）

　　　　算子　　　限定部分　　　　核心部分

　　 b. MOST（nice logicians）（like linguistics）

　　　　算子　　　限定部分　　　　核心部分

（9）a. ALWAYS（Mary took x to the movies）（x＝John）

　　　　算子　　　　　限定部分　　　　　　核心部分

　　 b. ALWAYS（Mary took John to x）（x＝the movies）

　　　　算子　　　　　限定部分　　　　　　核心部分

从上面两个句子的语义解释可以看出,只有修饰语量化〔见(9)〕,而非限定词量化〔见(8)〕,会受焦点位置的影响。除了限定词量化外,英语中实际上也存在着许多由句法位置决定三分结构的情况,大部分都是复句。有关例子如下〔引自von Fintel(1994)及 Roberts(1995)〕。

量化作用的 If-短语（Quantifying *if*-clause）

　　（10）If it was sunny out, Jessie generally ran in the park.

　　　　如果外面天气好,杰西一般都在公园跑步。

能愿作用的 If-短语（Modal *if*-clause）

　　（11）If I can afford to buy plants, I might buy a Reine de Violettes rose bush.

　　　　如果我有能力买植物,我或许会买一棵叫 Reine de Violettes 的玫瑰丛木。

When-短语　（*When*-clause）

　　（12）When Alice called her to dinner, Gertrude gladly put aside her papers and left her desk.

　　　　当艾莉斯叫她吃晚饭时,格特鲁德很高兴地放下文件,离开了书桌。

Unless-短语（*Unless*-clause）

　　（13）Unless I miss the bus, I never walk home from school.

　　　　除非我误了巴士,否则我绝不会从学校走路回家。

上面的句子都属复句,从句部分,即 if it was sunny out、if I can afford to buy plants、when Alice called her to dinner 和 unless I miss the bus,会被影射到限定部分,而主句则会被影射到核心部分。有关划分是由句法位置决定的,从句影射到限定部分,主句影射到核心部分,而算子则视乎句子性质而决定,带能愿意义的句子一般带有能愿算子〔如(11)中的 might〕,量化句带有量化算子〔如(10)中的 generally 和(13)中的 never〕,断言(assertion)带有断言算子〔如(12)〕等。这些句子明显与修饰语量化及与语义焦点关联的焦点敏感算子的情况不同,即使焦点的位置会令句子的意思有所不同,却不会影响其从句影射到限定部分和主句影射到核心部分的三分结构划分。

　　Partee(1991)把这个限定词/修饰语量化理念应用到焦点话题上,认为话题(或背景)会被影射到限定部分,而焦点则影射到核心部分上。如果句内存在像 only 这样的焦点敏感算子,该句子便会被划分成焦点敏感算子、焦点和背景三个部分。因此,焦点的位置是决定这个三分结构的一个重要因素,焦点的位置不同,会影响这个三分结构的组成,并形成不同的语义解释。重复(2),它们的三分结构如下。

(2) a. I only claimed that Carl likes [**Herring**]$_F$.

　　a'. ONLY　　　　　(I claimed that Carl likes x) (x＝Herring)

　　　　焦点敏感算子　　　　*限定部分*　　　　　　*核心部分*

　　b. I only claimed that [**Carl**]$_F$ likes Herring.

　　b'. ONLY　　　　　(I claimed that x likes Herring) (x＝Carl)

　　　　焦点敏感算子　　　　*限定部分*　　　　　　*核心部分*

从(2a')和(2b')的三分结构可见,焦点位置的不同所引发的三分结构也不同。因此,与修饰语量化现象一样,在英语中,焦点关联所引发的三分结构也是由纯语义因素决定的,而非句法位置。至于在汉语中情况是否一样,则是有待进一步研究的问题。

4. 英语中对焦点敏感的结构

4.1　对焦点敏感的副词或助词

除了在本章开始所述的 only 外,英语中尚有许多聚焦词(focalizers)及对焦点敏感的副词/助词(focus-sensitive particles),如 even、also。至于它们的语义特征,我们不在这里详述,详见 Horn(1972)、Fauconnier(1975)、Karttunen & Peters (1979)、Kay 1990、König(1991)、Rooth(1985,1992,1996)、Herburger(2000)等。

4.2　量化副词(adverbs of quantification)

我们从(14)〔引自 Rooth(1996)〕可以看出焦点与量化副词的相互作用。

(14) a. In Saint Petersburg, [**officers**]$_F$ always escorted ballerinas.

　　　ALWAYS (x escorted ballerinas) (x＝officers)

　　　在圣彼得堡,警员总是护送女芭蕾舞演员。

　　b. In Saint Petersburg, officers always escorted [**ballerinas**]$_F$.

　　　ALWAYS (officers escorted x) (x＝ballerinas)

　　　在圣彼得堡,警员总是护送女芭蕾舞演员。

由于焦点位置的不同,(14a)和(14b)会引出不同的三分结构:两个句子的算子都是全称量化算子 ALWAYS,但在(14a)中,焦点在 officers 上,令限定部分变成 x escort ballerinas,只有与限定部分有关的才会被考虑,其他无关的则会被排除掉。因此,(14a)的限定部分已把与(14a)有关的个体限定在所有护送女芭蕾舞演员的人当中,而非护送男芭蕾舞演员的人,或喜欢女芭蕾舞演员的人。同理,因为（14b）的焦点在 ballerinas 上，限定部分就变成了 officers escorted x，只有与此相关的才会被考虑，其他无关的会被排除掉。（14b）的限定部分已把与（14b）有关的个体限定在所有警员所护送的人当中，而非警员所逮捕的人，或银行职员所护送的人。

现在，我们看看焦点如何影响句子的真值条件。假设在圣彼得堡有某个银行职员护送女芭蕾舞演员，则在（14a）和（14b）这两个句子中，只有（14b）可以为真，原因是（14a）把焦点放在 officers 上，限定部分为 x escort ballerinas，因此，这里考虑的是所有护送芭蕾舞演员的人。当全称量化算子 ALWAYS 与焦点 officers 相互作用时，句子的意思便变成"在圣彼堡，护送女芭蕾舞演员的都是警员"，即护送芭蕾舞演员的人只能是警员，不能是其他人，这与上述有某个银行职员护送女芭蕾舞演员的情况相冲突，令（14a）在这个情况下不能取真值。

当焦点放在 ballerinas 上时，限定部分变成 officers escort x，因此，这里只考虑所有警员护送的人。当全称量化算子 ALWAYS 与焦点 ballerinas 相互作用时，句子的意思变成"在圣彼堡，警员护送的都是女芭蕾舞演员"，这个说法与上述有某个银行职员护送女芭蕾舞演员的情况并不矛盾，因为限定部分已把主语锁定在"警员"上，银行职员护送什么均与（14b）无关，不能影响它的真值。

上面的说法到 Beaver&Clark（2003）出现了改变。量化算子 always 及焦点副词 only 虽然都能够以全称表达其语义，然而 Beaver&Clark（2003）比较两者的释义，发现并不完全相同。我们用下面的句子做例子来进行说明。

(15) a. Sandy always feeds [**Fido**]$_F$ Nutrapup.

　　　桑迪总是喂菲多吃营养粉。

　 b. Sandy only feeds [**Fido**]$_F$ Nutrapup.

　　　桑迪只喂菲多吃营养粉。

　 c. $\forall x [feed(sandy, x, nutrapup) \to x = fido]$

　　　"Everything Sandy feeds Nutrapup to is Fido."

　 d. $\forall e [(feeding(e) \wedge AGENT(e) = sandy \wedge THEME(e) = nutrapup) \to GOAL(e) = fido]$

　　　"Every event of Sandy feeding Nutrapup to some recipient is one of doing so to Fido."

　　　　　　　　　　　　　　　（引自 Beaver&Clark,2003）

(16) a. Sandy always feeds Fido [**Nutrapup**]$_F$.

　　　桑迪总是喂菲多吃营养粉。

　　b. Sandy only feeds Fido [**Nutrapup**]_F.

　　　桑迪只喂菲多吃营养粉。

　　c. ∀x [feed(sandy, x, nutrapup) → x = nutrapup]

　　　"Everything Sandy feeds to Fido is Nutrapup."

　　d. ∀e [(feeding(e) ∧ AGENT(e) = sandy ∧ GOAL(e) = fido) → THEME(e) = nutrapup]

　　　"Every event of Sandy feeding Fido is one of doing so with Nutrapup."

（引自 Beaver & Clark, 2003）

（17）a. Mary always managed to complete her [**exam**]_F.

　　　玛丽总是能够完成考试。

　　b. "Whenever Mary took exams, she completed them."

　　c. ?"Whenever Mary completed something, it was invariably an exam."

（引自 Beaver & Clark, 2003）

（18）a. Mary only managed to complete her [**exams**]_F.

　　　玛丽只能够完成考试。

　　b. *"What Mary did when taking exams was complete them and do nothing else."

　　c. "What Mary completed was an exam and nothing else."

（引自 Beaver & Clark, 2003）

前人把 always 及 only 采用单一分析,即两者都对焦点敏感,并以这个说法解释(15a)及(16a),(15b)及(16b)之间释义的不同。Beaver & Clark(2003)指出 always 并不与焦点关联,不能够与 only 类同。他们以(17)为例子。(17a)的 always 表现的是"与预设关联"(association with presupposition)(Rooth, 1999),得出的句子释义应该是(17b),而非与焦点关联的(17c)。有关现象不存在于(18a)中的 only,(18a)的释义仍然是与焦点关联的(18c),而非与预设关联的(18b)。(17)的解读也得到 Cohen(1999)的支持,认为比较能够解释(17)的应该是与预设关联的(17b)。

　　更重要的是,如果(17a)是与焦点关联,(19)应该会出现语义冲突。

（19）Mary always managed to complete her [**exam**]_F, and she always managed to complete her [**assignments**]_F.

(19)的释义明显不存在任何语义问题,其解读是:玛丽总是能够完成考试;玛丽总是能够完成作业。Beaver & Clark(2003)总结,在解释焦点句时,可能存在与预设关联的现象,至少必须承认与焦点直接关联并不能解释所有的焦点句。

从上面的讨论出发,Beaver&Clark(2003)指出,英语的 only 在词汇层面上依赖焦点的位置得出释义,而 always 则不然。always 的释义依赖于语境,不能与 only 绝对等同。从 always 及 only 可见,焦点副词或语义算子对焦点敏感的表现不能一刀切,必须分成至少两大类,即焦点功能性算子(focus functional operators)及非焦点功能性算子(non-focus-functional operators)。only 属于前者,对焦点的敏感在词汇语法层面上操作。相反,always 属于后者,对焦点的敏感在语用层面上操作。

4.3　能愿动词(modals)

另外一种对焦点敏感的结构是能愿动词。试看以下例句(Rooth, 1996)。

(20) a. [**Officers**]_F must escort ballerinas.

　　　　警员必须护送女芭蕾舞演员。

　　　　MUST (x escort ballerinas) (x=officers)

　　b. Officers must escort [**ballerinas**]_F.

　　　　警员必须护送女芭蕾舞演员。

　　　　MUST (officers escort x) (x=ballerinas)

(20a)和(20b)都涉及算子 MUST,差别只是焦点位置的不同。(20a)的焦点在 officers 上,限定部分变成 x escort ballerinas,算子 MUST 会与 officers 关联,令句子的意思变成"所有护送女芭蕾舞演员的人必须是焦点成分 x",即"所有护送女芭蕾舞演员的都必须是警员"。相反,(20b)的焦点在 ballerinas 上,限定部分是 officers escort x,算子 MUST 会与 ballerinas 关联,令句子的意思变成"所有警员护送的人必须是焦点成分 x",即"警员所护送的必须都是女芭蕾舞演员"。

现在让我们看看在下面的情况焦点如何影响能愿动词的释义。假设在圣彼得堡有某个银行职员护送女芭蕾舞演员,则在(20a)和(20b)这两个句子中,只有(20b)可以为真。原因是(20a)把焦点放在 officers 上,当它与能愿动词 must 相互作用时,意思变成"所有护送女芭蕾舞演员的都必须是警员",因此,若有银行职员护送女芭蕾舞演员,便不是这意思了。相反,如有警员护送记者的话,则只有(20a)为真。原因是(20b)的焦点放在 ballerinas,且与算子 MUST 关联,这样一来,句子的意思就变成"警员所护送的必须都是女芭蕾舞演员"了。

Halliday(1970)给出了类似的例子,不过他没有明确指出句子的焦点在哪个成分上。我们沿用他的例子,但是作了一点修改。

(21) a. [**Dogs**]_F must be carried in the underground.

　　　　在地铁里抱着的都必须是狗(而不是其他的东西)。

$MUST_x$(in-the-underground(x) & be_carried(x)) (x＝dogs)

b. Dogs must be [**carried**]$_F$ in the underground.

在地铁里狗都必须被抱着（而不是牵着）。

$MUST_R$(dogs(x) & in-the-underground(x) & be_R'ed(x)) (R＝carried)

(21a)与(21b)的上下文均是在地下铁路里,两个句子的差别在于焦点位置的不同,而引发出不同的三分结构。(21a)的焦点在 dogs 上,背景或限定部分变成被动式的 x is/ are carried,而算子 MUST 会与焦点 dogs 相关联。由于焦点放在 dogs 上,引发的相关集合会是所有与 dogs 可比或相当的物件,即所有可以被抱着的物件,令句子的意思变成"地铁里所有被抱着的都必须是狗,而不是其他的东西"。(21b)的焦点在 carried 上,背景或限定部分是 dogs are R'ed,而算子 MUST 会与焦点成分 carried 相关联,令句子的意思变成"在地铁里,狗都必须被抱着"。

现在让我们来看一看(21)中两个句子语义上的不同。假设在某列地铁里,有一个人牵着一条狗,而不是抱着它。在这种情况下,(21a)可以为真,而(21b)则为假。这是因为(21a)中的算子 MUST 与焦点 dogs 相关联,其意思是"所有人抱着的都必须是狗",即:如果他抱着某个东西的话,则必须是狗。如果他没有抱任何东西,或是牵着一条狗,都不会影响(21a)的真值。因此,上述假设的情况不会使(21a)为假。而(21b)则不同,其算子 MUST 与焦点 carried 相关联,该句的意思是每一条狗都必须被抱着,即:对于每一条狗来说,如果它处于某种状态的话,该状态应该是被抱着。然而,在上述假设的情况下,有一条狗是被人牵着的,而不是抱着的,所以,(21b)不能为真。

从(20)和(21)可见,含有能愿动词的句子也是一种对焦点敏感的结构,焦点位置的不同是会影响句子的释义的。

4.4　原因短语(clauses of reasoning)

下面的句子是 Dretske(1972)给出的。

(22) a. The reason Clyde [**married**]$_F$ Bertha was to qualify for the inheritance.

克莱德与伯莎结婚的原因是想取得继承遗产的资格。

b. The reason Clyde married [**Bertha**]$_F$ was to qualify for the inheritance.

克莱德与伯莎结婚的原因是想取得继承遗产的资格。

(22a)和(22b)的差别在于焦点位置的不同。(22a)强调的是焦点 married(结婚),限定部分变成 the reason Clyde P Bertha was to qualify for the inheritance。由于焦点成分在 married 上,句子的意思变成"Clyde 对 Bertha 所做的事情是与她

结婚(而非其他)，以取得继承遗产的资格"。Bertha既然在限定部分，(22a)的背景是所有Clyde可能对Bertha所做的事情，或所有Clyde与Bertha之间可能存在的关系的集合，而焦点把变量的值锁定在married上，即只有这个值会令(22a)为真。(22b)的焦点在Bertha上，句子的限定部分变成the reason Clyde married x was to qualify for the inheritance。由于焦点成分在个体变量x上，(22b)的意思是"Clyde与x而非其他人结婚的原因是想取得继承遗产的资格"，而只有x取Bertha值时，(22b)才会为真。

　　Dretske(1972)假定Clyde与Bertha一向均有来往，Clyde发现如果他在三十岁以前结婚的话，就可以继承一笔可观的遗产，因此，他决定与Bertha结婚。在这个上下文之下，我们现在考虑(22a)和(22b)的语义真值条件。Clyde要取得该笔遗产的条件是在三十岁之前结婚，因此，要令句子在这个上下文中为真的条件是焦点成分P必须取married这个值，即Clyde必须找一个人与他结婚，至于结婚对象是谁，即x取什么值，并不会影响句子的真值。基于这个条件，只有(22a)可能为真。(22a)的焦点在P，即Clyde与Bertha之间的关系上，P的值等于married，令句子与上述假设的情况相符，(22a)因而取真值。相反，在(22b)中，由于句子的焦点在Clyde的对象Bertha这个个体上，强调的是焦点Bertha，意思变成"Clyde选择与Bertha，而不是其他人结婚"，这并不是上述上下文所要表达的，因为遗嘱内并没有规定他必须与Bertha结婚，他娶的可以是任何一个女子。

4.5　频率副词(frequency adverbs)

　　频率副词的释义也对焦点敏感。试比较下面的句子〔引自Sgall, Hajičová & Panevova(1986)〕。

(23) a. [**Londoners**]F most often go to Brighton.

　　　MOST-OFFEN (x go to Brighton) (x=Londoners)

　　　伦敦人最常去布赖顿。

　　b. Londoners most often go to [**Brighton**]F.

　　　MOST-OFFEN (Londoners go to x) (x=Brighton)

　　　伦敦人最常去布赖顿。

(23a)及(23b)会因焦点位置的不同，而有不同的解释。(23a)的焦点放在Londoners上，因此，频率副词most often会与Londoners关联，把焦点用变量x代替，得出背景或限定部分x go to Brighton，而x会包括所有可能去布赖顿的个体。这样，(23a)的意思是"最常去布赖顿的是伦敦人"。(23a)为真的条件是去布赖顿这个地方的游客，以伦敦人占大多数，至于伦敦人最常去的地方是否为布赖顿则不会影响(23a)的真值条件,即这个句子容许伦敦人去其他地方的次数比去布赖顿更多,而(23b)则不容许这个情况出现。

相反,(23b)中的 most often 会与 Brighton 关联,限定部分是 Londoners go to x,在这个情况下,x 会是所有伦敦人可能去的地方,且句子的意思会变成"伦敦人最常去的地方是布赖顿"。(23b)取真值的条件是在伦敦人会去的所有地方中,他们去布赖顿的次数最多,至于在布赖顿这个地方,游客是不是以伦敦人为大多数则不会影响(23b)的真值条件,即如果剑桥人或美国人或德国人比伦敦人更常去布赖顿,(23b)而非(23a)仍会为真。

4.6　泛算子(generic operators)

试比较下面两个句子。

(24) a. One [**smokes**]$_F$ in the hallway.

　　　　GEN (Person P in the hallway) (P＝smokes)

　　　　应该在走廊上吸烟。

　　 b. One smokes in the [**hallway**]$_F$.

　　　　GEN (Person smokes in the x) (x＝hallway)

　　　　应该在走廊上吸烟。

(24a)及(24b)中的 one 泛指任何人,语义学家一般都认为它由一个称作"泛算子"的算子约束,而这种算子一般具有对焦点敏感的特性。因此,(24a)及(24b)焦点位置的不同,也会得出不同的句子意义。在(24a)中,泛算子与焦点成分 smoke 关联,限定部分是 Person P in the hallway,句子的意义是"应该在走廊上吸烟,而不是做其他的事情"。(24a)取真值的条件是所有可能在走廊上进行的事情,以吸烟最多,或在走廊上,应该做的事情只有吸烟,而非其他。因此,如果发现有人在走廊上唱歌,则(24a)会为假,而(24b)则仍可能为真。

在(24b)中,泛算子与焦点成分 hallway 关联,限定部分是 Person smokes in the x,得出的句子意思是"人们吸烟的地方是在走廊上,而不是任何其他地方",或"应该在走廊上,而非其他地方吸烟"。(24b)的真值条件是吸烟的人都到走廊上而非在其他地方吸烟,或吸烟的人只能在走廊而非其他地方吸烟。假设我们发现有人在房间内或洗手间里吸烟,则(24b)会取假值,而(24a)则可能取真值。再看看下面的例句。

(25) a. [**English**]$_F$ is spoken in the Shetlands.

　　　　GEN (x is spoken in the Shetlands) (x＝English)

　　　　设得兰(群岛)这个地方说英语。

　　b. English is spoken in [**the Shetlands**]_F.

　　　GEN（English is spoken in x）（x＝the Shetlands）

　　　设得兰（群岛）这个地方说英语。

（25a）与（25b）的区别在于焦点位置的不同。（25a）的焦点放在 English 上，限定部分是 x is spoken in the Shetlands，句子的意思是"在设得兰这个地方，人们说的都是英语，而不是任何其他语言"。（25a）的真值条件是英语，非其他语言，是设得兰这个地方最通行的语言。因此，如果发现在设得兰这个地方人们更多地说法语而不是英语，则（25a）会取假值，而（25b）可能取真值。

　　然而，（25b）的焦点在 the Shetlands 上，限定部分是 English is spoken in x，句子的意思是"说英语的地方都是在设得兰这个地方，而不是在任何其他地方"。（25b）的真值条件是说只有在设得兰这个地方，而非任何其他地方才说英语。假设我们发现另一个地方也说英语，则只有（25b）会取假值，而（25a）则可以取真值。

4.7　情感事实语及态度动词（emotive factives and attitude verbs）

　　Dretske（1975）还举出以下例句以说明情感事实语及态度动词均会对焦点敏感。

　　（26）a. I found out that [**Otto**]_F shot Lefty.

　　　　　我发现奥托枪杀了莱夫迪。

　　　　b. I found out that Otto shot [**Lefty**]_F.

　　　　　我发现奥托枪杀了莱夫迪。

　　（27）a. It's odd that Clyde married [**Bertha**]_F.

　　　　　很奇怪，克莱德竟然娶了伯莎。

　　　　b. It's odd that Clyde [**married**]_F Bertha.

　　　　　很奇怪，克莱德竟然娶了伯莎。

（26）的 found out 及（27）的 odd 分别代表情感事实语及态度动词。因为焦点位置不同导致其中的（a）和（b）句的意思随之不同。（26a）的意思为说话人发现枪杀 Lefty 的人竟然是 Otto，而非他/她所预料的人。因此，假设事实上枪杀 Lefty 的人不是 Otto，而是 A，则（26a）会取假值。原因是 found out 所描述的必须是事实，说话人在说（26a）之前，可能已知道 Lefty 被枪杀，只是不知道枪杀他的人是谁，而（26a）所要表达的是说话人发现了枪杀 Lefty 的人，且该人只能是 Otto。（26b）的意思则为说话人发现 Otto 枪杀的竟然是 Lefty，而非其他的人。因此，假设事实上 Otto 枪杀的人不是 Lefty，而是 B，则（26b）会取假值，原因是说话人在说（26b）之前，可能已知道 Otto 枪杀了人，但是不知道被杀者是谁，而（26b）所要表达的是说话人发现了被枪杀的人原来是 Lefty。

　　(27a)和(27b)的焦点不同也令说话人所感奇怪的事情随之不同。(27a)的意思是说话人对于 Clyde 娶的人竟然是 Bertha，而非其他人，感到奇怪。在这个情况下，如果 Clyde 对 Bertha 所做的事情不是娶她，而是打她，则(27a)仍然可以取真值。然而，在(27b)中，令说话人感到奇怪的是 Clyde 对 Bertha 所做的事情竟是娶她，而非其他的事。因此，如果把上面的情况应用在(27b)上，则(27b)只能取假值。不过，如果换成另外一个情况，即 Clyde 娶的人是 Mary，则(27a)会取假值。(27b)仍然可能取真值，比如说(27b)发生在一个多妻制的地方。

4.8　否定(negation)

　　否定是另一个受焦点影响的现象。除了否定全句外，我们也可以只否定句中某个成分，而被否定的成分一般都是焦点成分。所以，焦点位置不同，被否定的成分不同，句子的解释自然也不同。试比较下面的句子〔引自 Hajičová(1984)〕。

(28) a. This time our defeat wasn't caused by [**Harry**]$_F$.

　　　　NEG (Our defeat was caused by x) (x = Harry)

　　　　这一次，我们失败并不是由哈利造成的。

　　 b. This time Harry didn't cause our [**defeat**]$_F$.

　　　　NEG (Harry caused x) (x = our defeat)

　　　　这一次，哈利并没有令我们失败。

(28a)和(28b)的区别在于焦点位置的不同，得出的句子释义却完全不同。假设所有否定句均带有一个由否定词所引发的否定算子，且该算子会对焦点敏感。(28a)的焦点在 Harry 上，否定词与焦点成分关联，限定部分变成 our defeat was caused by x，x 是替代焦点的变量。由于否定词否定的是焦点 Harry，句子的意思于是变成"这一次，令我们失败的人并不是 Harry，而是其他人"。(28a)中与否定算子释义的是一个指谓对象为人的个体变量，令这个句子取真值的条件是，造成我们失败的人一定不是 Harry，否则句子会取假值。

　　(28b)的焦点在 defeat 上，因此，否定词会与它关联，限定部分为 Harry caused x。在否定词与焦点成分关联之后，句子的意义变成"这一次 Harry 给我们带来的并不是失败，而是其他的结果"。(28b)中与否定词关联的仍是一个个体变量，不过，与(28a)不同的是这个变量所指谓的是一个结果性的名词成分，不是人物性的个体变量。令(28b)取真值的条件是 Harry 对我们造成的结果不能是失败，必须是其他结果，如战胜、战和等。

　　从上面的例子，我们可以看见，否定词所否定的成分不同，给出的预设也会相应改变,令句子给出不同的释义。有关汉语中否定对焦点敏感的分析和语义解释,请参看李宝伦、潘海华(1999),Lee & Pan(2001,2002)和本书的第十四章。

4.9　最高级形容词(superlatives)

试比较以下两个句子。

(29) a. The largest demonstrations took place in [**Prague**]$_F$ in November.

十一月布拉格发生了最大的游行示威。

ASSERT (the largest demonstrations took place in x in November)

(x＝Prague)

b. The largest demonstrations took place in Prague in [**November**]$_F$.

ASSERT (the largest demonstrations took place in Prague in x)

(x＝November)

十一月布拉格发生了最大的游行示威。

(29a)及(29b)是两个相同的句子,但由于焦点位置不同,句子的真值就出现了差别。(29a)的焦点在 Prague 上,而 the largest demonstrations took place in x in November 是(29a)的限定或背景部分,即与(29a)有关的是在十一月里世界上所发生的最大的游行示威。因此,要(29a)取真值,在十一月这个月份里,所记录的最大的游行示威必须发生在焦点成分 x,即 Prague。不过,要注意的是由于与(29a)有关的只是十一月的游行示威。因此,(29a)只要求有关的游行示威是该月份里世界上最大的,但是可以不是有史以来,即包括除了十一月以外的其他所有月份中最大的。换言之,假设下面的情况:十一月发生在布拉格的游行示威,人数有十万人;其他地方在该月的游行示威,人数都在十万以下。不过,世界上有史以来最大的游行示威则发生在去年六月,地点仍然是布拉格,但是参加游行示威的人数是二百万人。(29a)在这个情况下仍然取真值,由于我们只是比较十一月全世界所有的游行示威,其他月份的游行示威并不会影响(29a)的真值。因此,句子要求的是在十一月所有的游行示威中,发生在布拉格的是最大的,即使它不是有史以来最大的。

再看看(29b)。(29b)的焦点在 November 上,限定或背景部分变成 the largest demonstrations took place in Prague in x,即与(29b)有关的是布拉格这个地方有史以来最大的游行示威。要令(29b)取真值,发生在焦点成分 x 这个月份的游行示威必须是布拉格这个地方有史以来最大的。因此,与(29a)的情况不同,在 x 月里即使有其他地方的游行示威比布拉格的更大,只要发生在布拉格的是它有史以来最大的,(29b)依然可以为真。假设下面的情况:在十一月里,在布拉格发生的游行示威,人数有八十万人,是布拉格史上最大的;在同一个月里,比方说,伦敦也有人游行示威,人数为二百万人,是世界上有史以来最大的游行示威。(29b)在这个情况下仍然可以取真值,由于我们只是比较发生在布拉格的所有游行示威,其他地方的游行示威并不会影响(29b)的真值。不过,(29a)在这个情况下不可以取真值,原因是在十一月这个月份里,发生最大游行示威的地方是伦敦,不是布拉格。

　　在上面这些对焦点敏感的结构中,我们都可以给出一个三分结构式的语义表达式,且有关的三分结构都是由语义因素而非句法位置决定的。因此,焦点位置的不同会影响其三分结构的组成、句子的真值条件以及相关的语义解释。

5. 结语

　　在本章里我们介绍了焦点关联现象、三分结构以及英语的一些对焦点敏感的现象与结构,不过,这些现象与结构在汉语中是否存在,则是有待进一步研究的问题。①

参考文献

1. 李宝伦,潘海华.焦点与"不"字句之语义解释[J].现代外语,1999(2):111-127.
2. 刘丹青,徐烈炯.焦点与背景、话题及汉语"连"字句[J].中国语文 1998(4):243-252.
3. 汤廷池.国语的焦点结构:分裂句,分裂变句,与准分裂句[M]//汤廷池,郑良伟,李英哲.汉语句法,语意学论集.台北:学生书局,1983:127-226.
4. Beaver, David I., Brady Z. Clark. 'Always' and 'Only': Why not all Focus Sensitive Operators are Alike[J]. Natural Language Semantics, 2003, 11: 323-362.
5. Chafe, Wallace L. Givenness, Contrastiveness, Definiteness, Subjects, Topics and Point of View[M]// Charles N. Li. Subject and Topic. New York: Academic Press, 1976.
6. Cheng, Robert. Focus Devices in Chinese[M]// Tang, T. C., R. L. Cheng, Li Y. C. Studies in Chinese Syntax and Semantics. Taiwan: Student Book Co., 1983: 53-102.
7. Chomsky, Noam. Deep Structure, Surface Structure, and Semantic Interpretation[M]// D. Steinberg, L. Jakobovits. Semantics: An Interdisciplinary Reader in Philosophy, Linguistics and Psychology. New York: Cambridge University Press, 1971: 183-216.
8. Cohen, Ariel. How are Alternatives Computed? [J]. Journal of Semantics, 1999, 16: 43-65.
9. Culicover Peter, Michael Rochemont. Stress and Focus in English[J]. Language, 1983, 59: 123-165.

----

①　有关"不"作为焦点敏感算子的理据和语义解释,参见本书第十四章。

10. Dretske, Fred. Contrastive Statements[J]. Philosophical Review, 1972, 81: 411 – 437.

11. Dretske, Fred. The Content of Knowledge[M]//B. Freed et al. Forms of Representation. Amsterdam: North Holland, 1975: 77 – 93.

12. Ernst Thomas, Wang Chengchi. Object Preposing in Mandarin Chinese[J]. Journal of East Asian Linguistics, 1995, 4: 235 – 260.

13. Fauconnier, Gilles. Pragmatic Scales and Logical Structure[J]. Linguistic Inquiry, 1975, 4: 353 – 375.

14. von Fintel, Kai. Restrictions on Quantifier Domains [D]. University of Massachusetts, Amherst, 1994.

15. Gundel, J. Kai. On Different Kinds of Focus[M]//Bosch, Peter and Rob van der Sandt. Focus: Linguistics, Cognitive, and Computational Perspectives. New York: Cambridge University Press, 1999.

16. Hajičová, Eva. Presupposition and Allegation Revisited[J]. Journal of Pragmatics, 1984, 8: 155 – 167.

17. Hajičová, Eva, Barbara H. Partee, Peter Sgall. Topic-Focus Articulation, Tripartite Structures, and Semantic Content[M]. Dordrecht: Kluwer Academic Publishers, 1998.

18. Halliday, M. A. K. A Course in Spoken English: Intonation [M]. Oxford: Oxford University Press, 1970.

19. Heim, Irene R. The Semantics of Definite and Indefinite Noun Phrases[D]. University of Massachusetts, Amherst, 1982.

20. Herburger, Elena. What Counts: Focus and Quantification[M]. Cambridge, Mass: MIT Press, 2000.

21. Horn, Laurence R. On the Semantic Properties of Logical Operators in English[D]. UCLA. Indiana: Indiana University Linguistics Club, Bloomington, 1972.

22. Jackendoff, Ray. Semantic Interpretation in Generative Grammar [M]. Cambridge: MIT Press, 1972.

23. Kamp, Hans. A Theory of Truth and Semantic Representation [J]. *GRASS* 1981, 2. (Reprinted in *Truth*, *Interpretation and Information*, ed. by J. Groenendijk, T. M. V. Janssen and M. Stokhof. Dordrecht: Foris, 1984.)

24. Karttunen, Lauri. & Stanley Peters. Conventional Implicature [M]//Oh Choon-Kyu & David A. Dinneen. Syntax and Semantics 11: Presupposition. New York: Academic Press, 1979.

25. Kay, Paul. Even[J]. Linguistics and Philosophy, 1990, 13: 59 – 111.

26. Kiss, Katalan É. Identificational Focus versus Information Focus [J]. Language, 1998, 74(2): 245 – 273.

27. König, Ekkehard. The Meaning of Focus Particles: A Comparative Perspective [M]. London: Routledge, 1991.

28. Lee, Peppina Po-lun and Pan Haihua. The Chinese Negation Marker *bu* and Its Association with Focus[J]. Linguistics, 2001, 39(4): 703 – 731.

29. Lee, Peppina Po-lun & Pan Haihua. Focus, Modals, and Scope Interaction in Mandarin Chinese[M]. City University of Hong Kong, ms, 2002.

30. Lewis, David. Adverbs of Quantification[M]//Edward L. Keenan. Formal Semantics of Natural Language. Cambridge: CUP, 1975: 3 - 15.

31. Paris, Marie-Claude. Some Aspects of the Syntax and Semantics of the lian ... ye/dou Construction[M]//Teng Shou-hsin. Readings in Chinese Transformational Syntax. Taipei: The Crane Publishing Co., 1979.

32. Partee, Barbara H. Topic, Focus and Quantification[M]//S. Moore and A. Wyner. Proceedings from SALT I. Ithaca: Cornell University, 1991: 179 - 196.

33. Roberts, Craige. Domain Restriction in Dynamic Interpretation[M]//Bach, Emmon, Eloise Jelinik, Angelika Kratzer & Barbara H. Partee. Quantification in Natural Languages. Dordrecht: Kluwer, 1995.

34. Rooth, Mats. Association with Focus[D]. University of Massachusetts, Amherst, distributed by GLSA, Amherst, 1985.

35. Rooth, Mats. A Theory of Focus Interpretation[J]. Natural Language Semantics, 1992, 1: 75 - 116.

36. Rooth, Mats. Association with Focus or Association with Presupposition?[M]//P. Bosch and R. van der Sandt. Focus. Cambridge: Cambridge University Press, 1999.

37. Rooth, Mats. Focus.[M]//Lappin S. The Handbook of Contemporary Semantic Theory. London: Blackwell Publishers, 1996.

38. Sgall P., E. Hajičová & J. Panevova. The Meaning of the Sentence in its Semantic and Pragmatic Aspects[M]//Jacob L. Mey. Dordrecht: Reidel-Prague: Academia, 1986.

39. Shyu, Shu-ing. The Syntax of Focus and Topic in Mandarin Chinese[D]. University of Southern California, 1995.

40. von Stechow, Arnim. Current Issues in the Theory of Focus[M]//Semantik/Semantics: An International Handbook of Contemporary Research. Berlin: Walter de Gruyter, 1991: 804 - 825.

41. Vallduvi, Enric. The Informational Component[M]. New York: Garland, 1992.

第七章　焦点的逻辑移位说

李宝伦　潘海华

1. 引言

与句法理论中的一般移位现象一样,焦点逻辑形式移位(focus LF movement,以下简称焦点移位说)在逻辑形式(logical form)层面上进行,焦点会从其本身的位置(base position)移到约束它的焦点敏感算子的附近,并在原来位置上留下一个语迹。把该语迹当作一个变量,并对之进行 λ 抽象,就可以得到句子的预设,即背景部分。之后,再把背景部分与相关的算子和焦点部分结合起来,就可以得出有关焦点句的语义表达式。由此可见,焦点移位说是一种同时对焦点和背景进行运算的语义框架。因此,Krifka(1997)把它与我们下一章将要讨论的结构意义说都归纳为双重表现理论(double access theory)。

2. 焦点移位说

焦点移位说最早见于 Chomsky(1977),他认为所有焦点都带有一个焦点特征(focus-feature),记为[＋F]。以 Chomsky 的说法为基础,西方学者普遍认为触发焦点移位的原因是焦点必须靠近与之关联的焦点敏感算子,令带焦点特征的短语被吸引到紧靠该算子的位置上,但要注意的是这类移位属隐性移位,只发生在逻辑形式(logical form)上〔见 Rooth(1985)及 Kratzer(1991)〕。

Chomsky 的焦点移位说可以用弱跨越现象(weak crossover effect)来印证。弱跨越现象主要出现在含有逻辑量词(logical quantifiers)和 wh-短语(wh-phrase)的句子中,试看以下例句。

(1) a. *His$_i$ dog likes everyone$_i$.

　　　*他的$_i$狗喜欢每个人$_i$。

　　　逻辑式：everyone$_i$[his$_i$ dog likes t$_i$]

　　b. *Who$_i$ does the man that she$_i$ met like t$_i$?

*她ᵢ遇到的男人喜欢谁ᵢ?

逻辑式：who$_i$ does the man [that [she$_i$ met like t$_i$]]?

(1a)中的逻辑量词 everyone 在逻辑表达式中同时约束 his 和 everyone 的语迹 t$_i$，而(1b)中的疑问词 who 则约束 she 和 who 的语迹 t$_i$。这两个逻辑表达式都违反了双向映射原理(bijection principle)，即一个量词不能同时约束两个变量，而一个变量也不能同时被两个量词约束。因此，(1a)及(1b)均为非法句。

Chomsky 把上述弱跨越现象引申到焦点上，认为焦点移位也出现弱跨越现象，如下例所示。

(1) c. *His$_i$ dog likes [**John**]$_{F, i}$.

　　　*他的ᵢ狗喜欢[**John**]$_{F, i}$。

　　　逻辑式：John$_i$[his$_i$ dog likes t$_i$]

(1c)属焦点句，句中的 John 是该句的焦点成分。假设焦点成分 John 与逻辑量词和 wh-短语一样都会进行逻辑形式移位，那么，在逻辑结构上，John 会移到句首位置，并在原位留下语迹 t$_i$，得出(1c)中的逻辑式。注意，John 与 his 和 t$_i$同指是造成(1c)不合法的原因，这是因为焦点成分 John 同时约束 his 和它自己的语迹 t$_i$会违反双向映射原理。既然弱跨越现象可以合理解释为什么(1c)不合法，Chomsky 认为焦点成分在逻辑结构上会出现移位这个假设是可以成立的。除了以上所举的例子以外，以下含有弱跨越现象的句子进一步支持焦点移位说的观点。

(2) a. [**Every man**]$_1$ was betrayed by the woman **he**$_1$ loved.

　　　[**每个男人**]$_1$都被他$_1$爱的女人出卖了。

　　b. [$_S$[**Every man**]$_1$[$_S$ t$_1$ was betrayed by the woman **he**$_1$ loved]]

　　　[$_S$[**每个男人**]$_1$[$_S$t$_1$都被他$_1$爱的女人出卖了。]]

　　c. [$_S$[**Every man**]$_1$[$_S$ t$_1$ was betrayed by the woman t$_1$ loved]]

　　　[$_S$[**每个男人**]$_1$[$_S$t$_1$都被 t$_1$爱的女人出卖了。]]

(3) a. The woman **he**$_1$ loved betrayed [**every man**]$_1$.

　　　他$_1$爱的女人出卖了[**每个男人**]$_1$。

　　b. [$_S$[**every man**]$_1$[$_S$ the woman **he**$_1$ loved betrayed t$_1$]]

　　　[$_S$[**每个男人**]$_1$[$_S$他$_1$爱的女人出卖了 t$_1$。]]

(4) a. **Who**$_1$[t$_1$ was betrayed by the woman **he**$_1$ loved]?

　　　谁$_1$[t$_1$被他$_1$爱的女人出卖了]?

　　b. **Who**$_1$[t$_1$ was betrayed by the woman **he**$_1$ loved]?

　　　谁$_1$[t$_1$被他$_1$爱的女人出卖了]?

    c. **Who₁** [**t₁** was betrayed by the woman **t₁** loved]?

      谁₁[**t₁** 被 **t₁** 爱的女人出卖了]?

（5）a. **Who₁** did [the woman **he₁** loved betray **t₁**]?

      直译为：**谁₁**[**他₁** 爱的女人出卖了 **t₁**]?①

    b. **Who₁** did [the woman **he₁** loved betray **t₁**]?

      谁₁[**他₁** 爱的女人出卖了 **t₁**]?

（6）a. We only expect [**him**]_F,₁ to be betrayed by the woman **he₁** loves.

      我们只预期[**他**]_F,₁ 会被 **他₁** 爱的女人出卖。

    b. We [_VP only [**him**]_F,₁ [_VP expect **t₁** to be betrayed by the woman **he₁** loves]]

      我们 [_VP 只[**他**]_F,₁ [_VP 预期 **t₁** 会被 **他₁** 爱的女人出卖。]

    c. We [_VP only [**him**]_F,₁ [_VP expect **t₁** to be betrayed by the woman **t₁** loves]]

      我们 [_VP 只[**他**]_F,₁ [_VP 预期 **t₁** 会被 **t₁** 爱的女人出卖。]]

（7）a. We only expect the woman **he₁** loves to betray [**him**]_F,₁

      我们只预期 **他₁** 爱的女人会出卖[**他**]_F,₁。

    b. We [_VP only [**him**]_F,₁ [_VP expect the woman **he₁** loves to betray **t₁**]]

      我们 [_VP 只[**他**]_F,₁ [_VP 预期 **他₁** 爱的女人会出卖 **t₁**。]]

（2a）和（3a）带有逻辑量词；（4a）和（5a）带有 wh-短语，而（6a）和（7a）则为焦点句。这些句子有一个共同点，就是只有前一句〔即（2a）（4a）及（6a）〕中的代词可以有所指解〔referential reading，见（2b）（4b）及（6b）〕和受约解〔bound reading，见（2c）（4c）及（6c）〕，而后一句的代词则只有所指解〔见（3b）（5b）及（7b）〕。焦点与逻辑量词和 wh-短语均在逻辑结构上决定其辖域（scope），上述句子显示逻辑量词、wh-短语和焦点都有弱跨越现象，且表现出相同的语义差别，这一事实进一步支持 Chomsky 的说法，即焦点与逻辑量词和 wh-短语一样都涉及移位现象。

    我们先讨论（6）及（7）中的焦点句。（6b）和（7b）均含有一个因代词移位而出现的语迹 t₁，以及一个没有移位的非空人称代词（unmoved non-empty pronoun），即划线的 he₁，而 t₁ 及 he₁ 间的关系可帮助我们解释为何只有（6a）中的代词可有受约解。要解释这个意义上的差别，按照 Rooth（1985），我们必须利用以下原理：

---

    ① 由于汉语的"谁"与英语的 who 不同，在表层结构上，前者没有移位，而后者则有移位。英语句（5a）由于涉及 who 从宾语位置移至主语位置，这一移位现象在汉语表层结构上没有出现，因此，对应（5a）的汉语句子是非法的。

受约变量原理 (Bound Variable Principle, Kratzer 1991)

若代词被一个与它同标的空代词 (co-indexed empty pronoun) 成分统领 (c-command)，则该代词可以被省略。

由于(6b)中的空代词 t_1 成分统领且与 $\underline{he_1}$ 同指，所以根据受约变量原理，$\underline{he_1}$ 可以省略，变成同一个空代词 t_1，因此，可以得出一个与(6b)不同的逻辑式(6c)。(6c)中的 $\mathbf{t_1}$ 既然被 $[\mathbf{him}]_{\mathbf{F,1}}$ 所制约，(6a)中的 $\underline{he_1}$ 自然可有受约解。相反，在对应(7a)的逻辑式(7b)中，由于 $\underline{he_1}$ 不被 t_1 所成分统领，受约变量原理不能像对(6a)那样省略 $\underline{he_1}$ 从而使其变成一个空代词 t_1。另一方面，$[\mathbf{him}]_{\mathbf{F,1}}$ 又不能同时制约 $\underline{he_1}$ 和 t_1 这两个变量，因为这样会违反双向映像原理，因此，(7b)中的 $\underline{he_1}$ 就没有受约解。注意(6a)并不违反双向映射原理，这是因为 $[\mathbf{him}]_{\mathbf{F,1}}$ 只制约它自己的语迹 t_1，后者则制约由 $\underline{he_1}$ 得来的 t_1。

类似的解释亦可引申至(2)和(3)中的逻辑量词，以及(4)和(5)中的 wh-短语。(2)和(4)中的代词比(3)和(5)中的代词多出一个受约解的原因如下。(2b)和(4b)均含有一个因代词移位而出现的语迹 t_1，以及一个没有移位的非空人称代词 $\underline{he_1}$。由于(2b)和(4b)中的空代词 t_1 成分统领且与 $\underline{he_1}$ 同指，所以根据受约变量原理，$\underline{he_1}$ 可以省去，变成同一个空代词 t_1，因此，可以得出除了(2b)及(4b)以外的另一个逻辑式(2c)及(4c)。(2c)及(4c)中的 t_1 既然分别被逻辑量词 $[\text{Every man}]_1$ 及 wh-短语 $[\text{Who}]_1$ 所制约，(2a)及(4a)中的 $\underline{he_1}$ 自然可有受约解。然而，在对应(3a)和(5a)的逻辑式(3b)和(5b)中，由于 $\underline{he_1}$ 不被 t_1 所成分统领，受约变量原理不能像对(2a)和(4a)那样省略 $\underline{he_1}$ 而使其变成一个空代词 t_1。另一方面，$[\text{Every man}]_1$ 和 $[\text{Who}]_1$ 又不能同时制约 $\underline{he_1}$ 和 t_1 这两个变量，因为这样会违反双向映射原理，因此，(3b)和(5b)中的 $\underline{he_1}$ 就不可能是受约代词，所以没有受约解。同(6a)一样，(2a)和(4a)也都没有违反双向映射原理，这是因为不论是 $[\text{Every man}]_1$，$[\text{Who}]_1$，还是 $[\mathbf{him}]_{\mathbf{F,1}}$ 都只是制约它们自己的语迹 t_1，而 t_1 则制约由 $\underline{he_1}$ 得来的 t_1。

把 Chomsky 的逻辑形式焦点移位说应用在合法的焦点句(8a)及(9a)上，可得出如下结果。

(8) a. Sue only introduced $[\mathbf{Bill}]_\mathbf{F}$ to John.

　　苏只把比尔介绍给约翰。

　　b. $[\text{only } [\text{Bill}_i [\text{Sue introduced } t_i \text{ to John}]]]$

　　c. $[\text{only } [\text{Bill}_1 \ \lambda t_1 [\text{Sue introduced } t_1 \text{ to John}]]]$

(9) a. Sue only introduced Bill to $[\mathbf{John}]_\mathbf{F}$.

苏只把比尔介绍给约翰。

　　b. [only [John$_i$ [Sue introduced Bill to t$_i$]]]

　　c. [only [John$_1$ λt$_1$ [Sue introduced Bill to t$_1$]]]

从(8b)可见，焦点成分 Bill 经移位后在其原位上留下一个语迹，这样，该句的剩余部分是 Sue introduce t$_i$ to John。(8b)中的语迹 t$_i$ 是一个自由变量，经 λ 抽象后，变成一个受 λ 算子所制约的受约变量，这样就得出了语义表达式(8c)中的背景部分。(8c)的算子为 only，焦点为 Bill，而抽象式 λt$_1$ [Sue introduced t$_1$ to John] 则为背景。(8)和(9)的分别只在于焦点位置的不同。(9)的焦点在 John 上，它经移位后在其原位留下一个语迹，语迹 t$_i$ 经 λ 抽象后得到语义表达式(9c)中的背景部分 λt$_1$ [Sue introduced Bill to t$_1$]。

　　然而，焦点移位说存在着一定的问题。首先，正如很多学者如 Rooth(1985) 及 Kratzer(1991)所指出的那样，焦点移位在弱跨越现象方面的表现虽然与逻辑量词及 wh-短语一样，但它在句法孤岛(syntactic island)限制方面却与前两者不同。以下句子可以说明这一点(Rooth, 1985; Kratzer, 1991)。

（10）a. They investigated the question whether you know the woman who chaired [**which board**]$_1$.

他们调查了有关你是否认识担任[**哪个委员会**]$_1$主席的那个女人的问题。

　　b. *[**Which board**]$_1$ did they investigate the question whether you know the woman who chaired t$_1$?

*[**哪个委员会**]$_1$他们调查了有关你是否认识担任 t$_1$ 主席的那个女人的问题。

（11）a. They investigated the question whether you know the woman who chaired [**every board in town**]$_1$.

他们调查了有关你是否认识担任[**城里每个委员会**]$_1$主席的那个女人的问题。

　　b. *[$_S$ [**Every board in town**]$_1$ [$_S$ they investigated the question whether you know the woman who chaired t$_1$].

*[$_S$ [**城里每个委员会**]$_1$ [$_S$ 他们调查了有关你是否认识担任 t$_1$ 主席的那个女人的问题。]]

（12）a. They only investigated the question whether you know the woman who chaired [**the Zoning Board**]$_{F,1}$.

他们只调查有关你是否认识担任[城市分区规划委员会]$_{F,1}$主席的
那个女人的问题。

b. They [$_{VP}$ only [**the Zoning Board**]$_{F,1}$ [$_{VP}$ investigated the question
whether you know the woman who chaired t_1.]]

他们[$_{VP}$只[**城市分区规划委员会**]$_{F,1}$[$_{VP}$调查有关你是否认识担任
t_1主席的那个女人的问题。]]

在以上句子中,关系子句 who chaired XP 的修饰对象是名词短语 the woman,这
个关系子句形成一个句法孤岛。由于移位只可在岛内进行,任何成分均不得移
出岛外。(10b)及(11b)不合法这一事实显示 wh-短语及逻辑量词均受句法孤岛
条件的限制,这是因为把子句内成分[which board]$_1$ 及[every board in town]$_1$ 移
出该关系子句,是有违句法孤岛条件的,这就解释了为何(10b)及(11b)会不合
法。既然焦点移位与逻辑量词及 wh-短语移位类同,若焦点移位属实,它也应受
句法孤岛条件的限制。不过,(12)却表明焦点关联根本不受句法孤岛条件的制
约。(12b)的焦点成分[**the Zoning Board**]$_{F,1}$移出了由关系子句形成的孤岛,但句
子仍合法。这证明焦点关联根本有别于逻辑量词和 wh-短语移位,它不受句法
孤岛条件的制约,因此,通过把两者等同起来而得出的焦点移位说是有问题的。

有关论点得到 Krifka(1997)的进一步印证。与 Rooth(1985)及 Kratzer(1991)
一样,Krifka 认为焦点移位属算子移位,一般都受句法孤岛条件的限制,但焦点
却不受这个限制,如以下句子所示〔(引自 Krifka(1997)〕。

(13) Sam saw a man who was wearing most hats.

萨姆看见一个戴着大部分帽子的男人。

*[most hats]$_1$ Sam saw [$_{NP}$ a man [$_{CP}$ who was wearing t_1]]

(14) Sam only saw [$_{NP}$ a man [$_{CP}$ who was wearing a [**red**]$_F$ hat]].

萨姆只是看见一个戴着一顶红帽子的男人。

[only [red$_i$ [$_{IP}$ Sam saw [$_{NP}$ a man [$_{CP}$ who was wearing a t_i hat]]]]]

在(13)中,关系子句 was wearing most hats 的修饰对象是名词短语 a man,这个
关系子句形成了一个句法孤岛。(13)不合法是可以理解的,因为把子句内成分
most hats 移出该关系子句,是有违句法孤岛条件的。既然焦点移位属算子移
位,它也应受句法孤岛条件的制约,但(14)的合法性却推翻了这个假设。(13)
与(14)在形式上非常类似,只是把(13)中的量词宾语 most hats 改成(14)中的无
定名词词组 a red hat,但(14)却是合法的。Chomsky 的焦点移位说的基点是焦
点移位与量词移位和 wh-移位相似。既然量词移位和 wh-移位均受句法孤岛条

件的制约,焦点移位也应受此限制,因此,Chomsky 会把(13)的逻辑式判断为非法。(14)的合法性证明了焦点移位并不受句法孤岛条件的限制,这也是焦点移位说最大问题之所在。

除了上述例子外,Wold(1996)用以下两个例句来说明焦点移位有别于一般算子移位。

(15) a. Mary only$_1$ asked Bill which boy$_2$ will bring [his$_2$ **mother**]$_{F1}$.

玛丽只问比尔哪个男孩会带他的母亲来。

b. Mary only$_1$ [his$_2$ **mother**]$_{F1}$ λt$_1$ [$_{VP}$ asked Bill which boy$_2$ will bring t$_1$]

(16) a. Mary only$_1$ thought that every boy would bring [a **teddy** bear]$_{F1}$.

玛丽只认为每个男孩都会带一只玩具熊来。

b. Mary only$_1$ [a **teddy** bear]$_{F1}$ λt$_1$ [$_{VP}$ thought that every boy would bring t$_1$]

根据焦点移位说,(15a)及(16a)的逻辑式分别为(15b)及(16b)。但问题是,在(15b)中,his 根本不受 which boy 约束,这是因为 which boy 并不成分统领 his,而制约条件要求制约者成分统领受约者。再来看(16),句中的 every boy 及 a teddy bear 均是量化名词词组,every boy 包括一个全称算子(universal operator),而 a teddy bear 则包括一个存在算子(existential operator)。如果没有焦点敏感算子,这两个算子没有辖域上的差别,两者都取小句辖域,应该可以有以下两种可能的辖域关系:一个是 every boy 取较 a teddy bear 广的辖域,而另一个则是 every boy 取较 a teddy bear 窄的辖域。在加进 only 及焦点后,根据焦点移位说,我们应该可以得到:a teddy bear 取比 every boy 广的辖域,如(16b)所示。然而,事实是我们只能得到 a teddy bear 取窄域的释义,不可能得到 every boy 取窄域的释义,可见焦点移位说是有问题的。基于上述原因,Wold 认为焦点移位有违一般算子的移位原则,须重新进行检讨。

3. 结语

本章讨论了焦点移位说,它是一个纯句法理论,主张焦点在逻辑结构上从原位移到约束它的焦点敏感算子附近。不过,焦点移位却与一般逻辑算子移位不同,它是不受句法孤岛条件所限制的,且可以出现在极深层的句法结构里。往后很多研究都因此质疑焦点出现位移这种说法,并提出了很多不同的焦点非移位说,它们都主张焦点在原位上得到解释,而不是通过移位来解释的。

参考文献

1. Chomsky, Noam. Deep Structure, Surface Structure, and Semantic Interpretation[M]// D. Steinberg & L. Jakobovits. Semantics: An Interdisciplinary Reader in Philosophy, Linguistics and Psychology. New York: Cambridge University Press, 1971: 183 – 216.

2. Chomsky, Noam. Conditions on Rules of Grammar [M] // Essays on Form and Interpretation. New York: Elsevier North Holland Inc., 1977: 163 – 210.

3. Kratzer, Angelika. The Representation of Focus[M]// A. von Stechow & D. Wunderlich. Semantik/ Semantics: An International Handbook of Contemporary Research. Berlin: Walter de Gruyter, 1991: 804 – 882.

4. Krifka, Manfred. Frameworks for the Representation of Focus[C]. Proceedings of the ESSLLI' 96 Conference on Formal Grammar. Prague, 1997: 11 – 12.

5. Rooth, Mats. Association with Focus [D]. University of Massachusetts, Amherst, distributed by GLSA, Amherst, 1985.

6. Rooth, Mats. A Theory of Focus Interpretation[J]. Natural Language Semantics, 1992, 1: 75 – 116.

7. Rooth, Mats. Focus[M]// Lappin S. The Handbook of Contemporary Semantic Theory. London: Blackwell Publishers, 1996.

8. Wold, Dag. Long Distance Selective Binding: The Case of Focus[C]// Proceedings of SALT VI. Ithaca: Cornell University, 1996.

第八章　焦点的结构意义说

李宝伦　潘海华

1. 引言

上一章谈到的焦点移位说主要还是从句法的角度来讨论焦点的问题,到了 20 世纪 80 年代,人们开始从语义角度出发来研究焦点的问题了。从语义的角度研究出现了五个理论框架:结构意义说(structured meaning semantics),选项语义论(alternative semantics),原位约束说(in-situ binding semantics),逻辑代换法(replace theory)和 Krifka 对焦点的混合分析法(hybrid framework for focus interpretation)。结构意义说,虽然已渗入了语义方面的因素,但所采取的手段依然着重于结构及句法。Kratzer(1991)和 Wold(1996)的原位约束语义学(简称原位约束说),以及由 Pulman(1997)提出的高阶逻辑代换法(简称逻辑代换法)都属于纯语义框架,而由 Rooth(1985,1992,1996)提出的选项语义论则利用了语义和语用方面的因素。

在这一章里,我们先介绍结构意义说的基本运算过程,再看看如何运用它来对焦点进行解释。

2. 结构意义说(structured meaning semantics)

前面已经提过,Krifka(1991,1992,1997)认为与焦点移位说一样,结构意义说也属双重表现理论的一种表现形式,因为它把含焦点成分的句子命题划分成〈背景,焦点〉两个部分,使语义算子可以同时对背景和焦点进行运算。在结构意义说这个框架下,如一个单句只含有一个焦点,这个焦点成分会引发一个三分结构(tripartite structure)。首先,把句子分为焦点(focus)及背景(background)两个部分,一般写成语义表达式〈B, F〉或函数形式 B(F),而对焦点敏感的算子(Op)会取 B(F)为其主目(argument),形成一个 Op(B)(F)三分结构。根据 Krifka(1992),利用这个框架去解释(1a)及(2a),可分别得出(1b)和(2b)的表达式。

（1）a. Sue only introduced [**Bill**]$_F$ to John.

苏只是把比尔介绍给了约翰。

b. ONLY (⟨λx [introduce (s, x, j)], **b**⟩)

（2）a. Sue only introduced Bill to [**John**]$_F$.

苏只是把比尔介绍给了约翰。

b. ONLY (⟨λx [introduce (s, b, x)], **j**⟩)

焦点句的语义值分别由焦点及背景两个部分的语义值组合而成。焦点的语义值是焦点短语的语义,而背景的语义值则是用如下方式得到:在抽出焦点成分后,以变量,比方说 x,取代焦点原来的位置,再以 λ 抽象把这个自由变量 x 变成受约变量。从（1b）和（2b）的表达式中可以看出,焦点把句子分成两个部分:第一部分是算子 λ 所制约的背景部分,即（1b）和（2b）中的抽象式,λx [introduce (s, x, j)] 及 λx [introduce (s, b, x)],其中变量 x 分别对应于焦点 Bill 和 John,而第二部分则是语义表达式中的粗体部分,所代表的是焦点成分的解释,即（1b）中代表 Bill 的 b 和（2b）中代表 John 的 j。最后,焦点敏感算子 ONLY 再取整个⟨B, F⟩结构,即（1b）中的（⟨λx [introduce (s, x, j)], **b**⟩）和（2b）中的（⟨λx [introduce (s, b, x)], **j**⟩）为其主目,从而得出整个（1b）和（2b）中给出的表达式。结构意义说这个理论框架比 Chomsky 的焦点移位说优越之处在于它无须假设任何句法移位,所以可避免前面提到的句法孤岛问题。

　　以上介绍的是结构意义说的基本操作。事实上,结构意义说的精神在于:以比较实体化的句法表达式把焦点和背景这两个抽象语义概念表达出来。如第一章所述,这个概念实际上是由 Jackendoff(1972)提出的,他算得上是最早一位在解释焦点句时加入语义因素的语言学家。其后,von Stechow(1981, 1983, 1991)和 Jacobs(1983)进一步把这个语义框架应用于焦点关联现象,但他们对背景的基本假设还是来自 Jackendoff 所提出的预设(Presupp$_s$①)。让我们先看看 Jackendoff 对焦点的分析。

　　Jackendoff 把"焦点"定义为"说话人假设句子焦点是那些他/她与听话人不共享的信息",而"背景"则刚好相反,它是指"说话人假设句子背景为那些他/她与听话人共享的信息"。不过,问题是如何确定句子的焦点?在比较英语的分裂句(cleft sentence)与焦点句后,Jackendoff 主张句子的焦点是由表层结构(surface structure)而非深层结构(deep structure)决定的。因此,句子的焦点为带强调重

---

① 我们沿用 Jackendoff 的 Presupp$_s$来标示预设。

音(emphatic stress)的成分,但不等于分裂句,分裂成分(cleft constituent)只可说成是包含焦点而非等同于焦点的部分。Jackendoff 举出下面的例子来说明相关的概念。

(3) a. Was it an ex-convict with a red SHIRT that he was warned to look out for?

他被警告要小心的是不是一个穿着红色衬衫的前囚犯?

b. No，it was [an ex-convict with a red TIE] that he was warned to look out for.

不,他被警告要小心的是一个打着红色领带的前囚犯。

c. He was warned to look out for an ex-convict with something red/a red piece of clothing.

他被警告要小心的是一个身上穿着红色东西的前囚犯。

(4) a. Was it a red-shirted ex-CONVICT that he was warned to look out for?

他被警告要小心的是不是一个穿着红色衬衫的前囚犯?

b. No，it was [a red-shirted AUTOMOBILE salesman] that he was warned to look out for.

不,他被警告要小心的是一个穿着红色衬衫的汽车销售。

c. He was warned to look out for someone with a red shirt/a red-shirted person.

他被警告要小心的是一个身上穿着红色衬衫的人。

(5) a. Was it an ex-convict with a shirt that is RED that he was warned to look out for?

他被警告要小心的是不是一个穿着红色衬衫的前囚犯?

b. No，it was [an ex-convict with a shirt that is GREEN] that he was warned to look out for.

不,他被警告要小心的是一个穿着绿色衬衫的前囚犯。

c. He was warned to look out for an ex-convict with a shirt of some particular color.

他被警告要小心的是一个身上穿着某种颜色衬衫的前囚犯。

在上面的句子中,(a)中的大写成分代表强调重音之所在;(b)是与(a)相对应的分裂句,而[ ]代表分裂成分;(c)代表(a)的预设部分。比较各个(a)句,我们可看到(3a)到(5a)的重音均落在不同的成分上,而(c)句也显示了重音位置不同,所引出的预设也有所不同。(3a)的重音落在 SHIRT 上,而(3c)所显示的预设为 he was warned to look out for an ex-convict with a red piece of clothing;(4a)的强调重音落在 ex-CONVICT 上,而(4b)所显示的预设为 he was warned to look out for someone with a red shirt;(5a)的强调重音落在 RED 上,而(5c)所显示的预设为 he was warned to look out for an ex-convict with a shirt of some particular color。这三个句子都表明不同的重音位置会带出不同的预设。不过,在这些句子的分裂句表达式中,分裂成分却都是一样的,即(3a)(4a)和(5a)中的 an ex-convict with a red shirt。另外,(3b)(4b)和(5b)都是其相应(a)句的合法回答,但是它们彼此间却不能互换。Jackendoff 用上面句子证明,在表层结构上体现的重音是句子的焦点所在,而我们只能说分裂成分内包含焦点,而非整个分裂成分都是焦点。Jackendoff 进一步指出我们可以把强调重音放在动词、词缀,甚至表时态的成分上,以表示句子的焦点位置,而这些成分都是不能被提前的。看看下面的句子〔引自 Jackendoff (1972)〕。

(6) Did Fred HIT Bill?

弗雷德是不是打了比尔?

a. No, he KISSED him.

不,他吻了他。

b. ♯No, he hit TOM.

♯不,他打了汤姆。

c. *Was it HIT that Fred (did to) Bill?

(7) Does Walt UNDERrate the opposition?

瓦尔特是不是低估了反对派的力量?

a. No, he OVERrates it.

不,他高估了它。

b. ♯No, CHARLEY underrates the opposition.

♯不,查理低估了反对派的力量。

c. *Is it UNDER that Walt rates the opposition?

(8) Can Willy do SIXTY pushups?

威利能做六十次俯卧撑吗?

a. No, he can only do forty-FIVE.

不,他只能做四十五次。

b. ♯No, he can do sixty SITUPS.

♯不,他只能做六十次仰卧起坐。

　　c. *Is it SIXTY that Willy can do (of) pushups?

我们在前面章节已经指出问答句的特性,就是答句所提供的新信息必须对应于问句的焦点部分,否则,有关回答会变得不恰当(以"♯"号标记)。在上面(6)到(8)中,只有(a)句而非(b)句是恰当的答句,这是由于(b)句的强调重音部分与问句的强调重音部分不同,例如在(6b)的强调重音部分落在 TOM 上,与问句中的重音部分 HIT 不符。这几个例句说明,句子的强调重音部分可落在动词、词缀及数词上,把这些强调重音部分提前组成分裂句是不可能的〔见(6c)(7c)及(8c)〕,因此,Jackendoff 以此进一步说明强调重音而非分裂手段才是决定焦点位置的准则。在 Jackendoff 以后的分析中,他都是以强调重音作为焦点的表达式,也就是说焦点对他而言,是在表层结构而非深层结构上体现的。这与之前 Chomsky 或第十章里将要介绍的 Kratzer 的框架所提到的焦点特征有相似的地方,即焦点特征是在表层结构上标记的,但它会渗透到句子的深层结构或逻辑式中。至于焦点重音如何与句子的语调结构(intonation contour)相互作用,由于涉及复杂的语音学问题,不在本部分讨论。有关语音的部分可参见本书第三章中相关的讨论。

　　Jackendoff 是如何表达焦点及背景的呢? 他认为焦点句包含三个形式个体(formal object),分别为焦点(focus)、由预设(Presupp$_s$)①给出的一元谓词预设[one-place predicate Presupp$_s$(x)]和预设集(presuppositional set)。焦点包含的不只是带有语音重音的成分,而且还包括表层结构上所有包含焦点标记 F 的句法节点(dominating syntactic node)所给出的语义成分。一元谓词预设,即 Presupp$_s$(x),是由语义变量 x 代替焦点常量(即带焦点重音的句子成分)而得到的,该语义变量 x 必须是与焦点相关且构成对比的成分,这里所说的相关性取决于语言本身,上下文及各种外在的因素。换言之,预设集是由包括所有能使 Presupp$_s$(x)为真的 x 所组成的集合,变量 x 是受限于"可比性"(possible contrast)这个语义因素的,而每个可能与焦点对比的成分都会放在预设集里。现举下面的例子来说明这一点。

　　(9) a. John [**likes**]$_F$ Bill.

　　　　约翰喜欢比尔。

　　　 b. Like (John, Bill)

　　　　喜欢(约翰,比尔)

---

① Jackendoff(1972)的 Presupp$_s$ 相等于 Rooth(1985)的预设架构(presupposition skeleton)。

c. the relation between John and Bill is P

　　约翰与比尔之间的关系为 P

假设句子的焦点在动词 like 上，(9b)为其语义结构表达式。由于焦点重音在动词上，即焦点常量为 like，与 like 相关及对比的成分 P(表示一个谓词)是所有 John 及 Bill 可能形成的关系，即类似(9c)所表达的意思，把(9c)抽象化，即可写成 λP[P(j, b)]，P 为所有可能存在于 John 及 Bill 之间的关系。Jackendoff 试图把上面所讨论的用形式化的方式表达出来，他把焦点句的意义用标准义(standard meaning)、预设(presupposition)及预设集[Presupp$_s$(x)]这三项来表达，有关表达式如下。

　　(10) a. Sue only introduced [**Bill**]$_F$ to John.

　　　　苏只是介绍比尔给了约翰。

　　　b. i. 标准义：INTROD(BILL)(JOHN)(SUE)

　　　　ii. 预设：INTROD(x)(JOHN)(SUE)

　　　c. 预设集：λx[INTROD(x)(JOHN)(SUE)]

所有句子在加进焦点后，都会得出两个义项：(10bi)的标准义和(10bii)的预设，后者是由前者把其焦点常量 Bill 变成自由变量 x 而得来的，可解作 Sue 把某个人 x 介绍了给 John。预设中的自由变量 x 在经 λ 抽象后给出预设集[见(10c)]，即由"所有 Sue 可能向 John 介绍的人"所组成的集合。标准义(10bi)是必需的，因为它实际上是焦点句(10a)的断言，令至少存在一个成分可以使 Presupp$_s$(x)为真，把 λxPresupp$_s$(x)为一空集合，即 NOBODY likes Bill 的可能性排除掉，而句子的断言也会是预设集 λxPresupp$_s$(x)的一员，即 Focus∈λxPresupp$_s$(x)。以(10a)这个陈述句为例，可以看到，句子的断言，即标准义，为 INTROD(BILL)(JOHN)(SUE)，属预设集 λxPresupp$_s$(x)的一员，因此，令有关预设"Sue 介绍了某个人 x 给 John 认识"为真。同样的解释可引申到(11a)，从而得出(11b)及(11c)的表达式。

　　(11) a. Sue only introduced Bill to [**John**]$_F$.

　　　　苏只是介绍比尔给了约翰。

　　　b. i. 标准义：INTROD(BILL)(JOHN)(SUE)

　　　　ii. 预设：INTROD(BILL)(x)(SUE)

　　　c. 预设集：λx[INTROD(BILL)(x)(SUE)]

(11)的标准义(11bi)，即断言，与(10bi)一样，不同的是其预设(11bii)及预设集(11c)。由于焦点位置不同，(11)的预设变成"Sue 介绍了 Bill 给某个人 x 认识"，即以自由变量 x 代替焦点常量 John，得出(11bii)，(11bii)经 λ 抽象后给出预设集

(11c),而(11bi)的断言令至少存在一个个体使该预设为真。

　　以 Jackendoff 有关 Presupp$_s$ 的基本假设为基础,Jacobs(1983)和 von Stechow (1981, 1983, 1991)把结构意义说进一步应用到焦点关联现象上。von Stechow (1991)把结构义(structured meanings)定义为:

　　(12) Suppose P is an entity of logical type τ. Then the sequence $\langle \lambda x_1 , \ldots x_n \ Q (x_1 , \ldots , x_n)$, $a_1 , \ldots , a_n \rangle$ is a structured meaning for any $a_1 , \ldots , a_n$ such that $\lambda x_1 \ldots x_n \ Q(a_1 , \ldots , a_n) = P$.

　　假设 P 是逻辑类型(logical type)为 τ 的实体(entity),对任何 $a_1 , \ldots , a_n$ 而言,$\langle \lambda x_1 , \ldots x_n \ Q(x_1 , \ldots , x_n)$, $a_1 , \ldots , a_n \rangle$ 给出一个结构义,且 $\lambda x_1 \ldots x_n \ Q(a_1 , \ldots , a_n) = P$。

从(12)的结构定义可见,在 $\langle \lambda x_1 , \ldots x_n \ Q(x_1 , \ldots , x_n)$, $a_1 , \ldots , a_n \rangle$ 的结构义中,$a_1 , \ldots , a_n$ 为焦点成分,而 $\lambda x_1 , \ldots x_n \ Q(x_1 , \ldots , x_n)$ 则为预设或背景部分。把这个定义引用到下面的句子当中,我们可得出(b)所代表的结构义。

　　(13) a. [$_{VP}$ introduced [**Bill**]$_F$ to Sue]

　　　　 b. $\langle \lambda x[$introduced x to Sue$]$, Bill$\rangle$

　　(14) a. [$_{VP}$ introduced Bill to [**Sue**]$_F$]

　　　　 b. $\langle \lambda x[$introduced Bill to x$]$, Sue$\rangle$

　　(15) a. [$_{VP}$ introduced [**Bill**]$_F$ to [**Sue**]$_F$]

　　　　 b. $\langle \lambda xy[$introduced x to y$]$, Bill, Sue$\rangle$

(13a)(14a)和(15a)为三个不同的焦点句,由于其焦点位置及数量不同,各得出(13b)(14b)和(15b)的结构义。在(13b)中,Bill 为焦点部分,而 $\lambda x[$introduced x to Sue$]$ 则为背景部分;在(14b)中,Sue 代表焦点部分,而 $\lambda x[$introduced Bill to x$]$ 则代表背景部分;在(15b)中,Bill 和 Sue 代表焦点部分,$\lambda xy[$introduced x to y$]$ 代表背景部分。这三个表达式清楚地显示出焦点和背景部分的结构义划分。以 Rooth(1985, 1992)的 only 语义解释[①]为基础,von Stechow 给出较为简化的定义(16)。由于 von Stechow 所采用的是结构意义说而非 Rooth 的选项语义论,von Stechow 把(16)用结构意义说表达出来,给出(17)。

　　(16) [$only$(VP)] is true of subject x iff for any property P: If P is in [[VP]] and P is true of x, then P=[VP].

---

　　① Rooth 原来给出的 only 释义规则为 $\parallel only$VP$\parallel_o = \lambda x[\parallel$VP$\parallel_o (x) \wedge \forall P \in \parallel$VP$\parallel_f [P(x) \rightarrow P = \parallel$VP$\parallel_o]]$,其中 $\parallel$VP$\parallel_o$ 表示 VP(即动词词组)的一般义/普通语义值,而 $\parallel$VP$\parallel_f$ 表示 VP 的焦点义/焦点语义值。

$only(\mathrm{VP})(\mathrm{x})$ 相对于主语 x 为真,当且仅当,对于任何特征 P,如果 P 包含在 $[[\mathrm{VP}]]$ 之中且 $P(\mathrm{x})$ 为真,则 P 等于 $[\mathrm{VP}]$(即 P 是一个动词短语)。

(17) Suppose VP determines the structured property $\langle \mathrm{Q}^n, \mathrm{x}_1, \ldots, \mathrm{x}_n\rangle$. Then $only(\mathrm{Q}^n, \mathrm{x}_1, \ldots, \mathrm{x}_n)$ is true of x iff for any property P: If P is in $\{\mathrm{Q}^n(\mathrm{y}_1, \ldots, \mathrm{y}_n): \mathrm{y}_1, \ldots, \mathrm{y}_n$ in $\mathrm{D}\}$ and $P(\mathrm{x})$, then $\mathrm{P}=\mathrm{Q}^n(\mathrm{x}_1, \ldots, \mathrm{x}_n)$.

假设 VP 有以下结构特征 $\langle \mathrm{Q}^n, \mathrm{x}_1, \ldots, \mathrm{x}_n\rangle$,$[only(\mathrm{Q}^n, \mathrm{x}_1, \ldots, \mathrm{x}_n)](\mathrm{x})$ 为真当且仅当,对于任何特征 P,如果 P 为集合 $\{\mathrm{Q}^n(\mathrm{y}_1, \ldots, \mathrm{y}_n): \mathrm{y}_1, \ldots, \mathrm{y}_n$ in $\mathrm{D}\}$ 中的一员,且 $P(\mathrm{x})$ 为真,则 P 等于 $\mathrm{Q}^n(\mathrm{x}_1, \ldots, \mathrm{x}_n)$。

(17)与(16)的意思相似,只是前者是以结构意义说给出的有关 only 的释义规则。(16)中的 $[\mathrm{VP}]$ 在(17)中被写成 $\langle \mathrm{Q}^n, \mathrm{x}_1, \ldots, \mathrm{x}_n\rangle$,因此,动词词组集合 $\{[\mathrm{VP}]\}$ 也被表达为 $\{\mathrm{Q}^n(\mathrm{y}_1, \ldots, \mathrm{y}_n): \mathrm{y}_1, \ldots, \mathrm{y}_n$ in $\mathrm{D}\}$。为了解释(17)如何运算,我们用上文句子来说明其运算过程。

(18) Sue only introduced $[\textbf{Bill}]_F$ to John.

　　苏只是把比尔介绍给了约翰。

(19) a. $\langle \lambda\mathrm{x}[\text{introduced }(\mathrm{Sue}, \mathrm{x}, \mathrm{John})], \mathrm{Bill}\rangle$

　　b. $\forall\mathrm{x}[\text{introduce }(\mathrm{s}, \mathrm{x}, \mathrm{j}) \rightarrow \mathrm{x}=\mathrm{b}]$

(20) (18) is true iff for any property P: $\mathrm{P}\in\{\lambda\mathrm{x}[\text{introduced x to John}](\mathrm{y}): \mathrm{y}\in\mathrm{D}\}$ & $P(\mathrm{Sue}) \rightarrow \mathrm{P}=\text{introduced Bill to John}$.

(18)为真,当且仅当,对于任何特征 P,如果 P 为集合 $\{\lambda\mathrm{x}[\text{introduced x to John}](\mathrm{y}): \mathrm{y}\in\mathrm{D}\}$ 中的一员,且 $P(\mathrm{Sue})$ 为真,即 Sue 具有该特征,则 P 等于 introduced Bill to John。

(比较(17)和(20),可以看到(17)中的 $\{\mathrm{Q}^n(\mathrm{y}_1, \ldots, \mathrm{y}_n): \mathrm{y}_1, \ldots, \mathrm{y}_n$ in $\mathrm{D}\}$ 等于(20)中的 $\{\lambda\mathrm{x}[\text{introduced x to John}](\mathrm{y}): \mathrm{y}\in\mathrm{D}\}$;(17)中的 x 相等于(20)中的 Sue;(17)中的 P 等于(20)中的 introduced Bill to John)

(19a)是(18)的结构表达式,它把命题划分成背景和焦点两个部分,其中抽象式 $\lambda\mathrm{x}[\text{introduced }(\mathrm{Sue}, \mathrm{x}, \mathrm{John})]$ 是背景部分,Bill 是焦点。由于(18)只有一个焦点成分 Bill,(19a)中的背景部分是一个一元关系(one-place relation)。(19b)是(18)的语义表达式,意思是 Sue 除了把 Bill 介绍给 John 外,并没有把其他任何人介绍给 John,这里也预设了 Sue 把某个人介绍给 John。把(17)应用于(18)上,我们可以计算出使(18)为真的算式,即(20)。(20)的意思是:(18)为真的充分必要条件是,如果特征 P 为集合 $\{[\text{introduced x to John}](\mathrm{y}): \mathrm{y}\in\mathrm{D}\}$ 中的一员,且 Sue 拥有该特征,即 $P(\mathrm{Sue})$ 为真,则该特征必定为 introduced Bill to John。

Rooth(1996)认为利用结构意义说解释焦点现象是有问题的。这是因为该框架容许一个焦点副词与多个焦点成分关联：除了焦点成分 Bill 的语义类型外，有关的结构表达式并没有对背景部分进行任何限制。在这样的情况下，像(21)那样只有一个算子但有多于一个焦点的句子就会得出像(22)那样的表达式，或者根据 von Stechow 给出的 only 释义规则，可以得出(23)。

(21) Sue only introduced [**Bill**]$_F$ to [**John**]$_F$.

　　　苏只是把比尔介绍给了约翰认识。

(22) a. $\langle \lambda x \lambda y \,[\text{introduce (s, x, y)}]$, **b, j** $\rangle$

　　　b. $\forall x_1 \forall x_2 [\text{introduce (s, } x_1, x_2) \rightarrow \langle x_1, x_2 \rangle = \langle b, j \rangle]$

(23) (21) would be true iff for any P in the set {introduced x to y: x, y$\in$D} such that P is true of Sue, P is in fact the property "introduced Bill to John".

　　　(21)为真当且仅当，对于任何 P，如果 P 为集合{introduced x to y: x, y$\in$D}中的一员，且 Sue 具有该特征，则 P 等于 introduced Bill to John。

(22a)是(21)的结构表达式，(22b)是这个语义框架下得出的语义表达式，它显示焦点副词 only 同时与 Bill 和 John 关联。即使根据 von Stechow 的 only 释义规则得出的(23)，也显示 only 同时与 Bill 和 John 关联。Rooth 认为结构意义说不能引申至算子只有一个但有多于一个焦点的句子，这促使他后来提出了选项语义论的理论框架（见第九章）。

不过，比较结构意义说和选项语义论这两个语义框架，von Stechow(1991)和 Krifka(1991，1992，1997)都认为前者能更好地解释焦点关联现象。von Stechow 认为结构意义说把句子分为〈B，F〉，使焦点句的语义清晰，表达力（expressive power）相对较强，而且选项语义论的分析全部都可用结构意义说来表达，反之则不然。例如，选项语义论会对下面的句子作出错误的判断〔例子来自 Zimmermann (1985)〕。

(24) a. Did Sir John introduce each gentleman to his partner?

　　　约翰爵士是否把每个绅士都介绍了给他们的伙伴？

　　　b. No, Sir John only introduced [**Bill**]$_F$ to [**Mary**]$_F$.

　　　没有，他只把比尔介绍给了玛丽。

根据 Zimmermann (1985)，假设在约翰爵士举行的宴会上，所有绅士都被安排先到达会场，以便约翰爵士能介绍他们互相认识。约翰爵士同时为各绅士找来一位女士作伴，而他刚刚开始把指定的女伴介绍给每位绅士认识。Zimmermann

认为在这个上下文中,以(24b)回答(24a),应该是恰当的。不过,von Stechow 指出 Rooth 的分析会把(24b)判断为不恰当的答句,原因是选项语义论无法把 Bill 和 Mary 关联起来,它最多只能根据上下文,推断出从第一个集合中得出的 Bill 必定是一位男士,而从另一集合得出的 Mary 必定是一位女士,但却不能把这两个选项 Bill 和 Mary 关联起来。要想使(24b)为一个恰当地回答(24a)的答句,与(24b)相关的选项集合必须是{约翰爵士把 x 介绍给 y,且 x 是 y 的男伴}({Sir John introduced x to y: x is the male table partner of lady y}),而这必须依靠变量约束(variable binding)才能做到,但这却是选项语义论所欠缺的。von Stechow 进一步指出结构意义说在此情况下,却能够正确地判断(24b)为一个合适的答句。由于句中存在两个焦点,根据 von Stechow 在(12)中给予结构义的定义,(24b)结构义会如(25b)。

(25) a. Sir John only introduced $[\textbf{Bill}]_F$ to $[\textbf{Mary}]_F$.

　　　　约翰爵士只把比尔介绍给了玛丽。

　　　b. $\langle \lambda xy[\text{Sir John introduced } x \text{ to } y], \text{Bill}, \text{Mary}\rangle$

(25b)中的 $\lambda xy[\text{Sir John introduced } x \text{ to } y]$ 为背景部分,而 Bill 和 Mary 则代表焦点部分。根据这个结构义,我们把(24b)代入(17),即 von Stechow 以结构化意义给予 only 的定义(重复如下),会得出(26)。

(17) 假设 VP 有以下结构特征 $\langle Q^n, x_1, \ldots, x_n \rangle$, $[\text{only}(Q^n, x_1, \ldots, x_n)]$ (x)为真当且仅当,对于任何特征 P,如果 P 为集合 $\{Q^n(y_1, \ldots, y_n): y_1, \ldots, y_n \text{ in D}\}$ 中的一员,且 P(x)为真,则 P 等于 $Q^n(x_1, \ldots, x_n)$。

(26) $only(\lambda xy[\text{Sir John introduced } x \text{ to } y], \text{Bill}, \text{Mary})$ is true in a context c iff for any x and y: If x bears the relation R to y, and $\lambda xy[\text{Sir John introduced } x \text{ to } y]$ is true of (x, y), then x is Bill and y is Mary, where R is determined by c.

　　　　$only(\lambda xy[\text{Sir John introduced } x \text{ to } y], \text{Bill}, \text{Mary})$ 在上下文 c 下为真当且仅当,对于任何 x 和 y,如果 x 与 y 存在关系 R,且 $\lambda xy[\text{Sir John introduced } x \text{ to } y](y)(x)$ 为真,则在 R 由上下文 c 决定的情况下,x 等于 Bill,y 等于 Mary。

与前面所讨论的略为不同,由于(24b)所涉及的是两个焦点成分 Bill 和 Mary,(17)的特征 P 在(26)中因而变为一个连接两个焦点成分 Bill 和 Mary 的关系 R,即 Bill 必须拥有一个被介绍给 Mary 的特征,暂且叫 P_1,而相对而言,Mary 则拥有一个被介绍给 Bill 的特征,暂且叫 P_2,而 P_1 与 P_2 之间存在一个由动词词组

(VP)所指谓的关系 R,即他们两个个体之间同时被 Sir John 互相介绍。根据 only 在(17)的定义,(24b)在以下情况会为真:在具有关系 R 的 x 和 y 中,所有 x 均等于 Bill,y 等于 Mary。与 Rooth 提出的选项语义论不同的地方是,这里的 x 和 y 依然受约于 R。有关选项语义论的变量不受约问题,我们在第九章中有详细的讨论。

　　另外,Krifka(1992)指出了选项语义论的另一个问题。按照选项语义论,在逻辑形式层面上,焦点句会同时具有普通语义值(usual semantic value)和焦点语义值(focus semantic value),且这两个意义的单位均为命题。由于选项语义论的运算在命题层次上操作,它不容许对焦点义内的焦点成分进行直接运算。这样做,不但不能反映出因焦点成分位置不同而带来的语义差别,而且会带来释义上的不准确。请看下面的句子。

　　(27) Mary always took [**John**]$_F$ to the movies.

　　　　玛丽总是带约翰去看电影。

根据 Krifka (1992),(27)的量化副词 always 会给予焦点成分 John 一个穷尽解(exhaustive reading),即除了 John 以外,Mary 未曾带其他任何人去看电影。然而,选项语义论却会给予(27)不恰当的解释。

　　(28) {s| **took(m, j, s)** & ∀s'[∃x (x∈ ALT(j)

　　　　　& took(m, x, s')→took(m, j, s))]}

Krifka 认为,按照(28),连结符号"&"前的先行命题(即粗体画线部分)是容许 Mary 带其他的人去看电影的,只要她同时也带 John 去。如果要给予 j 穷尽解,使其成为相关集合中唯一一个使先行语为真的个体,则必须直接对焦点成分 John 进行运算,这是导致选项语义论不能准确解释(27)(即 John 的唯一性)的原因。选项语义论不容许我们对焦点成分进行直接运算,使唯一性只能体现在整个焦点语义值(以[| |]$_f$标示)上,即[|Mary took [**John**]$_F$ to the movies|]$_f$("Mary took x to the movies"的命题集合)上,从而造成语义上的偏差。相反,由于结构意义说把焦点句分成焦点和背景两个部分,两者又是独立的,我们可直接对焦点部分进行运算,也就避免了选项语义论所遇到的问题。因此,比较这两个语义框架,Krifka 认为结构意义说能够更好地解释焦点关联的现象。

3. 结语

　　本章介绍了结构意义说的基本内容及运算过程,与前一章所描述的焦点移位说最大的不同之处是结构意义说不涉及焦点移位。结构意义说虽然仍然着重于结构和句法,但是这个框架很明显地已经引入了语义的因素,因此,它应该属于一个语义加句法的理论框架。不过,正如 Rooth 所说的那样,这个框架在处理只有一个算子但含有多于一个焦点的句子时,仍然会出现问题。

参考文献

1. Chomsky, Noam. Deep Structure, Surface Structure, and Semantic Interpretation[M]// D. Steinberg & L. Jakobovits. Semantics: An Interdisciplinary Reader in Philosophy, Linguistics and Psychology. New York: Cambridge University Press, 1971: 183 - 216.
2. Chomsky, Noam. Conditions on Rules of Grammar [M] // Essays on Form and Interpretation. New York: Elsevier North Holland Inc., 1977: 163 - 210.
3. Heim, Irene R. The Semantics of Definite and Indefinite Noun Phrases[D]. University of Massachusetts, Amherst, 1982.
4. Jackendoff, Ray. Semantic Interpretation in Generative Grammar [M]. Cambridge: MIT Press, 1972.
5. Jacobs, Joachim. Fokus und Skalen[M]. Tubingen: Niemeyer, 1983.
6. Krifka, Manfred. A Compositional Semantics for Multiple Focus Constructions [M]// Moore, Steven & Adam Zachary Wyner. Proceedings of the First Conference on Semantics and Linguistics Theory (Cornell Working Papers in Linguistics No. 10). Cornell University, 1991: 159 - 187.
7. Krifka, Manfred. A Framework for Focus-sensitive Quantification[M]//Dowty, David & Chris Baker. Proceedings of the Second Conference on Semantics and Linguistics Theory, (Ohio State Working Papers in Linguistics No. 40). Ohio: Colunbus, 1992: 215 - 236.
8. Krifka, Manfred. Frameworks for the Representation of Focus[M]// Proceedings of the ESSLLI' 96 Conference on Formal Grammar. Prague, 1997: 11 - 12.
9. Kratzer, Angelika. The Representation of Focus[M]// A. von Stechow & D. Wunderlich. Semantik/ Semantics: An International Handbook of Contemporary Research. Berlin: Walter de Gruyter, 1991: 804 - 882.
10. Pulman, Stephen G. Higher Order Unification and the Interpretation of Focus[J]. Linguistics and Philosophy, 1997, 20: 73 - 115.
11. Roberts, Craige. Domain Restriction in Dynamic Interpretation[M]//Bach, Emmon, Eloise Jelinik, Angelika Kratzer & Barbara H. Partee. Quantification in Natural Languages. Dordrecht: Kluwer, 1995.
12. Rooth, Mats. Association with Focus [D]. University of Massachusetts, Amherst, distributed by GLSA, Amherst, 1985.
13. Rooth, Mats. A theory of Focus Interpretation[J]. Natural Language Semantics, 1992(1): 75 - 116.

14. Rooth, Mats. Focus[M]//Lappin S. The Handbook of Contemporary Semantic Theory. London: Blackwell Publishers, 1996.

15. von Stechow, Arnim. Topic, Focus and Local Relevance[M]//W. Klein & W. Levelt. Crossing the Boundaries in Linguistics. Dordrecht: Reidel, 1981.

16. von Stechow, Arnim. Focussing and Backgrounding Operators [M]//W. Abraham. Discourse Particles. Amsterdam: John Benjamins, 1991a.

17. von Stechow, Arnim. Current Issues in the Theory of Focus [M]//Semantik/Semantics: An International Handbook of Contemporary Research. Berlin: Walter de Gruyter, 1991b: 804–825.

18. Wold, Dag. Long Distance Selective Binding: The case of Focus[M]//Proceedings of SALT VI. Ithaca: Cornell University, 1996.

19. Zimmermann, T. E. Comments on an Article by Groenendijk and Stokhof[J]. Linguistics and Philosophy, 1985, 8: 431–448.

第九章　焦点的选项语义论

花东帆

我们知道句子的某一成分,可以通过语音语调上的强调,成为句子的焦点。① 而句子的焦点在一定的语篇或句子上下文中可以对语篇的衔接,句子的真值条件,句子的会话含义,及某些歧义句的意义产生影响和限制。那么焦点是怎样产生这些影响和限制的呢? 焦点的语义功能是什么? 我们怎样从语义形式上合理地分析和表达焦点的语义功能呢? 这些问题是焦点的选项语义学理论(alternative semantics for focus,以下简称选项语义论)所试图解答的。我们在本章中将综合这一理论的一些重要文献,对这一理论作一综述。我们将首先考虑一些基本的焦点和焦点关联(association with focus)效应方面的事实;然后对焦点的选项语义论作一比较详细的介绍;最后我们将对这一理论作一简要的评述。②

1. 一些基本的焦点和焦点关联效应

首先让我们考虑例(1)。这是一个问答例子。提问者所要知道的是哪个/哪些特定的人最喜欢王家卫执导的电影。答1至答4都提供了提问者所要求的信息,即:王菲。但是,它们的焦点不一样。答1的焦点落在提问者所要求的新信息上,而答2、答3、答4的焦点都落在某个已知信息上。这种焦点上的不同影响了问与答之间的有效衔接性。我们的语感告诉我们只有答1是"谁最喜欢王家卫的电影?"这个问题的合适的回答。

(1) 问：谁最喜欢王家卫的电影?

答 1：[**王菲**]F最喜欢王家卫的电影。

答 2：王菲最[**喜欢**]F王家卫的电影。

---

① 本章所讨论的焦点是在语音语调上得到特别强调的焦点。句子的自然焦点不在本文讨论之列。

② 本章所参考的文献都是用英文发表的,讨论的语言事实也大多是英语的语言事实。为方便读者阅读起见,笔者尽可能将焦点选项语义论的有关原则应用到对汉语的一些相应的语言事实的分析上去。但是,这并不意味着所举的汉语事实与英语事实是一一对应的。

答3：王菲最喜欢[**王家卫**]_F的电影。

答4：王菲最喜欢王家卫的[**电影**]_F。

句子的焦点，除对问答的衔接合适与否产生影响之外，还可以与所谓的焦点敏感算子（focus-sensitive operator）（如副词"只""总是""必须"等）相关联，从而影响句子的真值条件。我们会发现同一个焦点敏感算子与同一个句子中的不同的焦点相关联时，句子的真值条件会不同。这在下列几对例句中可以感觉得到。

（2）a. 王家卫只推荐[**王菲**]_F给李安。

　　b. 王家卫只推荐王菲给[**李安**]_F。

（3）a. 英语单词中的字母[**u**]_F总是紧跟字母 q。

　　b. 英语单词中的字母 u 总是紧跟字母[**q**]_F。

先看例（2）。焦点敏感算子"只"在（2a）和（2b）中分别与焦点"王菲"和"李安"发生关联。尽管（2a）和（2b）这两个句子都描述了"王家卫推荐王菲给李安"这个基本事实，但焦点关联关系的不同可以导致两者的真值条件不同。假设王家卫既推荐王菲也推荐张曼玉给李安，而且没有把王菲推荐给李安之外的其他导演，那么，显然（2a）所表达的命题的真值将为假，而（2b）为真；假设王家卫推荐王菲一个人给李安，但又把王菲与张曼玉一起推荐给导演张艺谋，那么，（2a）和（2b）的真值将与前一情形中的相反：现在，（2a）的真值为真，而（2b）为假。

相似的真值效应也体现在例（3）中。这儿，有关的焦点敏感算子是量化副词（adverb of quantification）"总是"，焦点则分别落在"u"和"q"这两个不同的英语字母上。当"总是"与焦点"u"相关联时，我们对句子的理解应该是：英语单词中，跟在字母"q"之后的字母总是"u"。而当"总是"与焦点"q"相关联时，我们对句子的理解则会变为：英语单词中，出现在字母"u"之前的字母总是"q"。我们知道英语单词中，除一些特殊名词和借词之外，字母"q"之后出现的总是字母"u"，但字母"u"可跟在很多其他字母之后。因而，（3a）所描述的情况与英语的事实相符，其真值应为真，而（3b）不符合英语的事实，其真值应为假。

以上我们考虑的是几个体现焦点关联的真值效应的例子。① 下面让我们考虑一个焦点影响句子的会话含义（conversational implicature）的例子。假设梁朝伟、张曼玉、王菲都参加了英语托福考试，而且相互知道了各自的考试成绩。王家卫问梁朝伟考试考得怎么样。梁朝伟的回答是（4）还是（5），各自所传达的会话含义是不同的，尽管它们两者在真值条件上是没有分别的，即：当（4）为真时，

---

① 焦点的真值效应还体现在一些其他的句子结构中，如：反事实条件句、说明理由的句子等。

(5)也一定为真;反之亦然。但(4)可以传达"张曼玉、王菲没考及格"这一会话含义;而(5)则没有这一会话含义。当然(5)可以传达"我考得不好,刚好及格",或"我考得比你想象的好"等其他可能的会话含义。

(4)[我]F及格了。

(5)我[及格]F了。

在以上两个回答中,焦点从某种程度上使这两个回答的信息量超越了听者所期待的量,因为要回答上述关于考试情况的询问,梁朝伟并不一定需要在语气上特别强调"我"或"及格"。(4)和(5)两个回答因而或多或少都违反了 Paul Grice(1975)提出的会话"合作原则"(cooperative principle)中的"适量"(quantity)原则。而"合作原则"的违反可以促使听者越出句子的字面意义去推导句子字面意义之外的会话含义。举(4)为例,听者可以通过以下推导得出(4)的会话含义:如果梁朝伟、张曼玉、王菲都通过了考试,梁朝伟就没有必要特别强调他自己。现在,梁朝伟特别强调了他自己,那么,张曼玉和王菲就很可能没有通过考试。

让我们再考虑几个焦点对歧义句的意义起限制作用的例子。由于找不到相应的合适的汉语句子,我们这里只能以英文例子为例。我们考虑的歧义句式是下列(6)中所示的那种"光杆残留省略"(bare remnant ellipsis)复合句式。这一类句式通常是有歧义的。如不考虑焦点因素,(6)中的三个例句里的 Fellini 都既可理解为省略从句的主语,也可理解为省略从句的宾语。但如果我们以主句的主语 Kubrick 为焦点,则 Fellini 只能被理解为省略从句的主语。反之,如果我们以主句的宾语 Pasolini 为焦点,Fellini 就只能被理解为省略从句的宾语。以(6a)为例,前者将赋予这个省略句(7a)的意义,即:Kubrick 比 Fellini 更喜欢 Pasolini,而后者将赋予这个句子(7b)的意义,即:Kubrick 喜欢 Pasolini 甚于他喜欢 Fellini。

(6) a. Kubrick liked Pasolini more than Fellini.

b. Kubrick liked Pasolini, but not Fellini.

库布里克喜欢帕索里尼,但他不喜欢费里尼。

库布里克喜欢帕索里尼,但费里尼不喜欢帕索里尼。

c. Kubrick met Pasolini before Fellini.

库布里克在费里尼遇到帕索里尼之前遇到了帕索里尼。

库布里克在遇到费里尼之前遇到了帕索里尼。

(7) a. Kubrick liked Pasolini more than Fellini liked Pasolini.

库布里克比费里尼更喜欢帕索里尼。

b. Kubrick liked Pasolini more than Kubrick liked Fellini.

库布里克喜欢帕索里尼甚于他喜欢费里尼。

在焦点的作用下，我们前面所见到的歧义消失了。焦点的选择在这里限制了我们对此类歧义句的意义的理解。

　　我们在以上的讨论中，举出了一些基本的语言事实，说明句子的焦点在一定的语篇或句子上下文中可以对语篇的衔接、句子的真值条件、句子的会话含义，及某些歧义句的意义产生限制和影响。我们接下去将介绍焦点的选项语义论的一些基本观点，然后看一看焦点的选项语义论是如何解释上述的一系列焦点效应的。

2. 焦点的选项语义论

　　焦点的选项语义论是 Mats Rooth 在 1985 年提交的博士论文《焦点的关联》(*Association with Focus*)里提出的。Rooth 在这篇论文里对焦点的选项语义论所涉及的语言事实、理论框架、理论上的长处等作了详细的阐述。这一理论，以后又在其发表和宣读的一些论文里得到进一步的补充和发展，其中又以其 1992 年发表的论文《有关焦点解释的理论》(*A Theory of Focus Interpretation*)和 1996 年发表的论文《焦点》(*Focus*)对焦点的选项语义论的原理和涉及的一些理论问题的阐述最为全面和详细。下面，我们将主要依据 Rooth 的博士论文和上述两篇文章对焦点的选项语义论作点介绍。

2.1　焦点语义值、焦点递归定义及焦点解释原则

　　首先，让我们考虑焦点的语义功能是什么。焦点的选项语义论认为焦点的语义功能是引入焦点成分本身的语义值(ordinary semantic value，以下称"普通语义值")之外的一个附加的焦点语义值(focus semantic value，以下称"焦点语义值")。这个附加值是一个包括普通语义值和可以用来替代普通语义值的值的集合。如果我们用符号$[[\phi]]_o$和$[[\phi]]_f$（"ϕ"为焦点词语或含有焦点词语的词组或句子）来分别表示某个句法成分的普通语义值和它的焦点语义值，那么例(4)中的焦点成分(即：名词词组"**我**")的普通语义值和焦点语义值可分别用$[[\textbf{我}]]_o$和$[[\textbf{我}]]_f$来代表。前者是一个只含有说话者一个人的独元集(singleton set)，后者则是一个包括说话者和可以替代说话者的人的集合。这第二个集合的大小是根据一定的语用环境和相关性来决定的，它不一定包括所有可能的同一类的对象。在例(4)特定的语用环境中，独元集﹛梁朝伟﹜是普通语义值$[[\textbf{我}]]_o$的值，集合﹛梁朝伟，张曼玉，王菲﹜则是焦点语义值$[[\textbf{我}]]_f$的值。

　　我们可以选择在不同的句法单位层面上对焦点进行解释。如果我们在句

子,而非名词词组层面上对例(4)中的焦点"我"做语义解释,普通语义值$[[\phi]]_o$。和焦点语义值$[[\phi]]_f$就成为$[[[$**我**$]_F$及格了$]]_o$。和$[[[$**我**$]_F$及格了$]]_f$。普通语义值$[[[$**我**$]_F$及格了$]]_o$。就是句(4)所表达的命题。而句(4)整句的焦点语义值$[[[$**我**$]_F$及格了$]]_f$,我们可以通过下面所示的焦点递归定义(recursive definition of focus)用语义组合(semantic composition)运算表达出来:

(8)**焦点递归定义**

 1)一个焦点的焦点语义值是一个由与这个焦点的语义类型相同的可能的指谓(denotations)所组成的集合;

 2)一个非焦点词项的焦点语义值等于这个非焦点词项的普通语义值;

 3)设ϕ为一个由ϕ_1,…,ϕ_2,词组所组成的非焦点复合词组,F为作用于ϕ的语义规则,如:函数应用(function application),那么,ϕ的焦点语义值是一个具有以下形式的物体的集合:$F(x_1, …, x_2)$,$x_1 \in [[\phi_1]]_f \wedge … \wedge x_2 \in [[\phi_2]]_f$。

把(8.1)应用到例(4),我们得到焦点成分"**我**"的焦点语义值:$[[$**我**$]]_f$=一个个体的集合={梁朝伟,张曼玉,王菲};应用(8.2),我们得到非焦点谓词"及格"的焦点语义值:$[[$及格$]]_f = [[$及格$]]_o$=一个只含有"及格"这一特征的独元集;最后,应用(8.3),我们得到由"我"和"及格"这两个词组所组成的整个复合词组(即:"我及格了"这个句子)的焦点语义值:

(9) $[[[$**我**$]_F$及格了$]]_f$={$P(x) | P \in [[$及格$]]_f$, $x \in [[$我$]]_f$}

 ={$P(x) | P \in [[$及格$]]_o$, $x \in$ {梁朝伟,张曼玉,王菲}}

 ={及格$(x) | x \in$ {梁朝伟,张曼玉,王菲}}

(9)所代表的是一个具有"x及格了"形式的命题的集合。x是一个覆盖有关的论域(domain of discourse)中各个个体的变量。在例(4)的上下文中,有关的论域包括梁朝伟、张曼玉、王菲这三个个体。因而,x是一个覆盖梁朝伟、张曼玉、王菲这三个个体的变量。

现在让我们看一看焦点所引入的焦点语义值在焦点的语义解释中究竟起什么作用。Rooth认为焦点的语义解释是在解释的某个选定的句法单位层面ϕ上引入一个变量v,并要求这个变量不仅受到ϕ的焦点语义值$[[\phi]]_f$的限制,而且需要与某一个先行项(antecedent)相照应。① 如果我们用♯表示一个焦点解释算子(focus interpretation operator),那么,我们将依据下列焦点解释原则来解释焦点:

---

① 这里所谓的先行项是一个广义的概念,在句法或意义表达形式中可以出现在v前或v后。

(10) **焦点解释原则**

　　设φ为一个句法单位,v为一个隐含的语义变量,那么,φ♯v规定v是φ的焦点语义值[[φ]]ₜ的子集(即：v⊆[[φ]]ₜ)。

　　至于与v相照应的先行项,它可以是某个句法成分的普通语义值,或某个隐含的语义对象,如一个量化算子的量化域(domain of quantification)。它也可以是一个语用对象,如某个断言的会话含义所涉及的一个选项断言的集合。但是,无论先行项是什么,它必须通过它的照应项(即焦点解释算子所引入的语义变量v)间接地受到上述焦点解释原则的限制。换言之,焦点解释算子所引入的语义变量v限制了它的先行项的选择。

2.2　焦点效应分析

　　下面让我们再回到前面举出的那些体现焦点效应的例子上去,看看焦点的选项语义论是怎么说明句子的焦点对问与答的合适衔接,句子的真值条件,句子的会话含义,及英语的"光杆残留省略"句式的意义产生限制和影响的。先看例(1)。让我们用下列(11)所示的树形结构来表达例(1)中的问答关系。D为一个统领一个问句和一个答句的语篇节点。焦点解释在答句(即S2)层面进行。我们在S2附加一个焦点解释算子♯及它所引入的语义变量v。

(11)

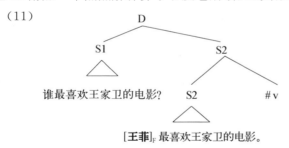

根据焦点递归定义〔见(8)〕,我们可以推导出以"王菲"为焦点的答句的焦点语义值为一个具有"x最喜欢王家卫的电影"形式的命题的集合。假设相关的论域只包括梁朝伟、张曼玉、王菲三人,那么,这个答句的焦点语义值就是：{x最喜欢王家卫的电影|x∈{梁朝伟,张曼玉,王菲}}。根据焦点解释原则,语义变量v应为上述集合的子集：即：v⊆{x最喜欢王家卫的电影|x∈{梁朝伟,张曼玉,王菲}}。我们接着要看的是v是否有一个先行项与它照应。我们知道一个问题的语义值可以是一个包含所有可能对这个问题作出恰当回答的命题的集合(见 C. L. Hamblin, 1973；L. Karttunen, 1977)。"谁最喜欢王家卫的电影?"的语义值因而可以是：{梁朝伟最喜欢王家卫的电影,张曼玉最喜欢王家卫的电影,王菲最喜欢王家卫的电影}=

｛x 最喜欢王家卫的电影｜x∈｛梁朝伟,张曼玉,王菲｝｝。由于问句的语义值与语义变量 v 的语义值一致,它可以成为 v 的先行项。所以,以"王菲"为焦点的答句满足上述焦点解释的条件,可以成为问题"谁最喜欢王家卫的电影?"的合适的回答。

　　假如我们选择(1)中的答 3,即"王菲最喜欢[**王家卫**]F的电影",来回答同一问题,语义变量 v 的语义值将是一个具有"王菲最喜欢 x 的电影"形式的命题的集合。但是,由于问题"谁最喜欢王家卫的电影?"的语义值是一个具有"x 最喜欢王家卫的电影"的命题的集合,这个语义值就不能成为与语义变量 v 的语义值相照应的先行项。这样,焦点解释的条件在答 3 中没有得到满足,答 3 因而就不能成为"谁最喜欢王家卫的电影?"这一问题的合适的回答。

　　让我们再看例(2)。我们知道当焦点与焦点敏感算子"只"等发生关联关系时,焦点的落点不同会造成句子的真值条件的不同。那么,这种焦点关联效应是怎么产生的呢? 根据副词"只"本身的词义,我们可以把"只"分析为一个量化算子(quantifying operator),而且当它出现在(12)所示的句法环境中时,它量化的是一系列的特征(properties)。① 如果我们以 P 代表特征,C 代表一个"只"所量化的特征的集合,那么,我们可以用(13)所示的"只"的意义公设(meaning postulate)来表达(12)所表达的意义,即:x 具有动词词组的普通语义值[[VP]]。所表达的特征,且对 C 中的任何一个特征而言,如果 x 具有这个特征,那么,这个特征就是动词词组的普通语义值[[VP]]。所表达的特征。

　　(12) $[_{VP}$ 只 VP]②

　　(13) $\lambda x[\ [[VP]]_。(x) \land \forall P[P \in C \land P(x) \rightarrow P=[[VP]]_。]]$

如果我们暂且不考虑焦点的作用,且用 w、f 和 a 来分别代表"王家卫""王菲"和"李安"这三个名词的指谓,那么,通过 λ-转换,我们可以从(13)得到"王家卫只推荐王菲给李安"这整个句子所表达的基本义:

　　(14) a. $[_S$王家卫$[_{VP}$只推荐王菲给李安]]

　　　　 b. $\lambda x[\ [[推荐给(f, a)]]_。(x) \land \forall P[P \in C \land P(x) \rightarrow P$
　　　　　 $=[[推荐给(f, a)]]_。]](w)$
　　　　　 $=[[推荐给(f, a)]]_。(w) \land \forall P[P \in C \land P(w) \rightarrow P$
　　　　　 $=[[推荐给(f, a)]]_。$

---

　　① 对汉语副词"只"的语义分析,我们依据的是 Rooth(1985,1992)对英语副词 only 的分析。我们假定汉语副词"只"可以与英语副词 only 一样,被赋予(13)所示的意义公设。Rooth(1996)把 only 看作是一个量化一系列命题而非一系列特征的算子。
　　② 假定副词"只"在句法结构中是附加在动词词组上的。

　　现在，让我们考虑焦点[王菲]$_F$在句中所起的作用。如果我们选择在动词词组"推荐王菲给李安"这一层面上对例句(2a)进行焦点解释，我们可以得到图(15)所示的一个树形结构。我们在 VP 上附加一个焦点解释算子♯及它所引入的语义变量 v。图中的 C 代表副词"只"的量化域（domain of quantification）。我们知道这里这个量化域是一个特征的集合。

（15）

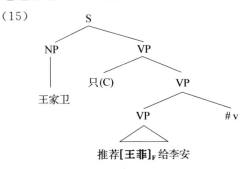

　　应用焦点递归定义(8)，我们可以推算出动词词组"推荐[王菲]$_F$给李安"的焦点语义值：[[推荐[王菲]$_F$给李安]]$_f$＝{推荐给(x, a)|x∈E}，设 E 为一个相关的人的集合。这是一个具有"推荐 x 给 a"的形式的特征的集合。再应用焦点解释原则(10)，我们得到焦点解释算子♯所引入的语义变量 v 的语义值：v⊆[[推荐[王菲]$_F$给李安]]$_f$，也即：v⊆{推荐给(x, a)|x∈E}。v 现在需要一个先行项与它照应。我们知道"只"带有一个隐含的量化域 C，而且在我们的具体分析中，这个量化域是一个特征的集合。由于它与语义变量 v 同为特征的集合，它有条件成为 v 的先行项。但要真正成为 v 的先行项，C 也必须是[[推荐[王菲]$_F$给李安]]$_f$的子集，也即：C⊆{推荐给(x, a)|x∈E}。这样，焦点解释其实起到了限制"只"的量化域 C 的作用。句(2a)所表示的意义也就可以表达为(16)，即：王家卫推荐王菲给李安，且如果王家卫具有任何一个"把某人推荐给李安"的特征，那么，这个特征就是"把王菲推荐给李安"。

　　（16）[[推荐给(f, a)]]$_o$(w) ∧ ∀P[P∈{推荐给(x, a)|x∈E} ∧ P(w)→
　　　　　P=[[推荐给(f, a)]]$_o$]

　　我们上面考虑的是以直接宾语"王菲"为焦点的情况。如果我们把焦点移到间接宾语"李安"上去，情形又会怎样呢？我们知道这时语义变量 v 的语义值会与先前的不同，因为"推荐王菲给[李安]$_F$"的焦点语义值是{推荐给(f, x)|x∈E}，而不是{推荐给(x, a)|x∈E}。与语义变量 v 相照应的先行项（即："只"的量化域 C）的语义值因而也必须是{推荐给(f, x)|x∈E}。相应的句子所表达的意

义就成为：王家卫推荐王菲给李安，且如果王家卫具有任何一个"把王菲推荐给某人"的特征，那么，这个特征就是"把王菲推荐给李安"。从上面我们对"只"与焦点的关联关系分析中，我们看到焦点的作用可以被看作是对"只"的隐含的量化域 C 进行限制。随着焦点落点的不同，"只"的量化域的语义值也就跟着变化。这在我们讨论的具体例子中，就造成了句子的真值条件的不同。

我们可以用同样的选项语义论的方法来分析造成例(3)中两个句子真值条件不同的原因。这两个句子是：

(17) a. 英语单词中的字母[u]$_F$总是紧跟字母 q。

b. 英语单词中的字母 u 总是紧跟字母[q]$_F$。

两者的区别在于量化副词"总是"在句中分别与不同的焦点发生关联，而且我们知道前者描述的情况与英语的事实相符，其真值应为真，而后者不符合英语的事实，其真值应为假。我们怎样解释这个焦点关联效应呢？根据量化副词"总是"的意义，我们可以把这个量化副词分析为一个全称关系量词，赋予它下面(18)的逻辑形式。

(18) 总是(C)(B)

"C"为量化副词"总是"的量化域，是一个自由变量。其语义值由具体的语义解释或语用环境来决定，通常是一个由时间点缀成的集合。但在我们所分析的具体例句里，它也可以是某个以特定组合形式出现的英语字母的组合的集合。"B"为量化副词"总是"的所谓的"核心部分"(nuclear scope)。在(17)中，这个"核心部分"由抽去副词"总是"之后剩下的句子(即"英语单词中的字母 u 紧跟字母 q")来充当。为方便起见，我们用一个按 q 在前 u 在后次序排列的"qu"字母组合来代表"英语单词中的字母 u 紧跟字母 q"这个句子。如果焦点在"u"，我们就用"q[u]$_F$"来表示；如果焦点在"q"，我们就用"[q]$_F$u"来表示。把"qu"代入(18)中的"B"，我们就得到(19)。

(19) 总是(C)(qu)

(20)

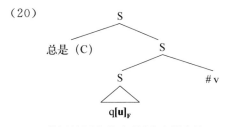

英语单词中的字母[u]$_F$紧跟字母q

根据焦点递归定义(8)，"q[**u**]$_F$"的焦点语义值为一个在英语单词中以"qx"(x 为一个覆盖英文字母的变量)形式出现的字母组合的集合，即：{qx | x∈E}，E 为一个字母集合，它的成员为 26 个英语字母；"[**q**]$_F$u"的焦点语义值则为一个在英语单词中以"xu"形式出现的字母组合的集合，即：{xu | x∈E}。如果我们选择在句子层面解释焦点[**u**]$_F$，就可以得到图(20)所示的一个树形结构。我们在 S 上附加一个焦点解释算子♯及它所引入的语义变量 v。图中的 C 代表副词"总是"的量化域。

　　根据焦点解释原则(10)，语义变量 v 的语义值应为"q[**u**]$_F$"的焦点语义值 {qx | x∈E} 的子集，即：v⊆{qx | x∈E}。如果我们把量化副词"总是"的量化域 C 作为 v 的先行项，那么，v 需有先行项的要求得到了满足，且 C 被赋予了一个具体的语义值，即：C⊆{qx | x∈E}。现在(20)所表达的意思就成为：英语单词中任何一个以"qx"形式出现的字母的组合是一个 qu 组合。我们知道这符合英语的事实。但如果我们以"q"为焦点，量化副词"总是"的量化域 C 将变为一个以"xu"形式出现的字母组合的集合。句子所表达的意思将为：英语单词中任何一个以"xu"形式出现的字母的组合是一个 qu 组合。我们知道这不符合英语的事实，因为在英语单词中，绝大多数字母可以像"q"那样，直接出现在"u"之前。

　　从以上的分析中我们看到，有关的真值条件的差异是由有关的量词的量化域的不同所造成，而焦点则起到了规限量词的量化域的作用。

　　下面让我们看看焦点的选项语义论是怎样解释焦点对句子的会话含义的影响的。我们知道例(4)〔即下面的例(21)〕除断言说话人通过了考试之外，还可以有其他人都没有通过考试这个会话含义。

　　(21) [**我**]$_F$及格了。

我们前面提到，在语气上特别强调"我"在某种程度上违反了 Grice(1975)提出的会话"合作原则"中的"适量"原则，而"合作原则"的违反可以向听者传达句子的字面意义之外的意义。在句(21)的具体语用环境中，假设我们在推断该句的会话含义时需在语用背景中建立一个可以与(21)相对照的断言的集合，并以肯定(21)即否定所有与它对照的断言这个策略来推断(21)的会话含义，那么，我们首先需要确定那些与(21)对照的断言是一些什么断言，然后才能推导出(21)的会话含义。凭直觉，我们知道"我考砸了""我考第一"等不能成为(21)的会话含义，而"王菲没及格""张曼玉没及格"等则可以。这是为什么呢？焦点的选项语义论从理论上给我们提供了一个解释。如(9)所示，句子"[**我**]$_F$及格了"的焦点语义值为一个具有"x 及格了"形式的命题的集合，x 为一个覆盖相关的个体的变量。焦点解释在句子层面引入一个语义变量 v，且规定 v 的语义值为"[**我**]$_F$及格了"的焦点语义值的子集,而且 v 需有一个与它照应的先行项。如果这个先行项是我们在推导会话含义时在背景中建立的一个可以与(21)相对照的断言的集合,那么,这个集合一定是一个具有"x 及格了"形式的命题的集合。如果 x 所覆盖的相关个体只包括梁朝伟、张曼玉、王菲三人,且(21)中的"我"是梁朝伟,那么,与(21)相对照的断言的集合就包括"王菲及格了"和"张曼玉及格了"这两个断言。当我们以肯定(21)即否定所有与它相对照的断言这一策略来推导(21)的会话含义时,我们就得到"王菲没及格""张曼玉没及格"的会话含义。这样,焦点通过规限我们在语用背景中建立的赖以推导会话含义的有关的对照命题来影响句子所传达的会话含义。

最后,让我们考虑焦点的选项语义论是怎样解释焦点对英语的"光杆残留省略"句式的意义进行限制的。我们在前面讨论这一句式时〔见例(6)(7)〕已经指出这一类句式通常是有歧义的,但焦点可以限制其所表达的意义,使其只能表达两个可能意义中的一个。现在我们以(6c)〔即下面的(22)〕为例,从焦点的选项语义论角度讨论焦点在这一句式中所起的"消歧"作用。

首先,让我们依据 Ivan Sag(1975)对省略的分析,假定此类省略句是与相应的非省略句相联系的。如果不考虑焦点因素,(22)可以与非省略句(23)和(24)联系起来。需要注意的是,(23)和(24)中的主句是相同的,都为 Kubrick met Pasolini,但它们的从句是不同的。前者为 Fellini met Pasolini;后者为 Kubrick met Fellini。(23)所表达意义是:"Kubrick 比 Fellini 先遇见 Pasolini",而(24)所表达意义是:"Kubrick 先遇见 Pasolini,然后再遇见 Fellini"。我们可以认为(22)是通过省略(23)和(24)中的有关重复成分而得到的。

(22) Kubrick met Pasolini before Fellini.

(23) Kubrick met Pasolini before Fellini met Pasolini.

　　　库布里克比费里尼先遇见帕索里尼。

(24) Kubrick met Pasolini before Kubrick met Fellini.

　　　库布里克先遇见帕索里尼,然后再遇见费里尼。

其次,让我们假定省略不是简单地删除句子表层结构中重复的词语,而是必须经由一个句子的逻辑表达形式,通过删除这个形式中的一个重复的成分来实现。根据 Sag (1975),我们可以通过提升(scoping)句子的某个成分,再引入一个 λ 算子来赋予像(23)(24)那样的含有表面重复成分的句子如下的逻辑表达形式:

(25) 〔Kubrick λx 〔x met Pasolini 〕before 〔Fellini λx 〔x met Pasolini 〕〕〕

(26) 〔Pasolini λx 〔Kubrick met x〕before 〔Fellini λx 〔Kubrick met x〕〕〕

(25)是通过同时提升主句和从句中的主语得到的;(26)则是通过同时提升主句和从句中的宾语得到的。省略的发生是因为(25)和(26)这两个逻辑式中各有一个相同的成分同时在主句和从句中出现。在(25)中,这个相同的成分是:λx[x met Pasolini],而在(26)中,这个相同的成分是:λx[Kubrick met x]。我们省略从句中的多余成分,再经过 λ-还原,就得到(22)这个省略句。由于(22)可以对应于两个不同的逻辑式,而且是通过省略两个不同的重复的逻辑成分而得到的,它因而有表达两个不同意义的可能。

现在,让我们引入焦点因素。如果我们选择(22)中主句的主语 Kubrick 为焦点,我们就得到(27)。

(27) [**Kubrick**]ғ met Pasolini before Fellini.

　　　　库布里克比费里尼先遇见帕索里尼。

从逻辑可能性上讲,(27)也可以对应于(23)和(24)两个非省略句及它们的逻辑式(25)和(26)。为论述方便,我们用(28)和(29)所示的树形图来表示对应于(27)的两个逻辑式。

(28)

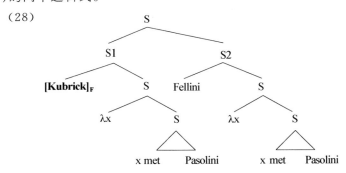

(29)

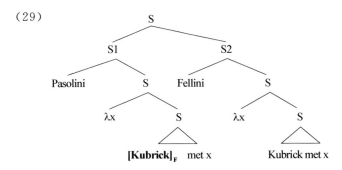

在处理此类省略句中的焦点效应时,焦点的选项语义论是把省略机制和焦点解释看作相互独立的两个过程来处理的。一方面,省略机制中的提升与焦点

是无关的。提升可作用于焦点成分,也可作用于非焦点成分;提升及 λ 算子的引入旨在为句子表面的重复成分的省略提供一个深层次的依据,但它并不改变有关句子成分的语义值。另一方面,焦点解释并不需要借助于提升和 λ 算子的引入。它的作用在于规限语义变量 v 的语义值,并使 v 有一个先行项与它相照应。

　　我们现在对(28)和(29)中的焦点进行解释。如果我们选择在 S1 层面对焦点[**Kubrick**]_F进行解释,我们就在 S1 节点上附加一个焦点解释算子♯及这个算子所引入的语义变量 v。这样,我们就得到(30)和(31)所示的树形图。如前所述,在焦点解释中,句子的语义值是不受逻辑式中的成分提升所影响的。在(30)和(31)的 S1 中,尽管提升的成分不同,但由于句子是相同的,两个 S1 的普通语义值因而也是相同的,都为一个包含"Kubrick met Pasolini"这个命题的独元集。

（30）

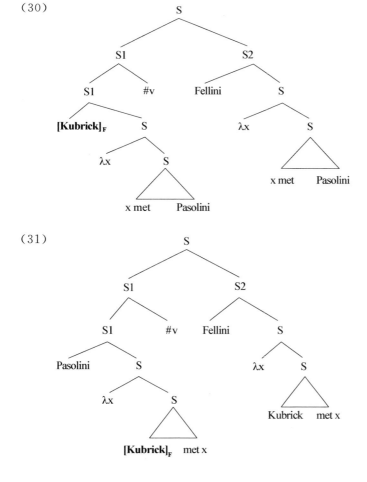

（31）

　　同理,(30)和(31)两式中的 S2 的普通语义值也不受提升影响,但是,由于两个 S2 本身是不同的,它们的普通语义值也就不同。(30)的 S2 的普通语义值为一个包含 Fellini met Pasolini 这个命题的独元集,而(31)的 S2 的普通语义值则为一个包含 Kubrick met Fellini 这个命题的独元集。

　　至于(30)和(31)中 S1 的焦点语义值,它们也是不受提升影响的。根据焦点选项语义论的焦点递归定义〔见(8)〕,我们可以从焦点的焦点语义值推导出一个包含焦点的更大的句法成分的焦点语义值。我们现在应该不需要经过具体的推导就能知道[**Kubrick**]$_F$ met Pasolini 的焦点语义值应为一个具有“x met Pasolini”形式的命题的集合,即{x meet pasolini |x∈E},设 E 为一个相关的人的集合。我们也知道焦点解释原则(10)规定(30)和(31)中的语义变量 v 的语义值为{x meet pasolini |x∈E}的子集。焦点解释还要求 v 需有一个与它照应的先行项。这个要求在(30)中能够得到满足,因为 S2 的普通语义值是一个含有 Fellini met Pasolini 这个命题的独元集。它是{x meet pasolini |x∈E}的子集,因而它可以成为语义变量 v 的先行项。现在,焦点解释的条件得到满足,而且(30)的逻辑式中有一个相同的成分(即λx[x met Pasolini])在 S1 和 S2 中出现。通过省略出现在从句中的那个重复的成分,再经过 λ-还原,我们就得到省略句(27)。

　　在(31)中,语义变量 v 则找不到一个先行项。这是因为 S2 的普通语义值是一个含有 Kubrick met Fellini 这个命题的独元集,而该集合不是[**Kubrick**]$_F$ met Pasolini 的焦点语义值{x meet pasolini |x∈E}的子集,因而它不能成为焦点解释算子♯所引入的语义变量 v 的先行项。焦点解释的条件在(31)中没有得到满足。这时,尽管(31)所示的逻辑式中有一个重复的成分,即λx[Kubrick met x],原则上可以被省去,成为句子(27)。但是,(31)在焦点上是得不到解释的,省略句(27)因而就不能表达(24)所示的意义。这样就产生了我们前面提到的焦点对英语的“光杆残留省略”句式所起的“消歧”作用,它限制了“光杆残留省略”句式所可能表达的意义。

　　同理,如果我们在(22)中以主句的宾语 Pasolini 为焦点,那么主句的焦点语义值为一个具有“Kubrick met x”形式的命题的集合。它规定了焦点解释引入的语义变量 v 的语义值,并通过 v 规定 v 的先行项也必须是一个具有 Kubrick met x 形式的命题,即最后所得到的省略句(32)中的 Fellini 必须被理解为从句的宾语,而不是主语。(32)因而只能表达(24)的意义。

　　(32) Kubrick met [**Pasolini**]$_F$ before Fellini.

　　　　库布里克先遇见帕索里尼,然后再遇见费里尼。

我们从上面的对焦点效应的分析中可以看到,焦点所起的作用实际上就是规限一个语义变量,使其能够成为焦点解释所引入的语义变量 v 的先行项。在英语的"光杆残留省略"句式中,这个语义变量是一个覆盖省略了某些成分以后的从句所可能表达的命题的变量;在带有量化副词的句式中,这个变量是量化副词的量化域;在带有副词"只"的句式中,它是"只"所量化的特征的集合;当一个句子可以传达一定的会话含义时,这个变量是我们在语用背景中建立的赖以推导会话含义的有关的命题的集合;对于问题的回答而言,这个变量就是问题本身的语义值。

3. 特点及存在的问题

最后,我们对焦点的选项语义论的几个突出的特点做一个总结,并继而指出它可能存在的几个问题。

首先,焦点在焦点的选项语义论中不是一个可与标准量词比拟的量化成分,焦点的解释因而也不需要通过量词提升(quantifier raising)在逻辑式中赋予它一个量词辖域(quantifier scope)。也就是说,焦点的解释是在原位(in situ)上,借助于焦点的焦点语义值进行的。这样,焦点的选项语义论克服了以量词提升为基础的焦点解释理论所面临的一个问题。我们知道焦点敏感算子(如副词"只""总是"等)与焦点的关联是不受所谓的"孤岛条件"(island condition)限制的。例如,在下例中,焦点敏感算子"只"可以与出现在名词词组孤岛中的一个焦点,即"姜文",相关联。

（33）王家卫只欣赏[[**姜文**]$_F$出演的电影]

如果我们把焦点[**姜文**]$_F$看作一个量词,并认为在逻辑式中,必须把它提升到与它相关联的焦点敏感算子的旁边来赋予它一个量词辖域,那么这个提升将违反"孤岛条件"。但如果焦点不是一个量词,在原位就可以得到解释,那么,我们就避免了与"孤岛条件"相关的问题。

其次,焦点的选项语义论认为焦点解释必须引入焦点的焦点语义值。Rooth(1996：277 – 278)指出,如果焦点解释不必考虑焦点的焦点语义值,我们将有可能按(34)所示,去定义一个焦点算子。让我们用 tolfed 来表示这个算子。

（34）"tolfed that … [**X**]$_F$…" means "told X that … X …"

根据(34)这个定义,(35a)和(36a)两句可分别表达(35b)和(36b)所示的意义。

（35）a. *I tolfed that [**he**]$_F$ resembles her.

　　　　我 tolfed 他像她。

　　b. I told him that he resembles her.

　　　　我告诉他他像她。

（36）a. *I tolfed that he resembles [**her**]$_F$.

　　　　我 tolfed 他像她。

　　b. I told her that he resembles her.

　　　　我告诉她他像她。

但我们知道像 tolfed 这样一个不引入焦点的焦点语义值，而只起到表明焦点是说话的对象这一作用的焦点算子在自然语言中是不太可能存在的。至少在这个意义上，焦点的选项语义论体现了一定的解释充分性。它对自然语言中什么是不太可能存在的焦点关联结构作出了一点规限。

　　再者，焦点的选项语义论也体现了一定的描写充分性。我们从前面的讨论中已经看到，它能够给一系列表面不相联系的焦点效应一个统一的解释。而且，解释的机制也不复杂。焦点通过焦点的焦点语义值规限一个焦点解释所引入的语义变量，并通过它与另一个由于语用或词汇本身的需要而引入的语义变量的照应关系，规限句子的语义解释。

　　当然，焦点的选项语义论也存在一些问题。以原位解释为基础的焦点解释理论，在克服以量词提升为基础的焦点解释理论所面临的问题的同时，也应该解释支持量词提升分析的有关语言现象，如所谓的"弱跨越效应"（Weak Crossover Effect）现象。Noam Chomsky（1976）注意到，在下面一个例句中，如果 John 不是焦点，它可以约束代词 he。但如果我们以 John 为焦点，则这个约束关系将受阻。

（37）The woman he loved betrayed John.

　　　　他爱上的女人背叛了约翰。

这种效应刚好与标准量词和 wh-量词产生的"弱跨越效应"相一致。在下列（38）和（39）两个例句中，量词 everyone 和 wh-量词 who 都不能约束代词 he。其原因是量词 everyone 和 wh-量词 who 都在句法的某个表达层面通过量词提升被赋予它们各自的量词辖域。wh-量词 who 在句子的表层结构层面被提升到了句首，而全称量词 everyone 则在一个意义解释的句法层面，即所谓的 LF 层面，被提升到了句首〔见下面的（40）〕。

（38）Who$_1$ did the woman he loved betrayed e$_1$?

　　　　他爱上的女人背叛了谁？

（39）The woman he loved betrayed everyone.

　　　　　他爱上的女人背叛了每个人。

　　（40）[everyone₁[the woman he loved betrayed e₁]]

上面(38)和(40)两式中的 e 为量词提升后留下的语迹,在语义上,它相当于一个受约变量。Chomsky 认为,我们可以把上述"弱跨越效应"统一表现为一个像(41)那样的照应原则。

　　（41）一个变量不可以成为出现在它左边的人称代词的先行语。

现在,焦点也表现出"弱跨越效应"。如果我们假设它也是一个量词,并像标准量词一样,在 LF 经由提升被赋予(42)所示的结构形式,那么,焦点的"弱跨越效应"就能够得到解释。

　　（42）[[**John**]_{F,1}[the woman he loved betrayed e₁]]

　　　对于焦点的"弱跨越效应"现象,以原位解释为基础的焦点选项语义论在解释上是有一定困难的,因为它本身没有任何机制来决定(37)中的 John,当其成为焦点时,能否约束它左边的人称代词 he。Rooth(1985：67 - 81；1996：289 - 290)事实上容许焦点对变量的约束可以通过焦点提升来实现,尽管对焦点本身的解释是不需要通过提升来进行的。

　　　另外,Manfred Krifka(1991)指出,当句子中出现一个以上焦点敏感词项时〔见下面的例(43)〕,以原位解释为基础的焦点选项语义论本身没有机制让两个焦点中的一个越过最近的焦点敏感算子去与另一个焦点敏感算子关联。例如,焦点递归定义(8),及(12)和(13)所示的句法结构与意义解释之间的关系,将只容许(43)中的[**Kubrick**]_F 和[**Pasolini**]_F 与就近的焦点敏感算子 only 发生关联。而事实上,(43)可以有(44)所示的关联关系(我们用下标来表示焦点与焦点敏感算子之间的关联关系)。

　　（43）Fellini also only introduced [**Kubrick**]_F to [**Pasolini**]_F.

　　　　费里尼也只介绍了库布里克给帕索里尼。

　　（44）Fellini also₂ only₁ introduced [**Kubrick**]_{F,1} to [**Pasolini**]_{F,2}.

　　　　费里尼也只介绍了库布里克给帕索里尼。

要解决这个问题,引入某种形式的焦点提升,如通过把[**Pasolini**]_F 提升到焦点敏感算子 also 的旁边来使它们取得关联关系,似乎是必要的,但提升所遇到的问题也会随之而来。所以,原位的焦点选项语义论和引入提升的焦点解释理论都还或多或少存在着一些问题,需要我们去认真解决。

　　　另外,本书第十章也提到了一些选项语义论的不足之处。

参考文献

1. Chomsky, Noam. Conditions on Rules of Grammar[J]. Linguistic Analysis, 1976, 2: 303 – 351.

2. Grice, H. Paul. Logic and Conversation [M] // P. Cole & J. L. Morgan. Syntax and Semantics 3: Speech Acts. New York: Academic Press, 1975: 41 – 58.

3. Hamblin, Charles Leonard. Questions in Montague Grammar[J]. Foundations of Language, 1973, 10: 41 – 53.

4. Karttunen, Lauri. Syntax and Semantics of Questions[J]. Linguistics and Philosophy, 1977, 1: 3 – 44.

5. Krifka, Manfred. A Compositional Semantics for Multiple Focus Constructions [C] // Proceedings of SALT 1, 1991.

6. Rooth, Mats. Association with Focus[D]. University of Massachusetts, Amherst, MA, 1985.

7. Rooth, Mats. A Theory of Focus Interpretation[J]. Natural Language Semantics, 1992, 1: 75 – 116.

8. Rooth, Mats. Focus [M] // Shalom Lappin. The Handbook of Contemporary Semantic Theory. Blackwell Publishers Ltd., 1996: 271 – 297.

9. Sag, Ivan. Deletion and Logical Form[D]. Cambridge: MIT, 1975.

第十章　焦点的原位约束说

李宝伦　潘海华

1. 引言

　　为了解决选项语义论(alternative semantics)存在的问题,Wold(1996)提出了原位约束语义学(in-situ binding semantics,以下简称原位约束说)。根据 Krifka (1997),原位约束说与选项语义论不同之处在于,选项语义论对整个命题进行运算,而原位约束说则只对背景部分进行运算。此外,原位约束说利用回指词(anaphor①)的特性来处理焦点关联的问题,因此它可以解决选项语义论所不能处理的变量约束问题。原位约束说中所用的回指操作,虽然是一种句法运算,但与焦点移位说的句法运算不同,因为回指词可以不受句法孤岛条件的制约,如(1)所示。

　　(1) Mary₁ shouted at the man who had sat down on her₁ hat.

　　　　玛丽₁对着那个坐在她₁帽子上的男人尖叫。

(1)中的 her 指 Mary。由于 her 出现在关系子句 who had sat down on her hat 中,不在 Mary 的管辖范围内,因此,Mary 和 her 相互之间根本不存在制约关系。由此我们可以看到,回指词是可以不受制约的。

　　在这一章,我们先讨论 Kratzer 有关焦点的原位表述论,然后介绍 Wold 的原位约束说,后者是建立在前者的基础之上的。

2. Kratzer 有关焦点的原位表述论 (representational in-situ theory of focus)

　　Wold 的分析实际上是修改了 Rooth 的选项语义论及 Kratzer 有关焦点的原位表述论之后得到的。焦点句与一般句子的分别在于焦点与算子关联会引出一个相对于焦点成分的选项集合。于是就引出了一个问题:当焦点与算子之间存

---

　　①　这里的 anaphor 的含义比较广,与句法理论中的 anaphor 有点不同。

在着一个句法孤岛时,如果焦点仍可与算子关联,就会违反一般算子移位须受句法孤岛条件限制的原则,所以焦点移位的语义框架难以完满解决这一问题,而Rooth 提出的选项语义论确实可解决这个问题。Rooth 的理论不是建立在句法移位的基础之上的,其优点是焦点既可以留在原位,也可以与焦点敏感算子关联,引出一个选项集合。不过,Kratzer(1991)及 Wold(1996)都认为 Rooth 的理论存在一个问题,即没有考虑到变量约束的问题,令有些句子得出不恰当的解释。Kratzer 用动词短语省略(VP-ellipsis)来说明这一点。Kratzer 用下面的例子来说明什么是词组省略。

(2) I $_{VP}$[laughed] because you did $_{VP}$[e].

　　　我笑了,是因为你也在笑。

(2)中给出了一个动词短语省略的例子,有关动词短语省略的文献可见 Sag(1976)及 Williams(1977)等。动词短语省略一般被认为涉及一个重组过程(reconstruction process),即在逻辑形式中,把恰当的先行动词短语复制到省略了的动词短语上。根据这个重组过程,(2)会给出(3)的逻辑表达式。

(3) I $_{I}$[-ed $_{VP}$[$_{VP}$[laugh] because you did$_{VP}$[laugh]]]

以上述的重组过程为基础,我们考虑(4)。

(4) A：What a copycat you are! You went to Block Island because I did, you went to Elk Lake Lodge because I did, and you went to Tanglewood because I did.

　　　你老爱模仿人家! 你去布洛克岛,是因为我去了那儿;你去埃尔克湖度假屋,也是因为我去了那儿;而你去坦格尔伍德,还是因为我也去了那儿。

B：No, I only went to [**Tanglewood**]$_F$ because you did.

　　　不对,我只有去坦格尔伍德是因为你也去了那儿。

把(4B)中省略的动词短语表达出来,我们得到(5)的逻辑表达式。

(5) I $_{I}$[past $_{VP}$[only $_{VP}$[$_{VP}$[go to [**Tanglewood**]$_F$] because you did $_{VP}$[go to [**Tanglewood**]$_F$]]]]

　　　我只有去坦格尔伍德是因为你也去了那儿。

(6) a. The only places x, y such that I went to x because you went to y is x= Tanglewood and y= Tanglewood.

　　　x,y 是唯一一个我去 x,是因为你也去了 y 的地方,且 x 等于 Tanglewood,y 等于 Tanglewood。

b. The only place x such that I went to x because you went to x is x ＝ Tanglewood.

x 是唯一一个我去那儿,是因为你也去了那儿的地方,且 x 等于 Tanglewood。

根据(5)中的逻辑表达式,选项语义论得出的解释会是(6a),而不是正确的(6b)。要得出正确的解释,需要对应于 Tanglewood 的两个变量同变,并同被 only 约束,这涉及变量约束的问题,不在选项语义论所能处理的范围之内。在一般的句法规则下,(5)中从句的动词短语 go to Tanglewood 是从主句中复制得来的,因此,它应该与主句中的 Tanglewood 同变。但由于选项语义论不会考虑变量间的约束关系,它只会把所有带焦点的成分变成与焦点相关的集合。由于这里的两个 Tanglewood 均各自带有焦点特征,选项语义论在确认这两个焦点后,便会分别对它们进行运算。假设集合有｛Tanglewood, Elk Lake Lodge, Block Island｝这样三个地方,选项语义论便会得出(7)中给出的所有选项。

(7) $_{VP}$[$_{VP}$[go to [**Tanglewood**]$_F$] because you did $_{VP}$[go to [**Tanglewood**]$_F$]]]

    a. <u>**'go to Tanglewood because you went to Tanglewood'**</u>

    b. 'go to Tanglewood because you went to Block Island'

    c. 'go to Tanglewood because you went to Elk Lake Lodge'

    d. <u>**'go to Block Island because you went to Block Island'**</u>

    e. 'go to Block Island because you went to Elk Lake Lodge'

    f. 'go to Block Island because you went to Tanglewood'

    g. <u>**'go to Elk Lake Lodge because you went to Elk Lake Lodge'**</u>

    h. 'go to Elk Lake Lodge because you went to Block Island'

    i. 'go to Elk Lake Lodge because you went to Tanglewood'

在(7)中,只有(7a)(7d)和(7g)是我们想要的选项,而非(7)中给出的所有选项,但问题是根据(7)的运算,虽然对应于 Tanglewood 的两个变量同被 only 约束,但两者并不须同变,令得出的两个集合,即｛GO(y)(I)|y∈ ALT(Tanglewood)｝和｛GO(x)(you)|x∈ ALT(Tanglewood)｝互不相关,如(6a)所示。由于这两个集合的主语不同,尽管其宾语相同,这两个集合并没有任何交集,所以选项语义论不能正确处理与动词短语省略相关的句子。

在 Rooth 的理论框架下,要得出两个相关的集合,唯一的方法是在动词短语重组过程进行之前,在逻辑形式上,把名词短语 Tanglewood 移到连接其中一个包含它的动词短语的节点上,如(8)所示。

(8) I $_{\Gamma}$[past $_{VP}$[only [**Tanglewood**]$_{F}$ VP [$_{VP}$[go to e_1] because you did $_{VP}$[go to e_1]]]]

  a. 'go to Block Island because you went to Block Island'

  b. 'go to Elk Lake Lodge because you went to Elk Lake Lodge'

  c. 'go to Tanglewood because you went to Tanglewood'

把焦点成分 Tanglewood 移到(8)所示的位置后,留下了两个语迹 e_1。由于它们在焦点成分[**Tanglewood**]$_{F}$的成分统领范围内,两者在变为语义变量后便会同变,得出(8a)到(8c)所示的三个选项。这个解决方法的最大问题是它有违 Rooth 选项语义论的基本假设,即焦点关联不涉及任何句法移位。另外,Kratzer 也指出这个解决方法并不能用在所有的省略句上,她举出了下面两个例子。

(9) A：You always see more Edsels than I do.

   你看见的埃泽尔牌汽车总是比我看见的多。

  B：No, I only saw more [**pink**]$_{F}$ Edsels than you did.

   不对,我只是比你见到更多粉红色的埃泽尔牌汽车。

(10) A：You always contact every responsible person before me.

   你总是在我之前联络了每个负责任的人。

  B：No, I only contacted the person who chairs [**the Zoning Board**]$_{F}$ before you did.

   不对,我只是在你之前联络了担任城市分区规划委员会主席的那个人。

要解释(9)及(10),便须假设[**pink**]$_{F}$及[**the Zoning Board**]$_{F}$分别移出了名词短语 more pink Edsels 及关系子句 who chairs the Zoning Board,不过,这两个句法成分都是句法孤岛,有关的移位都是不可能的。像(8)到(10)这样的例子说明 Rooth 的选项语义论不能解释所有的省略句。

  基于上面所讨论的原因,Kratzer 修改了 Rooth 的理论,把应用在代词上的变量索引运用到焦点句上。她的理论建立在下面的假设之上,其中有些是来自 Rooth 的选项语义论。

<u>Kratzer 有关焦点的原位表述论的几个假设</u>

(11) a. 每个焦点成分都在表层结构上带有一个焦点特征 F,而该特征会被带到逻辑结构上去。

  b. 每个焦点特征 F 都带有一个索引,称为 F-索引,而该 F-索引是在表层结构上指定的。

c. 每个焦点句都有两个内涵逻辑释义(intensional logic translations):
假设一个短语的逻辑式为 α,α' 为其一般释义(usual translation),而
α"则为其预设架构(presupposition skeleton)。

Kratzer 的假设(c)实际上是沿用了 Rooth 有关焦点句的两个意义,Kratzer 与
Rooth 理论最大的差别在于前者较注重表述的形式,而后者则较注重指谓的
内容。Kratzer 加入了一个特别变量(distinguished variables),叫作指定变量 **V**
(designated variables **V**),它与普通变量 v(ordinary variables v)不同。这两种变
量分别由两个不同的赋值函数(assignment functions)g 和 h 进行赋值。赋值函数
g 属一般赋值函数,它给普通变量 v 赋予一个符合其类型(type)的值。这个赋值
函数 g 是有关代词的,它从上下文中给所有附在代词上的索引赋一个值,由于涉
及普通变量 v,会在(11c)所提及的一般释义 α' 上操作。以代词 she 为例,其表达
式如(12)所示。

(12) a. $[|she_j|]^g = g(v_j)$

b. $[|she_j \ introduce \ Bill \ to \ John|]^g$
$= \lambda w[g(v_j) \ introduce \ Bill \ to \ John \ in \ w]$

从上面的表达式可见,代词 she 的索引是 j,而代词所涉及的是普通变量 v。普通变
量 v_j 的值由赋值函数 g 赋予,而 w 则代表所有运算都在 w 这个可能世界内进行。

赋值函数 h 属于特别赋值函数(distinguished assignments),为指定变量 **V** 赋
予一个符合其类型的值。在焦点句中,指定变量通过带索引的焦点成分给出一
个由同类型的选项所组成的集合,而 h 只会对附在焦点上的索引进行操作。应
用 g 及 h,普通变量和指定变量的指谓(denotations)如下。

(13) 对于所有的自然数(natural numbers)、所有的类型以及所有的一般赋
值函数 g 和特别赋值函数 h,

a. 普通变量的指谓(denotations for the ordinary variables)为:
$\| v_{\tau,n} \|^{g,h} = g(v_{\tau,n})$

b. 指定变量的指谓(denotations for the designated variables)为:
$\| V_{\tau,n} \|^{g,h} = h(V_{\tau,n})$

c. 常量的指谓(denotations for the constants)为:
$\| Ann \|^{g,h} = Ann$

比较(13a)和(13b),我们可以看到 Kratzer 实际上是把对代词索引进行的那一套
操作运算引入到焦点释义上。(13a)实际上是指一般的代词释义,其中的 v 带有
一个自然数 n 作为其索引。同样地,在(13b)中,焦点成分所引发的指定变量 **V**

也带有一个自然数 n 为其索引。给焦点成分加索引的好处在于：我们可应用像代词指向一样的操作，把先行语动词短语中的焦点，与省略部分动词短语内的焦点成分同标，这样在受同一个焦点敏感算子约束的情况下，它们便会同变，而两者所代表的两个集合也会有交集。特别赋值函数 h 只用在焦点所引发的选项集合上，经过使用语义组合规则（semantic composition rules），我们可以把命题选项集合定义为：

（14）就命题ϕ而言，其选项集合如下：

$\{[|\phi|]^{g,h} : h\in H\}$

集合中的 H 是所有焦点变量赋值的集合（the set of focus variable assignments）。

基于（14），Kratzer 假定 only 的语义如下。

（15）$[|only\ \phi|]^g = \lambda w\ \forall p\in \underline{\{[|\phi|]^{g,h} : h\in H\}}[p(w)=1 \rightarrow p=[|\phi|]^g]$

画有底线的部分是应用新的选项集合定义（14）所得到的结果。（15）的意思是：在可能世界 w 中，就命题ϕ而言，其选项集合为$\{[|\phi|]^{g,h} : h\in H\}$，若在这个集合中的所有真命题 p 均等于ϕ，则"only ϕ"为真。在定义 only 时，（15）应用了一般赋值函数 g 和涉及指定变量的特别赋值函数 h，因此，与 Rooth 的不同之处在于指定变量带有索引，这样便可以使相关联的焦点成分同标，令与其相关的变量可以同变。为了说明 Kratzer 的理论，我们沿用旧句子，并重复如下。

（16）Sue only introduced [**Bill**]$_F$ to John.

苏只是把比尔介绍给了约翰。

根据（11）中的假设（a）及（b），（16）的逻辑式会是（16'）。

（16'）only [Sue introduced **Bill**$_{F1}$ to John]

（16'）中的焦点成分 Bill 带有索引 1。由于（16）并不涉及代词，g 在这里不起作用，我们会集中讨论 h。赋值函数 h 对附在焦点上的索引，即（16'）中附在 Bill 上的 1，进行操作。由于[**Bill**]$_n$为焦点成分，引发的变量属指定变量 **V**，因此我们引用（13b），得出（13b'）的结果。

（13）b.　$\| \mathbf{V}_{\tau,n} \|^{g,h} = h(\mathbf{V}_{\tau,n})$

（13）b'.　$\| \mathbf{V}_{\tau,1} \|^{g,h} = h(\mathbf{V}_{\tau,1})$

比较（13b）及（13b'），我们知道（13b）中的索引 n 被（13b'）的 1 取代。换言之，焦点成分 Bill$_n$经过 h 操作后会得出一个选项集合 h($\mathbf{V}_{\tau,1}$)。把这个相对于焦点成分 Bill 的选项集合应用到（14）上，我们得出一个相对（16）的命题选项集合。

（14'）就命题$[|Sue\ only\ introduced\ [\mathbf{Bill}]_F\ to\ John|]$而言，其选项集合如下：

$\{[\mid \text{Sue only introduced } [\textbf{Bill}]_F \text{ to John } \mid]^{g,h} : h \in H\}$

集合中的 H 是所有焦点变量赋值的集合（the set of focus variable assignments）。

$=\{[\mid \text{Sue only introduced } [h(\textbf{V}_{\tau,1})] \text{ to John } \mid]^g\}$

再应用到有关 only 的定义(15)上，我们得到下面的(17)。

(17) $[\mid \text{only } \phi \mid]^g = \lambda w \; \forall p \in \underline{\{[\mid \phi \mid]^{g,h} : \textbf{h} \in \textbf{H}\}} [p(w)=1 \to p=[\mid \phi \mid]^g]$

$[\mid \text{only } [\text{Sue introduce Bill}_{fl} \text{ to John}] \mid]^g$

$= \lambda w \; \forall p \in \{[\mid \text{Sue introduce Bill}_{fl} \text{ to John} \mid]^{g,h} : h \in H\}$

$\qquad [p(w)=1 \to p=[\mid \text{Sue introduce } [\textbf{Bill}]_{Fl} \text{ to John} \mid]^g]$

$= \lambda w \; \forall p \in \{[\mid \text{Sue introduce } [h(\textbf{V}_{\tau,1})] \text{ to John} \mid]\}$

$\qquad [p(w)=1 \to p=[\mid \text{Sue introduce } [\textbf{Bill}]_{Fl} \text{ to John} \mid]]$

由于我们必须对表达式中所有带赋值函数的命题进行操作，(17)中所表述的命题 $[\mid \text{Sue introduced } [\textbf{Bill}]_{Fl} \text{ to John} \mid]$ 会经过两次运算：一次是在选项集合 $\{[\mid \text{Sue introduce } [\textbf{Bill}]_{Fl} \text{ to John} \mid]^{g,h} : h \in H\}$ 内的 $[\mid \text{Sue introduce Bill}_{fl} \text{ to John} \mid]^{g,h}$ 由赋值函数 g 和 h 进行运算，另一次是在选项集合外 $[p(w)=1 \to p=[\mid \text{Sue introduce } [\textbf{Bill}]_{Fl} \text{ to John} \mid]^g]$ 中的 $[\mid \text{Sue introduce Bill}_{fl} \text{ to John} \mid]^g$ 依据赋值函数 g 进行运算。在对前者 $[\mid \text{Sue introduce } [\textbf{Bill}]_{Fl} \text{ to John} \mid]^{g,h}$ 进行操作时，赋值函数 g 和 h 根据语义组合原则下移到焦点成分 Bill 上，变成对焦点成分 $[\mid \text{Bill}_{Fl} \mid]^{g,h}$ 进行操作。h 激活了 Bill 所附的焦点特征 F_i 后，我们便得出相对于 $[\mid \text{Bill}_{Fl} \mid]^{g,h}$ 的一个选项 $h(\textbf{V}_{\tau,1})$。这样做的最大优点是无需移动焦点成分就可以得出所需的命题选项集合。注意这里 g 不起作用，这是因为没有代词出现在相关的成分内。在选项集合之外，对 $[\mid \text{Sue introduce } [\textbf{Bill}]_{Fl} \text{ to John} \mid]^g$ 进行操作时，由于没有焦点赋值函数 h，焦点特征 F_l 在语义上是空的，因此不会有选项给焦点成分。另外，Bill 不是代词，$[\mid \text{Bill}_{Fl} \mid]^g$ 实际上等于 Bill。经过上述运算就可以得到(18)。

(18) $\lambda w \; \forall p \in \{\lambda w'[\text{Sue introduce } h(\textbf{V}_{\tau,1}) \text{ to John in } w'] : h \in H\}$

$\qquad [p(w)=1 \to p=\lambda w''[\text{Sue introduce Bill to John in } w'']]$

$= \lambda w \; \forall x \; [\text{Sue introduce } x \text{ to John in } w \to x=\text{Bill}]$

(18)正是(16)的正确释义。事实上，这里需要说明一下怎么样从(18)的第一和第二行推导出(18)的第三行。变量 p 的值为 $\lambda w'[\text{Sue introduce } h(\textbf{V}_{\tau,1}) \text{ to John in } w']$。$h(\textbf{V}_{\tau,1})$ 的赋值结果是索引 1 的值，为某个变量 x，即变量 p 的值为 $\lambda w'[\text{Sue introduce } x \text{ to John in } w']$。(18)第二行中 $p(w)=1$ 表示 $p(w)$ 为真，代入 p 的值我们就得到 $\lambda w'[\text{Sue introduce } x \text{ to John in } w'](w)$。经过 λ-简化运算(λ-reduction)，

我们得到 p(w)＝Sue introduce x to John in w。同时，第二行中的后件在代入 p 的值后变为 λw'［Sue introduce x to John in w'］＝λw"［Sue introduce Bill to John in w"］，经过简化后变为 x＝Bill。这样第二行就变成了 Sue introduce x to John in w →x＝Bill。由于 p 已去掉，只剩下 x，全称算子就会约束这个 x，从而得到（18）中第三行的结果。

Kratzer 修改 Rooth 选项语义论的理论，主要是想解决动词短语省略的问题。我们现重复她的例子如下。

(19) I $_I$［past $_{VP}$［only $_{VP}$［$_{VP}$［go to **[Tanglewood]**$_F$］ because you did $_{VP}$［go to **[Tanglewood]**$_F$］］］］

　　我只有去坦格尔伍德是因为你也去了那儿。

把她有关焦点的原位表述论应用到（19）上，我们可得出以下的释义。

(20) a. 逻辑式（不包括时态）：

　　　$_{VP}$［only $_{VP}$［$_{VP}$［ go to **[Tanglewood]**$_{F2}$］ because you did $_{VP}$［go to **[Tanglewood]**$_{F2}$］］］

b. 一般释义：

　　　$\lambda v_{e,1}$［because'（go'（Tanglewood'）（$v_{e,1}$）)（go'（Tanglewood'）（you'））］

c. 预设架构：

　　　$\lambda v_{e,1}$［because'（go'（$V_{e,2}$）（$v_{e,1}$）)（go'（$V_{e,2}$）（you'））］

其中 $v_{e,1}$ 是对应于主语的部分，$V_{e,2}$ 则对应于焦点的部分。假设有集合｛Tanglewood, Elk Lake Lodge, Block Island｝，根据（20c），我们会得出以下结果。

(21) a. 'go to Tanglewood because you go to Tanglewood'

b. 'go to Elk Lake Lodge because you go to Elk Lake Lodge'

c. 'go to Block Island because you go to Block Island'

(21)中的三个可能性正是原来句子应有的释义。Rooth 的理论由于先行句中的焦点成分 Tanglewood 没有和从句中已省略的动词短语内的焦点成分 Tanglewood 同标，因此，这两个成分并没有任何指向性的关联，从而造成｛GO(y)(I)｜y∈ ALT（Tanglewood）｝和｛GO(x)(you)｜x∈ ALT（Tanglewood）｝这两个选项集合没有任何交集。与 Rooth 的分析不同，Kratzer 的理论会给省略句正确的判断，由于如（20c）所示，Kratzer 的索引操作给所有具有相同指向的焦点成分相同的索引，即（20c）中的（$V_{e,2}$），这样，先行短语中及省略短语中的两个 Tanglewood 同被 only 约束，对应于 Tanglewood 的两个变量 $V_{e,2}$ 因而同变，两个选项集合 ｛GO(y)(I)｜y∈ ALT($V_{e,2}$)｝和｛GO(x)(you)｜x∈ ALT($V_{e,2}$)｝从而就有交集。

3. Wold 的原位约束说

虽然 Kratzer 使用了索引操作,不过她的索引操作只限于标示相同的焦点,应用在动词短语省略的例子上,令先行短语中的焦点成分,与其省略短语中的焦点同变。不论是 Rooth,还是 Kratzer 的理论,焦点敏感算子与焦点之间仍然是没有任何约束关系的,因此,Wold 认为这些理论在遇到句子中有多于一个焦点及焦点敏感算子时就会出现问题。这是因为他们都把焦点敏感算子看成是一个非选择性约束算子(unselective binders),从而约束其辖域内的所有自由变量,如(22)所示。

(22) Sue also only introduced [**Bill**]$_F$ to [**John**]$_F$.

苏也只是把比尔介绍给了约翰。

这句的正确意义应是 Bill 与 only 关联,而 John 则与句法结构上处于更高位置的 also 关联。不过,根据 Rooth 及 Kratzer 的理论,焦点敏感算子是一个非选择性约束算子,因此,不论是什么焦点,只要在其管辖范围内,都会被在句法上处于最低位置的算子所约束。因此,它们会错误地预计 John 也会被 only 约束,而没有焦点成分会与 also 关联。

为了解决 Rooth 及 Kratzer 理论的问题,Wold 提出了一个新框架。他提出两点主张:第一,焦点释义应属选择性变量约束(selective variable binding),而焦点敏感算子是选择性约束算子(selective binders)。第二,Rooth 及 Kratzer 的理论没有为焦点敏感算子加索引,他们只是利用赋值函数 h 把算子和相关的焦点关联起来。Wold 的新框架则完全摒弃了 Kratzer 的第二个赋值函数 h,他在定义选项集合时只利用一般赋值函数 g。新旧框架的上述差别可反映在它们各自对选项集合的定义上,如(23)及(24)所示。

(23) Rooth 及 Kratzer 提出的旧框架

相对于 $[\![\,\mathrm{Op}\,\phi\,]\!]^g$(Op 属一个(不带索引)的焦点敏感算子,如"只"及"也")的选项集合为 $\{[\![\,\phi\,]\!]^{g,h}: h \in H\}$。

(24) Wold 提出的新框架

相对于 $[\![\,\mathrm{Op}_i\,\phi\,]\!]^g$(Op$_i$ 属一个(带索引)的焦点敏感算子,如"只$_i$","也$_i$")的选项集合为 $\{[\![\,\phi\,]\!]^{g \cup \langle\langle i, x\rangle\rangle}: x \in D\}$,其中 D 为一个个体组成的集合,$\langle i, x\rangle$ 表示索引 i 所对应的值 x。

细看(23)和(24),我们不难发现其中有两个明显的差别。(23)的算子 Op 并没有带索引,而(24)的算子则有索引 i,另外,(23)使用了两个赋值函数 g 和 h,而(24)则只用 g,不用 h。根据 Wold 的新框架,我们可重新对 only 进行定义,如(26)所示。

(25) 在 i∉Dom(g) 的条件下,$[|only_i\phi|]^g$ 定义为:

$$[|only_i\phi|]^g = \lambda w \ \forall p \in \underline{\{[|\phi|]^{g \cup \{\langle i, x\rangle\}} : x \in D\}}[p(w) = 1$$
$$\rightarrow p = [|\phi|]^g]$$

现在我们说明 Wold 所提出的(24)和(25)如何运作,以及与 Kratzer 及 Rooth 的(23)有何不同。(25)中包含了 i∉Dom(g) 这个条件,可确保焦点只会在新的索引上运作,避免了焦点如代词一样,选择由上下文决定的指称(referent)。因此,如(24)所示,焦点只会通过变量约束,与其拥有相同索引的焦点敏感算子关联,这也显示在(25)中。与 Kratzer(15)的 only 定义不同,(25)中的 ϕ 含有一个焦点特征 F_i 与焦点敏感算子 $only_i$ 同标。

此外,Wold 为了简化 only 的定义,舍弃了 Kratzer 焦点变量赋值函数 h,只保留了一般赋值函数 g,因而在(25)中,$[|\phi|]$ 的语义值是由赋值函数 g 及 g∪ $\{\langle i, x\rangle\}$ 运算出来的。因此,Wold 必须对一般赋值函数 g 作出进一步的调整,以正确解释带焦点特征 F_i 的焦点句。那么,Wold 的赋值函数 g 及 g∪$\{\langle i, x\rangle\}$ 是如何操作的呢? 在(25)中,画有底线的部分 $\{[|\phi|]^{g \cup \{\langle i, x\rangle\}} : x \in D\}$ 为命题的选项集合,而(25)则包含对这个集合以外及以内的两个部分进行运算。$[p(w) = 1 \rightarrow p = [|\phi|]^g]$ 属选项集合以外的运算,其操作过程如下:命题 ϕ 包含着焦点成分 α_{Fi},根据语义组合原则,g 会移到 $[|\alpha_{Fi}|]^g$ 上进行操作。由于这是在选项集合范围以外的运算,我们希望得出 $[|\alpha_{Fi}|]^g$ 等于 $[|\alpha|]^g$,即 $[|\alpha_{Fi}|]^g$ 不会给出任何相对 α 的选项。再看看选项集合以内的运算,即 $[|\phi|]^{g \cup \{\langle i, x\rangle\}}$ 的运算。由于 ϕ 包含着焦点成分 α_{Fi},根据语义组合原则,g∪$\{\langle i, x\rangle\}$ 会移到 $[|\alpha_{Fi}|]^{g \cup \{\langle i, x\rangle\}}$ 上进行操作。与集合外的运算不同,由于这次运算是在选项集合内进行,我们希望 $[|\alpha_{Fi}|]^{g \cup \{\langle i, x\rangle\}}$ 会给出相等于个体 x 的选项。换言之,$[|\alpha_{Fi}|]^{g \cup \{\langle i, x\rangle\}} = (g \cup \{\langle i, x\rangle\})(i) = x$。

值得注意的是,赋值函数 g 及 g∪$\{\langle i, x\rangle\}$ 的分别在于焦点特征索引 i 只包含在后者而非前者的范畴里(即 i∉Dom(g)),同时它们的差别只是在 i 的赋值不同,因此,只有 g∪$\{\langle i, x\rangle\}$ 会激活焦点特征 F_i,其作用有如 Kratzer 的焦点赋值函数 h。把 Wold 有关 only 的定义应用在(16)上,我们会得到(26)。

(26) 在 i∉Dom(g) 的条件下,$[|only_i[Sue \ introduce \ [\textbf{Bill}]_{Fi} \ to \ John]|]^g$ 的释义如下:

$$[|only_i[Sue \ introduce \ [\textbf{Bill}]_{Fi} \ to \ John]|]^g$$

$=\lambda w\ \forall p\in\{[|Sue\ introduced\ [\mathbf{Bill}]_{Fi}\ to\ John|]^{g\cup\langle i,\ x\rangle}:\ x\in D\}[p(w)=$

$1\to p=[|Sue\ introduced\ Bill\ to\ John|]^{g}]$

(26)可简化为(27)。

(27) $\lambda w\ \forall p\in\{[|\textbf{Sue introduced }[\textbf{Bill}]_{Fi}\textbf{ to John}|]^{g\cup\langle i,\ x\rangle}:\ x\in D\}$

$[p(w)=1\to p=[|\textbf{Sue introduced Bill to John}|]^{g}]$

$=\lambda w\ \forall p\in\{\lambda w'\ [\textbf{Sue introduced x to John in w'}]:\ x\in D\}$

$[p(w)=1\to p=\lambda w''\ [\textbf{Sue introduced Bill to John in w''}]]$ (i)

$=\lambda w\ \forall x\ [Sue\ introduced\ x\ to\ John\ in\ w\to x=Bill]$ (ii)

从(26)简化至(27),当中涉及两个赋值函数 $g\cup\{\langle i,\ x\rangle\}$ 及 g 的操作。先说前者。赋值函数 $g\cup\{\langle i,\ x\rangle\}$ 把 $\{[|Sue\ introduced\ [\mathbf{Bill}]_{Fi}\ to\ John|]^{g\cup\langle i,\ x\rangle}:\ x\in D\}$ 转换成 $\{\lambda w'\ [Sue\ introduced\ x\ to\ John\ in\ w']:\ x\in D\}$,有关操作如下:由于 $i\in$ $Dom(g\cup\{\langle i,\ x\rangle\})$,且根据语义组合原则,$g\cup\{\langle i,\ x\rangle\}$ 会移到 $[|Bill_{Fi}|]^{g\cup\langle i,\ x\rangle}$,因此,$[|Bill_{Fi}|]^{g\cup\langle i,\ x\rangle}=(g\cup\{\langle i,\ x\rangle\})(i)=x$,从而得出 $\{\lambda w'\ [Sue\ introduced\ x$ $to\ John\ in\ w']:\ x\in D\}$。

再看看赋值函数 g,它把 $[|Sue\ introduced\ Bill\ to\ John|]^{g}$ 转换成 $\lambda w''\ [Sue$ $introduced\ Bill\ to\ John\ in\ w'']$,有关操作如下:语义组合原则同样地会把 g 移到 $[|Bill_{Fi}|]^{g}$,由于 $i\notin Dom(g)$,g 不会对 F_i 起作用,因此,$[|Bill_{Fi}|]^{g}=[|Bill|]^{g}=$ Bill。(27)得出的句子意义实际上与引用 Kratzer 框架而得出的(18)是一样的,也是(16)的正确意义。

这里需要说明一下如何从(27i)推导出(27ii)。由于全称算子约束的变量 p 是从集合 $\{\lambda w'\ [Sue\ introduced\ x\ to\ John\ in\ w']:\ x\in D\}$ 取值,所以 p 的值为 $\lambda w'$ $[Sue\ introduced\ x\ to\ John\ in\ w']$,这样,(27i)中条件式的前件 $p(w)=1$ 就等同于 $p(w)$ 为真,即 $\lambda w'\ [Sue\ introduced\ x\ to\ John\ in\ w']\ (w)$ 为真。经过简化,就有 Sue introduced x to John in w 为真。而条件式的后件则为 $p=\lambda w''\ [Sue\ introduced$ Bill to John in w''],代入 p 的值,就有 $\lambda w'\ [Sue\ introduced\ x\ to\ John\ in\ w']=\lambda w''$ [Sue introduced Bill to John in w''],即 $x=Bill$,这样(27i)中的条件式就变为 Sue introduced x to John in w $\to x=Bill$。由于 p 已经去掉且只有 x 是自由变量,所以全称算子就会约束它,从而得到 $\forall x\ [Sue\ introduced\ x\ to\ John\ in\ w\to x=Bill]$,加上 λw 就得到了(27ii)。

由于(16)只存在一个焦点和一个算子,Rooth 和 Kratzer 的旧框架当然不会发生问题,且新旧两个框架看似没有什么分别。不过,如果句中存在多于一个焦点和算子时,则只有 Wold 的新框架会给出正确的释义。我们重复(22)如下,

(28b)为(28a)的逻辑式。

（28）a. Sue also only introduce $[\mathbf{Bill}]_F$ to $[\mathbf{John}]_F$.

　　　　苏也只是把比尔介绍给了约翰。

　　b. $\text{also}_m[\text{only}_i[\text{Sue introduce }[\mathbf{Bill}]_{Fi}\text{ to }[\mathbf{John}]_{Fm}]]$

在(28)中φ管辖的范围内存在不止一个焦点，即除了 F_i 外，还有一个 F_m。由于焦点敏感算子带有索引，如 also_m，赋值函数 g 只会在其范畴大一点包括 m 时，焦点特征 F_m 才会得到正确的解释，而 F_i 在此情况下就不会被解释，以便与带有索引 i 的算子 only_i 关联。这与在算子没有带索引的框架下运作有所不同，因此，Wold 的框架会对含有多个焦点或多个焦点敏感算子的句子如(28)赋予正确的意义，即 John 与 also 关联，而 Bill 则与 only 关联。这一点与旧框架不同，旧框架会在解释(28)时，在没带索引的焦点敏感算子 only 对应的选项里引入赋值函数 h，而 h 会非选择性地同时激活两个焦点特征 F_i 及 F_m，给出不正确的释义。

　　至于(28)的操作，我们现略为介绍一下。在解释(28)之前，我们先给出 also_m 的定义。

（29）$[\,|\,\text{also}_m\phi\,|\,]^g(w)$ defined only if $m\notin\text{Dom}(g)$ &

$\exists q\in\{[\,|\,\phi\,|\,]^{g\cup\langle\langle m,y\rangle\rangle}:\mathbf{y}\in\mathbf{D}\}\,[q(w)=1\ \&\ q\neq[\,|\,\phi\,|\,]^g]$

Where defined，$[\,|\,\text{also}_m\phi\,|\,]^g(w)=[\,|\,\phi\,|\,]^g(w)$

只有当 $m\notin\text{Dom}(g)$，且 $\exists q\in\{[\,|\,\phi\,|\,]^{g\cup\langle\langle m,y\rangle\rangle}:\mathbf{y}\in\mathbf{D}\}\,[q(w)=1\ \&\ q\neq[\,|\,\phi\,|\,]^g$ 为真时，$[\,|\,\text{also}_m\phi\,|\,]^g(w)$ 才有定义。当有定义时，其为真的条件是 $[\,|\,\text{also}_m\phi\,|\,]^g(w)=[\,|\,\phi\,|\,]^g(w)$。

(29)的大意为：$\text{also}_m\phi$ 断言φ为真，且预设除命题φ以外存在着另一个同为真的命题。把这个定义运用到(28)上，我们可以得出以下算式。

（30）如果φ有相应于 also_m 显示在(28b)的辖域，(28)就有如下语义表达：

$[\,|\,\text{also}_m[\text{only}_i[\text{Sue introduce }[\mathbf{Bill}]_{Fi}\text{ to }[\mathbf{John}]_{Fm}]]\,|\,]^g(w)$

defined only if $m\notin\text{Dom}(g)$ & $\exists q\in\{[\,|\,[\text{only}_i[\text{Sue introduce}$ $[\mathbf{Bill}]_{Fi}\text{ to }[\mathbf{John}]_{Fm}]]\,|\,]^{g\cup\langle\langle m,y\rangle\rangle}:y\in D\}[q(w)=1\ \&\ q\neq[\,|\,[\text{only}_i[\text{Sue}$ introduce $[\mathbf{Bill}]_{Fi}\text{ to }[\mathbf{John}]_{Fm}]]\,|\,]^g]$

Where defined，$=[\,|\,[\text{only}_i[\text{Sue introduce }[\mathbf{Bill}]_{Fi}\text{ to }[\mathbf{John}]_{Fm}]]\,|\,]^g(w)$

只有当 $m\notin\text{Dom}(g)$，

且 $\exists q\in\{[\,|\,[\text{only}_i[\text{Sue introduce }[\mathbf{Bill}]_{Fi}\text{ to }[\mathbf{John}]_{Fm}]]\,|\,]^{g\cup\langle\langle m,y\rangle\rangle}:y\in D\}$ $[q(w)=1\ \&\ q\neq[\,|\,[\text{only}_i[\text{Sue introduce }[\mathbf{Bill}]_{Fi}\text{ to }[\mathbf{John}]_{Fm}]]\,|\,]^g]$ 为真时，

$[\,|\,also_m[\,only_i[\,Sue\ 介绍[\mathbf{Bill}]_{Fi}\ 给[\mathbf{John}]_{Fm}\,]\,]\,|\,]^g(w)$ 才有定义。

当有定义时,其为真的条件是:

$[\,|\,also_m[\,Sue\ 介绍[\mathbf{Bill}]_{Fi}\ 给[\mathbf{John}]_{Fm}\,]\,|\,]^g(w)=[\,|\,[\,Sue\ 介绍[\mathbf{Bill}]_{Fi}\ 给$

$[\mathbf{John}]_{Fm}\,]\,|\,]^g(w)$。

假设 $also_m$ 的辖域为其成分统领辖域,且在(26)的情况下,包含着另一个焦点敏感算子 $only_i$。如上面讨论过的运算一样,在计算 $also_m$ 句子的语义时,我们同时考虑 $also_m$ 引发的选项集合以内及以外的运算。在(29)中,画有底线部分 $\{[\,|\,\phi\,|\,]^{g\,\cup\,\{\langle m,y\rangle\}}: y\in D\}$ 为 $also_m$ 所引发的命题选项集合。在该选项集合以外的运算,即 $[q(w)=1\ \&\ q\neq[\,|\,\phi\,|\,]^g]$ 的运算,涉及赋值函数 g 的操作,而在该选项集合以内的运算,即 $\{[\,|\,\phi\,|\,]^{g\,\cup\,\{\langle m,y\rangle\}}: y\in D\}$ 的运算,则涉及赋值函数 $g\cup\{\langle m,y\rangle\}$ 的操作。由(30)可见,不论是在 $also_m$ 选项集合以内,即 $[\,|\,[\,only_i[\,Sue\ introduce[\mathbf{Bill}]_{Fi}\ to\ [\mathbf{John}]_{Fm}\,]\,]\,|\,]^{g\,\cup\,\{\langle m,y\rangle\}}$,还是在 $also_m$ 选项集合以外,即 $[q(w)=1\ \&\ q\neq[\,|\,[\,only_i[\,Sue\ introduce[\mathbf{Bill}]_{Fi}\ to\ [\mathbf{John}]_{Fm}\,]\,]\,|\,]^g]$ 的运算,均包含了 $only_i$,且两个 $also_m$ 运算都涉及与 $only_i$ 相关的集合(即 only 对 Sue introduce $[\mathbf{Bill}]_{Fi}$ to $[\mathbf{John}]_{Fm}$ 所引发的命题集合)以内及以外的运算。换言之,在计算(30),即(28)的释义时,Sue introduce $[\mathbf{Bill}]_{Fi}$ to $[\mathbf{John}]_{Fm}$ 这个表达式将被运算四次。有关的运算罗列如下〔引自 Wold(1996)〕:

(31) 在 $also_m$-选项集合以内的运算

　　(即对 $[\,|\,[\,only_i[\,Sue\ introduce[\mathbf{Bill}]_{Fi}\ to\ [\mathbf{John}]_{Fm}\,]\,]\,|\,]^{g\,\cup\,\{\langle m,y\rangle\}}$ 的运算)

　　$m\in Dom(g\cup\{\langle m,y\rangle\})$

　　a. 在 $only_i$-选项集合以内的运算

　　　 $i\in Dom(g\cup\{\langle m,y\rangle\}\cup\{\langle i,x\rangle\})$

　　　 $[\,|\,Sue\ introduce\ [\mathbf{Bill}]_{Fi}\ to\ [\mathbf{John}]_{Fm}\,|\,]^{g\,\cup\,\{\langle m,y\rangle\}\,\cup\,\{\langle i,x\rangle\}}$

　　　 $=\lambda w'[\,Sue\ introduce\ x\ to\ y\ in\ w'\,]$

　　b. 在 $only_i$-选项集合以外的运算

　　　 $\forall y\ i\notin Dom(g\cup\{\langle m,y\rangle\})$

　　　 $[\,|\,Sue\ introduce\ [\mathbf{Bill}]_{Fi}\ to\ [\mathbf{John}]_{Fm}\,|\,]^{g\,\cup\,\{\langle m,y\rangle\}}$

　　　 $=\lambda w'\,[\,Sue\ introduce\ Bill\ to\ y\ in\ w'\,]$

(32) 在 $also_m$-选项集合以外的运算

　　(即对 $[q(w)=1\ \&\ q\neq[\,|\,[\,only_i[\,Sue\ introduce[\mathbf{Bill}]_{Fi}\ to\ [\mathbf{John}]_{Fm}\,]\,]\,|\,]^g]$ 的运算)

　　$m\in Dom(g)$

　　a. 在 $only_i$-选项集合以内的运算

　　　$i \in Dom(g \cup \{\langle i, x \rangle\})$

　　　$[\mid Sue\ introduce\ [\textbf{Bill}]_{Fi}\ to\ [\textbf{John}]_{Fm} \mid]^{g \cup \{\langle i,x \rangle\}}$

　　　$= \lambda w'[Sue\ introduce\ x\ to\ John\ in\ w']$

　　b. 在 $only_i$-选项集合以外的运算

　　　$i \notin Dom(g)$

　　　$[\mid Sue\ introduce\ [\textbf{Bill}]_{Fi}\ to\ [\textbf{John}]_{Fm} \mid]^{g}$

　　　$= \lambda w'\ [Sue\ introduce\ Bill\ to\ John\ in\ w']$

（31）及（32）显示了解释（28）的四个基本运算。值得注意的是（32a），由于其运算是在有 $also_m$ 的选项集合以外和有关 $only_i$ 的选项集合以内，正好引出了下面这样一个情况：即算式里只包含算子 $only_i$，但却有两个焦点特征 F_i 和 F_m，而（32a）给出的也是正确的变量约束关系：$only_i$ 只激活与其同标的 F_i，而非另一个焦点特征 F_m。这是由于（32）的运算是在 $also_m$ 的选项集合范围以外，m 的范畴不属 $Dom(g \cup \{\langle i, x \rangle\})$ 的一员，因此，F_m 没有被激活，得到我们想要的结果，即 $only_i$ 只激活 F_i 而非 F_m。这与以往的分析不同，它们会把这种情况判断为 only 同时约束这两个焦点特征。

　　（31）及（32）只粗略给出了有关（28）的运算，要算出（28）的释义，必须把余下部分 $only_i\ [Sue\ introduce\ [\textbf{Bill}]_{Fi}\ to\ [\textbf{John}]_{Fm}]$ 运算出来。以（31）（32）以及 Wold 于（25）提出的有关 only 的新定义为基础，Wold 作出以下运算。

　　（25）在 $i \notin Dom(g)$ 的条件下，$[\mid only_i \phi \mid]^g$ 定义为：

　　　$[\mid only_i \phi \mid]^g = \lambda w\ \forall p \in \{[\mid \phi \mid]^{g \cup \{\langle i, x \rangle\}} : x \in D\}[p(w) = 1$

　　　　　　　　　$\rightarrow p = [\mid \phi \mid]^g]$

　　（33）在 $also_m$-选项集合以内的运算

　　　$[\mid only_i [Sue\ introduce\ [\textbf{Bill}]_{Fi}\ to\ [\textbf{John}]_{Fm}] \mid]^{g \cup \{\langle m, y \rangle\}}$

　　　（应用 only 的定义（25）后得出以下结果）

　　　$= \lambda w''' \forall p \in \{[\mid Sue\ introduce\ [\textbf{Bill}]_{Fi}\ to$

　　　$[\textbf{John}]_{Fm} \mid]^{g \cup \{\langle m,y \rangle\} \cup \{\langle i,x \rangle\}} : x \in D\}[p(w''') = 1$

　　　$\rightarrow p = [\mid Sue\ introduce\ [\textbf{Bill}]_{Fi}\ to\ [\textbf{John}]_{Fm} \mid]^{g \cup \{\langle m,y \rangle\}}]$

　　　（上述算式中的 $[\mid Sue\ introduce\ [\textbf{Bill}]_{Fi}\ to$

　　　$[\textbf{John}]_{Fm} \mid]^{g \cup \{\langle m,y \rangle\} \cup \{\langle i,x \rangle\}}$ 以（31a）的结果代入，得出以下两个算式）

　　　$= \lambda w''' \forall p \in \{\lambda w'\ [Sue\ introduce\ x\ to\ y\ in\ w'] : x \in D\}$

　　　$[p(w''') = 1 \rightarrow p = \lambda w''\ [Sue\ introduce\ Bill\ to\ y\ in\ w'']]]$

$=\lambda w''' \forall x [Sue\ introduce\ x\ to\ y\ in\ w''' \to x = Bill]$

（34）在 $also_m$-选项集合以外的运算

$[|only_i[Sue\ introduce\ [\textbf{Bill}]_{Fi}\ to\ John_{Fm}]|]^g$

（应用 only 的定义（25）后得出以下结果）

$=\lambda w''''\forall p \in \{[|Sue\ introduce\ [\textbf{Bill}]_{Fi}\ to\ [\textbf{John}]_{Fm}|]^{g\cup\{(i,x)\}}: x \in D\}\ [p$

$(w'''') = 1 \to p = [|Sue\ introduce\ [\textbf{Bill}]_{Fi}\ to\ [\textbf{John}]_{Fm}|]^g]$

（上述算式中的 $[|Sue\ introduce\ [\textbf{Bill}]_{Fi}\ to\ [\textbf{John}]_{Fm}|]^{g\cup\{(i,x)\}}$ 以（33a）的

结果代入，得出以下结果）

$=\lambda w''''\forall p \in \{\lambda w'[Sue\ introduce\ x\ to\ John\ in\ w']: x \in D\}$

$[p(w'''') = 1 \to p = \lambda w''[Sue\ introduce\ Bill\ to\ John\ in\ w'']]$

$=\lambda w''''\forall x[Sue\ introduce\ x\ to\ John\ in\ w''''\to x = Bill]$

$[|also_m[only_i[Sue\ introduce\ [\textbf{Bill}]_{Fi}\ to\ [\textbf{John}]_{Fm}]]|]^g(w)$

defined only if

$\exists y[y \neq John\ \&\ \forall x[Sue\ introduce\ x\ to\ y\ in\ w \to x = Bill]]$

（（33）的代入）

Where defined,

$=1\ iff\ \forall x[Sue\ introduce\ x\ to\ John\ in\ w \to x = Bill]$

（（34）的代入）

只有当 $\exists y[y \neq John\ \&\ \forall x[Sue\ introduce\ x\ to\ y\ in\ w \to x = Bill]]$ 为真时，$[|also_m[only_i[Sue\ introduce\ [\textbf{Bill}]_{Fi}\ to\ [\textbf{John}]_{Fm}]]|]^g(w)$ 才有定义。当有定义时，其为真的条件是 $\forall x[Sue\ introduce\ x\ to\ John\ in\ w \to x = Bill]$ 为真。

4. 结语

总结以上的讨论，Wold 的理论框架实际上很接近 Kratzer 的，两者均使用了索引操作。Kratzer 只把索引用在标记同指的焦点变量，令它们可以同变，解决了 Rooth 的分析在解释短语省略句时存在的问题。不过，由于 Kratzer 及 Rooth 采取了非句法手段去解释焦点句，造成了焦点敏感算子与焦点之间完全没有约束关系，这样在遇到含有多于一个算子及焦点的句子时便会出现问题。Wold 的理论把 Kratzer 的索引操作进一步扩展，在 Wold 的理论框架下，所有焦点敏感算子及焦点都带有索引，只有与算子拥有相同索引的焦点才可与该算子关联，这个

方法在某程度上是借用了句法上的代词回指手段，但是其限制相对较少。

参考文献

1. Kratzer, Angelika. The Representation of Focus[M]// A. von Stechow & D. Wunderlich. Semantik/ Semantics: An International Handbook of Contemporary Research. Berlin: Walter de Gruyter, 1991: 804 - 882.

2. Krifka, Manfred. Frameworks for the Representation of Focus[C]// Proceedings of the ESSLLI' 96 Conference on Formal Grammar. Prague, 1997: 11 - 12.

3. Rooth, Mats. Association with Focus [D]. University of Massachusetts, Amherst, distributed by GLSA, Amherst, 1985.

4. Rooth, Mats. A Theory of Focus Interpretation[J]. Natural Language Semantics, 1992, 1: 75 - 116.

5. Rooth, Mats. Focus[M]// Lappin S. The Handbook of Contemporary Semantic Theory. London: Blackwell Publishers, 1996.

6. Sag, Ivan. Deletion and Logical Form[D]. MIT, Cambridge, Mass, 1976.

7. Williams, Edwin. Discourse and Logical Form[J]. Linguistic Inquiry, 1977, 8: 101 - 139.

8. Wold, Dag. Long Distance Selective Binding: The Case of Focus[C]// Proceedings of SALT VI. Ithaca: Cornell University, 1996.

第十一章　Pulman 的逻辑代换法

潘海华　李宝伦

1. 引言

　　另一个对焦点的语义进行解释的方法是代换法(replacive theory),它采用的是高阶合一运算(higher order unification, 以下简称逻辑代换法)(Pulman, 1997)。高阶合一运算是一种对信息进行组合运算的方法,其中的信息是用基于类型论的高阶逻辑(typed higher order logic)中的项(term)来表达的。Dalrymple等(1991)把高阶合一运算用于对含有动词词组省略的句子进行分析,Pulman(1997)则尝试将之用于对焦点的语义解释。他认为,基于高阶合一运算的逻辑代换法比选项语义论、结构意义说和具有灵活性的范畴语法都优越,这是因为逻辑代换法不仅在描述语言现象上比前三个理论都要广,而且在实用性上也比它们都要强,可以直接在计算机上实现相关的运算。

　　在这一章里,我们先介绍逻辑代换法的基本观点和运算过程,然后指出其不足。

2. 逻辑代换法的基本内容

　　Pulman(1997)只讨论与窄焦点有关的语言现象,而不涉及宽焦点方面的问题。这是因为他认为人们对于前者的辖域之语感比对后者的要清楚得多。同时,他也指出,他提出的逻辑代换法同样适用于与宽焦点有关的语言现象,只不过很难无歧义地确认宽焦点而已。

2.1　与焦点相关的现象

　　我们已经在本书第六章里详细讨论了与焦点有关的现象以及对焦点敏感的句法结构,这里不再重复。在此仅给出 Pulman 认为任何一个对焦点进行解释的理论都应该能够处理的焦点句,以便后续的讨论。

　　(1) John only introduced Bill to [**SUE**]$_F$.

　　　　　约翰只是把比尔介绍给了苏（而不是其他任何人）。

（2）John only introduced [**BILL**]$_F$ to Sue.

　　　　　约翰只是把比尔（而不是其他任何人）介绍给了苏。

（3）John only introduced [**BILL**]$_F$ to [**SUE**]$_F$.

　　　　　约翰只是把比尔（而不是其他任何人）介绍给了苏（而不是别人）。

（4）John even drank [**WATER**]$_F$.

　　　　　（除了其他的东西之外）约翰甚至还喝了水。

（5）Even$_1$ John$_1$ drank only$_2$ water$_2$.

　　　　　连约翰都只是喝了水（而不是其他的东西）。

（6）John even$_1$ [only$_2$ [drank water]$_2$]$_1$.

　　　　　约翰甚至只是喝了水。

（7）John even$_1$ drank [only$_2$]$_1$ [water]$_2$.

　　　　　约翰甚至喝的仅仅是水。

（8）Mary always took [**JOHN**]$_F$ to the movies.

　　　　　玛丽总是带约翰（而不是其他任何人）去看电影。

（9）Mary always took John to [**the MOVIES**]$_F$.

　　　　　玛丽总是带约翰去看电影（而不是其他的东西）。

（10）[**LONDONERS**]$_F$ most often go to Brighton.

　　　　　最常去布莱顿的（不是别人而）是伦敦人。

（11）Londoners most often go to [**BRIGHTON**]$_F$.

　　　　　伦敦人最常去的（不是别的地方而）是布莱顿。

（12）Most ships pass through the [**LOCK**]$_F$ at night.

　　　　　大部分的船在晚上通过的通常（不是别的而）是该船闸。

（13）Most ships pass through the lock [**at NIGHT**]$_F$.

　　　　　大部分的船通过该船闸的时间通常（不是在别的时间而）是在晚上。

上述例子中（1）—（7）显示焦点敏感算子 only 和 even 与焦点的相互作用，其中（5）—（7）含有多个焦点敏感算子与焦点（Rooth，1985、1992；Krifka，1991、1992）。例子（8）—（11）显示量化副词与焦点的相互作用，而（12）—（13）则表明限定词 most 也与焦点相关联（Krifka，1990）。从上面例子的汉语翻译中可以看出同一个句子，因焦点位置的不同，其真值条件也随之不同。例如，（10）和（11）有着相同的句法结构，只是句子的重音不同，然而，它们为真的条件也不同。（10）为真的条件是：最常去布莱顿的一定要是伦敦人，否则该句为假。而（11）

为真的条件是：伦敦人最常去的地方必须是布莱顿，而不是其他别的什么地方，否则该句为假。显然这两个句子真值条件不一样，因此，焦点的不同会影响焦点敏感算子关联的对象，从而影响句子的真值条件以及句子的意义。

2.2　前人的研究及其不足

Pulman 简单介绍了 Rooth 的选项语义论（Rooth，1985、1992）、结构意义说（Jacobs，1983；von Stechow，1989；Krifka，1991、1992、1993）以及 Steedman 的组合范畴语法（combinatory categorial grammar，Steedman，1990、1991、1993）。他认为他自己提出的理论比上述三个理论都要好。由于本书有专章介绍前两者（见第八、九章），这里我们只简单地介绍一下 Steedman 的组合范畴语法，看看它如何对焦点进行解释。

Steedman 在其一系列文章（1990，1991，1993）中提出了他对焦点的解释理论，主要是利用其组合范畴语法的灵活性。在该理论中，词和词组都可以用多种语义等同的方式组合起来，由此引出人们常说的表面歧义的问题。但是 Steedman 却认为，其中的某些组合并非人们所说的表面歧义，它们确实对应于不同的信息结构，具有不同的语音特征。

Steedman 用主题（theme）与述题（rheme）来描述句子的信息结构，而用焦点来描述前两者的语音核心，同时这两者都可以被进一步分解成一个焦点—背景结构。① 我们可以用下面的句子来说明该理论的主要特点。

（14）What about MUSICALS? Who admires THEM?

　　音乐剧呢？谁欣赏（它们）？

（15）[$_{RHEME}$[**MARY**]$_F$] [$_{THEME}$ admires MUSICALS]

　　玛丽（而不是别人）欣赏音乐剧

（16）What about MARY? What does SHE admire?

　　玛丽呢？她欣赏什么？

（17）[$_{THEME}$MARY admires] [$_{RHEME}$[**MUSICALS**]$_F$]

　　玛丽欣赏音乐剧。（或：玛丽欣赏的是音乐剧。）

---

① 下面例子说明句子的主题和述题都可以被进一步分解为焦点和背景两个部分：

i. Mary envies the man who wrote the musical. But who does she admire?

　玛丽羡慕创作该音乐剧的那个男人。可是她崇拜谁呢？

ii. [$_{THEME}$ Mary [**ADMIRES**]$_F$] [$_{RHEME}$ the woman who [**DIRECTED**]$_F$ the musical]

　玛丽崇拜那个指挥了该音乐剧的女人。

这里，主题 Mary ADMIRES 和述题 the woman who DIRECTED the musical 中的 ADMIRES 和 DIRECTED 分别是主题和述题中的焦点部分，而其他的部分则是背景部分。

(14)和(16)分别是问句,(15)和(17)则分别是对应的答句。其中 admires MUSICALS 和 MARY 分别是(15)的主题和述题。与(15)不同,(17)的主题是一个非常规的句法单位,MARY admires,其述题是宾语 MUSICALS。在这两个句子中 MARY 和 MUSICALS,尽管都是以大写字母出现,然而,只有(15)中的 MARY 和(17)中的 MUSICALS 是焦点,所以,它们都出现在述题中。

Steedman 用对应于不同语音模式的句法结构来解释上述句子意义上的不同,他认为对应于不同语音模式的主要句法结构决定相关句子的信息结构。相应的推导过程如下,其中 T 表示类型提升(type raising),A 是泛函贴合运算(function application),C 是函数复合运算(functional composition)。

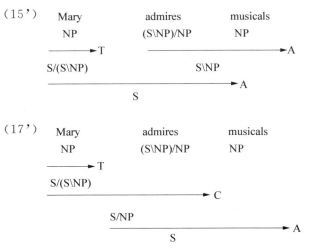

这里需要说明一下。在(15')和(17')中,词或词组的句法类型中的符号作如下解释:"/"表示一个从左向右的函数,左边是运算的结果,右边是该函数可接受的主目的类型,且表示其主目出现在该词的右边,所以,S/NP 表示如果其右边有一个名词词组 NP,通过泛函贴合运算与之结合,就可以得到一个句子 S。"\"表示一个从右向左的函数,同"/"一样,左边是运算的结果,右边是该函数可接受的主目的类型,但与"/"不同的是,"\"的主目或论元是在其左边而不是右边出现。(15')和(17')中动词的类型((S\NP)/NP)是一个二元函数,它先与其右边的 NP 结合给出一个一元函数(S\NP),该函数与其左边的一个 NP 论元结合之后,就可以产生一个句子。所以,在(15')中,动词类型((S\NP)/NP)和宾语的类型 NP 通过泛函贴合运算 A 结合之后,就得到一个函数(S\NP)。由于普通的泛函贴合运算的方向是从左向右的,上述操作得到的结果不能直接和其左边 NP 结合而得出句子,所以,必须把其左边的 NP 论元变成是一个可以把(S\NP)当论元的函数,这只能通过类型提升才能办到。这样,通过类型提升 NP 就变成了一个可以接受(S\NP)为其论元的函数 S/(S\NP),因此,S/(S\NP)和(S\NP)通过泛函贴合运算结合之后,就得到了句子 S。当然,如果定义一个从右向左的泛函贴合运算,就不需要再利用类型提升了,而可以直接让函数(S\NP)与其左边的 NP 结合产生一个句子。

　　(17')中的运算过程则需要引入函数复合运算 C,它用两个函数 F 和 G 组成一个新的函数,其条件是 F 的论元和 G 的结果(即 G 中"/"左边的类型)必须一样,而复合运算的结果是一个由 F 的结果和 G 的论元组成的新函数。这样,(17')中的主语经过类型提升之后,可以和动词的类型经过函数复合运算 C 而得到 S/NP。注意该运算中共享的部分是(S\NP),它本身也是一个函数。最后,S/NP 通过泛函贴合运算 A 与宾语 NP 结合而得到了(17')中的句子。

　　Steedman 的组合范畴语法,由于使用了灵活的句法结构,可以处理基本的焦点现象,同时给出的解释与 Rooth 的选项语义论和 Krifka 的结构意义说给出的基本相同。该理论优点之一是,它可以对非常规的句法成分进行直接运算,如(17)中的主语和动词可以通过函数复合运算直接结合产生一个非常规的句法成分,而这正是解释像(17)这样的句子之关键所在。注意(17')中的主题是一个非常规的句法成分,由主语和动词组成。由于结构意义说和选项语义论都是建立在常规的句法结构之上的,它们无法像组合范畴语法那样简单地处理像(17)这样的句子。

　　Steedman 理论的另一个优点是,其函数复合运算 C 并不是为了解释带焦点的句子而专门提出的,该理论不需要额外的假设或机制就可以处理含焦点的句子,所以,它比其他的理论要简单一些。

　　然而,Steedman 的理论却存在下面的问题。第一,Joshi(1990)指出,有时候解释焦点效应所必需的句法成分可能会与解释句法事实的结构不一致,例如:

(18) What about MARY? What does SHE admire?

　　　玛丽呢? 她欣赏什么?

(19) Mary admires MUSICALS but DETESTS OPERA.

　　　玛丽欣赏音乐剧但是她憎恨歌剧。

为了解释上述的焦点结构,(19)中的第一个小句 Mary admires MUSICALS 必须先把主语和动词结合起来,再和处于焦点位置的宾语 MUSICALS 相结合而得到该小句。但是,为了和第二小句形成合法的动词词组并列结构,第一小句中必须有一个动词词组，然而，焦点结构则要求不能有一个动词词组。尽管范畴语法可以给一个句子提供很多不同的推导过程，但是它并不能要求一个成分可以同时有不同的推导过程。

　　第二，范畴语法中句法和语义的同构性（isomorphism）也会带来一定的问题。在该理论中，句法成分也是语义单位，这种联系和对应关系确实要比常规的语法理论所能给出的结构和意义多一些。可是这种句法和语义上的紧密联系却意味着 Steedman 的理论在处理有些焦点句，特别是涉及孤岛中的焦点时，并不总是能给出一些句法成分的语义。例如：

（20）They only asked whether I knew the woman who chairs the $[\textbf{ZONING}]_F$ board.

　　　　他们只是问我是否认识那个主持城市分区规划委员会的女人。

在该句中，焦点落在孤岛中的某个句法成分 ZONING 上，从而使我们无法用句法手段来计算出某些意义所必需的组成部分，不论是用标准理论中的移位，还是范畴语法里的类型提升与函数复合运算，都不行。上述 Rooth 给出的例子所要求的谓词应该是下面的（21）。

（21）λx. they asked whether I knew the woman who chairs x

　　　　他们问我是否认识那个主持 x 的女人

Steedman 对这个困境的回应是，在构造焦点结构的语义时涉及两个因素，这是因为前面提到过的主题和述题都可以进一步被分解为焦点和背景两个部分，而主题部分可以提供不完整命题（open proposition）本身，述题中的背景部分则帮助限制有关选项的集合。这样，相关的不完整命题就变成了下面的（22）和（23）。

（22）λx. they asked whether I knew x

　　　　他们问我是否认识 x

（23）λy. the woman who chairs y

　　　　那个主持 y 的女人

这里（22）是新的不完整命题，其中的 x 被限制到一个受限于上下文的集合上，且该集合的成员必须满足（23）中给出的条件。注意，Steedman 实际上是把（21）分解成（22）和（23）两个部分。由于在（22）中由 λ-算子约束的变量 x 出现在一个复杂名词词组 the woman who chairs x 里，且该名词词组是一个句法孤岛，所以我们就无法用句法手段计算出（21）的语义，否则，会违反与复杂名词词组有关的句法孤岛条件。因此，Steedman 建议把（21）分解成（22）和（23）。由于他认为（22）和（23）的意义都可以用范畴语法所允许的句法手段算出，所以，可以通过把

(21)分解成(22)和(23)而间接算出(22)的语义。

可是,Pulman 却认为,Steedman 对涉及孤岛条件的焦点句的处理存在着一定的问题。用于计算不完整命题之结构(22)本身在相关文献中,就被当作是一个违反句法孤岛条件的结构,且用于限制量化域的谓词(23)同样也违反同一个句法孤岛条件,即涉及疑问词的句法孤岛条件:WH 孤岛条件(WH island constraint)。如果 Steedman 的理论允许生成这样的不完整命题,它同样也会允许生成下面有着相同结构的非法句。

（24）*What does he know whether John likes?

（25）*Who does he know what irritates?

Steedman 的理论存在的另一个问题是,它不能很好地处理含有两个非连续性的焦点成分的句子,如下所示:

（26）John only introduced [**MARY**]_F to [**SUE**]_F.

约翰只是把玛丽(而不是其他任何人)介绍给了苏(而不是别人)。

（27）John only [**TURNED**]_F it [**OFF**]_F.

约翰只是把它关掉了(而不是打开了)。

要正确解释上述句子,Steedman 的理论必须把上述的非连续焦点当作一个整体。尽管该理论使用常规的语义组合方法可以生成很多基于连续性词语的非常规句法成分,但是,它需要使用更复杂的语义组合运算来推导出这里所需要的句法结构。如果是这样的话,就会极大地增加由范畴语法的灵活性所带来的表面歧义问题。同时,这些运算会与被称为是范畴语法一大优点的解释的渐进性(incrementality of interpretation)特点发生冲突。

3. Pulman 基于高阶合一运算的分析法

3.1　高阶合一运算

高阶合一运算是对由基于类型论的 λ-演算中的项(term)组成的对子(pair)进行运算(Huet, 1975)。这些项必须具备标准的形式,其类型由 λ-变量明确标示。由于相关的标准形式和合一算法非常复杂,我们在此只用具体的例子来说明这些概念。

在高阶逻辑中,各种类型的变量都是允许的,而不仅仅是指向个体的变量。所以,尽管(28)不是一个合法的一阶逻辑方程式,但是它却是一个合法的高阶逻辑方程式,其中"→"的右边给出的是其左边方程式的一个解。把这个解代入方程式中会使其左右相等,如下面的(29)所示。

（28）P(john)＝sleeps(X) →{P＝sleeps，X＝john}

（29）*左边*：P(john)＝sleeps(john)

　　　　右边：sleeps(X)＝sleeps(john)

（30）a. P(john)＝likes(john，mary) →{P＝λx. likes(x，mary)}

　　　b. P(x)＝likes(john，mary)

　　　　　　　→{P＝λy. likes(y，mary)，x＝john}

　　　　　　　→{P＝λy. likes(john，y)，x＝mary}

(30)中给出了一些更复杂的例子,其中(30b)给出了两个解。把(30b)中的第一个解代入原方程式中就可以看到方程式的左右两边取相同的值,如下所示:

（31）*左边*＝P(x)＝[λy. likes(y，mary)](x)

　　　　　　＝[λy. likes(y，mary)](john)

　　　　　　＝likes(john，mary)

　　　　　　＝*右边*

注意,虽然统一代换(unifying substitution)概念与一阶逻辑中的相同,高阶逻辑中"等同"(identity)的概念却不一样:即使找到一个统一的代换,把该代换运用到相应的表达式中也不一定会产生等同的项。与一阶逻辑中的情况不一样,高阶逻辑中没有最普遍的解,如(30b)中的两个解就看不出哪个更普遍。即使是最简单的例子(28)也有其他的解,如下所示:

（32）{P＝λy. sleeps(y)，X＝john}，{P＝λy. [λz. sleeps(z)](y)，

　　　X＝john}，etc.

由上面的讨论可以看出高阶合一运算具有不确定(non-deterministic)的特性,可以有多个解,同时,它也是不可决定的(not decidable),因此,当一个方程式无解时,实现高阶合一运算的算法可能不会终止,即它可能无限循环下去。但是,低于三阶的高阶匹配(matching)(其变量只出现在方程式的一边)是可决定的(Dowek，1992),同时低于三阶的高阶合一运算存在着很多有趣的子集,这些子集具有相对可确定的计算特性(Miller，1990)。高阶合一运算引人入胜之处在于它能对一种特定的信息组合的观念提供一个清晰的逻辑解释,其解释的方式比其他类型的信息组合运算更少地依赖于相关表达式的句法形式。

3.2　Pulman 对省略的语义解释

第一,由基于句法的意义组合过程生成准逻辑式〔qusai-logical form,简称QLF,参见 Alshawi ＆ Crouch (1992)〕。当这些准逻辑式或 QLF 含有与上下

文有关的表达式时,会要求更进一步的上下文处理来决定句子的真值。省略和焦点现象就是相关的例子,对于它们在 QLF 上的解释会使用各种不同的算子,如 ellipsis、even、only 等来表达,而这些算子则通过"条件等值式"〔conditional equivalence, Rayner & Alshawi (1992)、Rayner (1993)〕来进行解释。在各种上下文的条件得到满足时,或者是在可以把这些条件看作取真值的情况下,相关的条件等值式就会规定上述现象的意义是什么。

　　第二,用某种逻辑里的表达式来表述上下文的相关特征,这样,检查上下文的条件就等于是查看它们在给定的上下文中是否成立,或者是看它们是否可以被加入到给定的上下文中,而不会带来任何冲突。

　　第三,在 QLF 层次上,用一个叫作 ellipsis(省略)的多元算子来表达省略结构的意义,这个算子的论元则是在省略结构中出现的项。该算子的类型为 $\langle A_1, \ldots A_n, t \rangle$,其中 $A_1, \ldots A_n$ 是相关论元的类型。

　　我们先讨论省略结构的问题,省略算子的意义由下面的条件等值式给出:

(33) ellipsis$(A_1, \ldots A_n) \Leftrightarrow Q(A_1, \ldots A_n)$

　　　　if　antecedent(C),

　　　　　　& $Q(B_1, \ldots B_n) = C$,

　　　　　　& parallel$(A_1, \ldots A_n; B_1, \ldots B_n)$

　　如果先行语 C 存在,$Q(B_1, \ldots B_n)$ 等于 C,且论元 $A_1, \ldots A_n$ 与论元 $B_1, \ldots B_n$ 对等,则 ellipsis$(A_1, \ldots A_n)$ 和 $Q(A_1, \ldots A_n)$ 取相同的真值,即两者或者同真,或者同假。

(33)中的第一个条件是要求存在一个逻辑表达式为 C 的先行语,第二个条件是一个高阶方程,它相当于把先行语 C 分解成谓词 Q 和多个论元 $B_1, \ldots B_n$,第三个条件则是这些论元和省略句中的论元对等。这里对等的条件是相关的论元应该具有相同的类型和分类特征。[①]　在这些条件都得到满足时,就有 ellipsis$(A_1, \ldots A_n) \Leftrightarrow Q(A_1, \ldots A_n)$,即 ellipsis$(A_1, \ldots A_n)$ 和 $Q(A_1, \ldots A_n)$ 取相同的真值。

　　满足上述条件的结果就是相当于求出 Q 的值,得到了这个值之后,就相当于得出了等值式右边的省略结构的意义。[②]

---

　　①　对等的概念涉及词法、句法、语义和语用等方面的因素,这里不作进一步的说明。

　　②　一个高阶方程式可以有多个解,其中有些解可能不合适,或者无意义,因此,必须对它们加以限制,这由禁止空抽象运算条件(condition on prohibiting vacuous abstraction)和其他一些更严格的条件来保证得出的解都是合理的或是有意义的。

现举例如下,其中(35A)是并列结构中的第一句,(35B)是第二句,它是一个省略结构,(35a)和(35b)分别是(34A)和(34B)的逻辑表达式。

(34) A：John likes Mary.

　　　　约翰喜欢玛丽。

　　　 B：and Bill（too）.

　　　　比尔也喜欢。

(35) a. likes(john, mary)

　　　 b. ellipsis(bill)

按照(33),我们知道(35a)是先行语 C,且 Q(B)＝C＝likes(john, mary),即把函数 Q 经过泛函贴合运算和其论元 B 结合之后就可以得到 C,也就是 likes(john, mary)。由于 Q(B)中论元 B 必须和 ellipsis(bill)中的 bill 对等,即 B 必须是一个与 bill 同类的个体,所以,在给定的上下文中,它可以是 john 或者 mary,这两个选择都满足对等条件的基本要求。当 B 取值 mary 时,就有 Q(mary)＝C＝likes(john, mary),这个方程式的解是 Q＝λx. likes(john, x)。这里 Q 的类型为 ⟨e, t⟩,B 的类型为 e。把函数 Q 运用到其论元 B(＝mary)上,就有 λx. [likes(john, x)](mary)＝likes(john, mary)＝C。所以,方程式 Q(B)＝likes(john, mary)的一个解是{Q＝λx. likes(john, x), B＝mary}。

该方程式的另一个解是当 B 取值 john 时算出的：由于 Q(john)＝C＝likes(john, mary),方程式中 Q 的值应该是 λx. likes(x, mary),它的类型也为⟨e, t⟩。这样,就得到了方程式 Q(B)＝likes(john, mary)的另一个解{Q＝λx. likes(x, mary), B＝john}。

由于 ellipsis(A) ⇔Q(A),即两者等值,而函数 ellipsis 取 Q 的值就会使两者等值,所以函数 ellipsis 就取 Q 的值。当把相关的值代入到相关的函数中时,我们可以得到 ellipsis(A)的值(这里 A＝bill),即(34B)所允许的意义。

(36) a. ellipsis(bill)＝Q(bill)＝λx. [likes(john, x)](bill)

　　　　　　　　＝likes(john, bill)

　　　 b. ellipsis(bill)＝Q(bill)＝λx. [likes(x, mary)](bill)

　　　　　　　　＝likes(bill, mary)

(36)中给出的两个意思正好是(34B)所允许的意义,即 John likes Bill(36a)和 Bill likes Mary(36b)。特别值得注意的是,(36a)中省略函数 ellipsis 的值是 λx. [likes(john, x)],它对应于(34A)中的 John likes,然而,任何有关句法和语义结构的常规理论都不可能给出这样一个成分或单位。所以,使用任何常规理论都无法用复制任何一个句法或语义结构来得到与(36a)所对应的意义。

另外,由于专有名词词组也可以用广义量词(generalized quantifier)的方法来表示它们的意义,即除了用真实世界里的个体 john、mary 和 bill 来表示 John、Mary 和 Bill 的意义之外,还可以用 $\lambda P.\ P(\mathrm{john})$、$\lambda P.\ P(\mathrm{mary})$ 和 $\lambda P.\ P(\mathrm{bill})$ 来表达它们的意义。因此,相应的 Q 就会取更复杂的值。比如,当 B 取 $\lambda P.\ P(\mathrm{john})$ 为值时,Q(B)就会变成 $Q(\lambda P.\ P(\mathrm{john}))=C=\mathrm{likes}(\mathrm{john},\ \mathrm{mary})$,该方程式的解是 $Q=\lambda R.\ R(\lambda x.\ \mathrm{likes}(x,\ \mathrm{mary}))$。这样,方程式 $Q(B)=\mathrm{likes}(\mathrm{john},\ \mathrm{mary})$ 的第三个解是 $\{Q=\lambda R.\ R(\lambda x.\ \mathrm{likes}(x,\ \mathrm{mary})),\ B=\lambda P.\ P(\mathrm{john})\}$。同理,当 B 取 $\lambda P.\ P(\mathrm{mary})$ 为值时,相应的 Q 会取 $\lambda R.\ R(\lambda x.\ \mathrm{likes}(\mathrm{john},\ x))$ 为值,这样就得到了第四个解 $\{Q=\lambda R.\ R(\lambda x.\ \mathrm{likes}(\mathrm{john},\ x)),\ B=\lambda P.\ P(\mathrm{mary})\}$。

由于 ellipsis(A)和 Q(A)等值,函数 ellipsis 就会取 Q 的值。当把相关的值代入到相关的函数中时,我们可以得到 ellipsis(A)的值[这里 A 取值 $\lambda P.\ P(\mathrm{bill})$],即(34B)所允许的意义,如下所示:

(37) a. $\mathrm{ellipsis}(A)=Q(A)$

$\quad\quad\quad=\underline{\lambda R.\ R(\lambda x.\ [\mathrm{likes}(\mathrm{john},\ x)])}(\lambda P.\ P(\mathrm{bill}))$

$\quad\quad\quad=\lambda P.\ [P(\mathrm{bill})]\underline{(\lambda x.\ [\mathrm{likes}(\mathrm{john},\ x)])}$

$\quad\quad\quad=\lambda x.\ [\mathrm{likes}(\mathrm{john},\ x)](\mathrm{bill})$

$\quad\quad\quad=\mathrm{likes}(\mathrm{john},\ \mathrm{bill})$

　　b. $\mathrm{ellipsis}(A)=Q(A)$

$\quad\quad\quad=\underline{\lambda R.\ R(\lambda x.\ [\mathrm{likes}(x,\ \mathrm{mary})])}(\lambda P.\ P(\mathrm{bill}))$

$\quad\quad\quad=\lambda P.\ [P(\mathrm{bill})]\underline{(\lambda x.\ [\mathrm{likes}(x,\ \mathrm{mary})])}$

$\quad\quad\quad=\lambda x.\ [\mathrm{likes}(x,\ \mathrm{mary})](\mathrm{bill})$

$\quad\quad\quad=\mathrm{likes}(\mathrm{bill},\ \mathrm{mary})$

对于(37)中的运算,这里做一点说明。(37a)和(37b)中第一行画线的部分分别是函数 Q 两个不同的值,对应于上面提到的两个不同的解。利用 λ-简化(λ-reduction)运算,即用论元 $\lambda P.\ P(\mathrm{bill})$ 代替函数 λ 约束的变量 R 就分别得到(37a)和(37b)中的第二行,这样就把 λR. R 去掉了。然后,用第二行中的论元,即画线部分,代替变量 P,从而消去 λP. P,得到第三行中给出的结果。最后用论元 bill 替代变量 x 得到最后的结果,即(37a)和(37b)中的第四行。

从上面的讨论和计算中可以看出,高阶合一运算可以帮助我们对动词词组省略现象进行解释,从而得到被省略部分的意义。在下一节里,我们介绍如何用高阶合一运算来解释焦点句。

3.3　Pulman 对焦点的语义解释

所有的焦点句都用 QLF 的逻辑表达式来表示,所用到的简单语法规则来自 Krifka(1991)。假设所有的焦点成分都已确认,并把它们当作 QLF 中表达焦点结构之意义的函数的论元。焦点部分不需要是一个合法的句子成分,由单个词的意义组成的各种序列都可以是上述函数的论元。下面给出的是一个简单的英语句法规则系统(Krifka, 1991):

(38) a. S →S　　　　　　　　　: assert(Foci, S)

　　　b. S →NP VP　　　　　　 : NP(VP)

　　　c. VP →V_t NP　　　　　 : V_t(NP)

　　　d. VP →V_i NP_o NP_{io}　　 : V_i(NP_o)(NP_{io})

　　　e. VP →FAdv VP　　　　 : λx. FAdv(Foci, VP(x))

　　　f. NP →FAdv NP　　　　 : λP. FAdv(Foci, NP(P))

　　　g. NP →Name　　　　　 : λP. P(Name)

　　　h. V_t→kiss　　　　　　 : λO. λx. O(λy. kiss(x, y))

　　　i. V_i→introduce　　　　 : λO. λI. λx. I(λz. O(λy. int(x, y, z)))

(38)中分号左边的是句法规则,右边的是语义解释规则,其中的个体变量 x、y、z 的类型是 e,一元谓词变量 P、Q、R 的是⟨e, t⟩,广义量词变量 S、O、I 的是⟨⟨e, t⟩, t⟩,它对应于名词词组的一种逻辑类型。(38a)中的规则使用了断言算子 assert(出自 Jacobs 和 Krifka),该算子的论元是焦点和句子本身的意义。(38e)和(38f)中引入了对焦点敏感的副词,如 only 和 even,它们分别被当作是 VP 和 NP 的修饰语,这些词的意义是一个分别在 QLF 中带有 only 和 even 的结构,其论元与断言算子 assert 相似,唯一不同的是,它们的第二个论元比较复杂一些,必须加入必要的内容,以使其类型为 t。比如,在(38e)中 VP 的类型为⟨e, t⟩而不是 t,它是一个函数,不是一个命题,所以,必须加入一个论元把它的类型变为 t,结果是加入一个变量 x 使 VP 变成 VP(x),其类型为 t。由于 x 是一个自由变量,必须由一个 λ 函数来约束,这样就得到了(38e)中分号右边的解释规则。(38h)和(38i)中给出的分别是及物动词和双宾动词的语义,(38h)语义中的 O 是一个一元函数,其类型为⟨⟨e, t⟩, t⟩,是广义量词的类型,对应于句子的宾语。及物动词 kiss 有两个论元,我们分别用自由变量 x、y 表示,结果是 kiss(x, y),其类型为 t。由于所有的名词词组都被当作广义量词,所以,它们会把动词当作其论元。但是,函数 O 不能和类型为 t 的成分直接结合,我们必须对 kiss 的宾语 y 进行 λ 抽象得到 λy. kiss(x, y),其类型为⟨e,t⟩,这样它就可以和 O 结合成为 O(λy. kiss (x, y)),类型为 t。用 λ 对其中的自由变量 x 进行抽象就变成 λx. O(λy. kiss(x, y)),类型为⟨e,t⟩。而再用 λ 对自由变量 O 进行抽象就得到了动词的语义 λO. λx. O(λy. kiss(x, y)),其类型是⟨⟨⟨e,t⟩, t⟩, ⟨e,t⟩⟩。这个函数会接受一个具有广义量词类型的宾语。

(38i)语义中的 I 和 O 都是一元谓词的函数,其类型为⟨⟨e,t⟩, t⟩,它们分别对应于间接宾语和直接宾语。首先把直接宾语当函数,动词当论元。由于函数 O 只能和类型为⟨e,t⟩的论元结合,所以必须把 introduce(x, y, z)的类型 t 变为⟨e,t⟩,这用 λ 对自由变量 y 进行抽象就可以得到。这里对 y 进行抽象是因为它是直接宾语,结果是 λy. introduce(x, y, z)。和 O 结合就变成 O(λy. introduce(x, y, z)),类型为 t。由于函数 I 只能和类型为⟨e, t⟩的论元结合,所以,必须对 z 进行 λ 抽象,得到 λz. O(λy. introduce(x, y, z))。和 I 结合后得到 I(λz. O(λy. introduce(x, y, z)))。分别对其中的自由变量 x、I 和 O 进行 λ 抽象,就得到双宾语动词的语义 λO. λI. λx. I(λz. O(λy. introduce(x, y, z))),类型为⟨⟨⟨e,t⟩, t⟩, ⟨⟨⟨e, t⟩, t⟩, ⟨e, t⟩⟩⟩。这个函数可以接受两个具有广义量词类型的宾语,即间接宾语和直接宾语。

另外,我们用条件等值式定义各种焦点算子,同时表达它们与上下文相关的特点。和 Krifka(1991)一样,使用两个基本谓词 context(X) 和 parallel(X, Y),前者是一个有关上下文的,它表示 X 是或者变成是当前上下文中最显著的个体或命题,后者表示其论元 X 和 Y 属于同类的事物,但两者并不完全相等〔Krifka 用的是相容(comparable),而不是对等(parallel)〕,所以,我们会用 X≈Y 表示 parallel(X, Y),且 X≠Y。在相关的解释中需要用到一个语用条件,即 Krifka 有关断言的合适性条件(felicity condition of assertion),它要求至少有一个对等的对子是不等的。相关的焦点敏感算子的定义如下所示。

(39) 断言算子 assert

　　　assert(Foci, S) ⟺S

　　　if　　B(F)=S & context(C) & P(A)=C

　　　　　& parallel(B·F, P·A)

(40) only 算子

　　　only(F, S) ⟺no X. X ≈ F & B(X)

　　　if　　context(S) & B(F)=S

(41) even 算子

　　　even(F, S) ⟺S

　　　if　　B(F)=S & ∃X. X ≈ F & B(X) > B(F)

(39)的意思是具有焦点 F 的断言 S 和 S 等值的条件是下面四点都成立:(a) S 可以被分解成焦点 F 和背景 B;(b) 存在着一个在当前上下文中最显著的命题 C;(c) 该命题可以被分解成谓词 P 和论元 A,其中 P 和 A 分别为背景和焦点;以及(d) B 和 P 对等,F 和 A 对等。在该环境下,Krifka 的语用条件,即要求多于一个的对子,可以得到满足。(40)规定 only(F, S)为真的条件是如果 S 是当前上下文中最显著的命题,同时它可以被分解成焦点 F 及背景 B,那么其解释是不存在任何一个与焦点 F 对等但不等于它的 X 会使 B(X)为真。(41)是说 even(F, S)与 S 等值的条件是该 S 可以被分解成焦点 F 和背景 B,同时存在着一个与焦点 F 对等但不等于它的 X,它与背景 B 结合成 B(X),其为真的可能性比命题 B(F)的更大。

　　下面我们用 Pulman 的理论来解释前面提到过的焦点句,先看一个简单的英语焦点句:

(42) Did John kiss Sue?

　　　约翰吻了苏吗?

　　　John kissed MARY.

　　　约翰吻了玛丽。

规则	词　　组	意　　义	焦　点
g.	MARY	$\lambda P.\ P(m)$	$\lambda P.\ P(m)$
c.	kissed MARY	$[\lambda O.\ \lambda x.\ O(\lambda y.\ kiss(x,\ y))](\lambda P.\ P(m))$ $= \lambda x.\ [\lambda P.\ P(m)(\lambda y.\ kiss(x,\ y))]$ $= \lambda x.\ ([\lambda y.\ kiss(x,\ y)](m))$ $= \lambda x.\ kiss(x,\ m)$	$\lambda P.\ P(m)$
g.	John	$\lambda Q.\ Q(j)$	
b.	John kissed MARY	$[\lambda Q.\ Q(j)](\lambda x.\ kiss(x,\ m))$ $= \lambda x.\ kiss(x,\ m)(j)$ $= kiss(j,\ m)$	$\lambda P.\ P(m)$
a.	John kissed MARY	$assert(\lambda P.\ P(m),\ kiss(j,\ m))$	

上述运算求出的是(42)中第二句的语义,第一行是宾语 MARY 的一般义和焦点义,用的是广义量词的语义 $\lambda P.\ P(m)$(规则 g),其类型为 $\langle\langle e, t\rangle,\ t\rangle$,注意这里焦

点义和一般义没有什么不同。第二行是动词词组的语义,其中动词 kiss 的语义是 $\lambda O.\ \lambda x.\ O(\lambda y.\ kiss(x,\ y))$,使用规则 c 把 kiss 的语义运用于论元 MARY 的语义 $\lambda P.\ P(m)$ 上就得到 $[\lambda O.\ \lambda x.\ O(\lambda y.\ kiss(x,\ y))]\ (\lambda P.\ P(m))$,由 λ-简化,即用论元 $\lambda P.\ P(m)$ 代替函数 O,从而消去 λO,得到 $\lambda x.\ [\lambda P.\ P(m)(\lambda y.\ kiss(x,\ y))]$,再通过 λ-简化,即用论元 $\lambda y.\ kiss(x,\ y)$ 替代变量 P,从而得到 $\lambda x.\ [\lambda y.\ kiss(x,\ y)\ (m)]$,这样就去掉了 $\lambda P.\ P$,最后用论元 m 代替 y 就得到 $\lambda x.\ kiss(x,\ m)$。该动词词组中有一个焦点,其语义还是 $\lambda P.\ P(m)$。

然后使用规则 b 计算整个句子的意义,这里主语是函数,其语义表达成广义量词 $\lambda Q.\ Q(j)$,动词词组的语义 $\lambda x.\ kiss(x,\ m)$ 是论元,结果是 $\lambda Q.\ [Q(j)](\lambda x.\ kiss(x,\ m))$,经过 λ-简化,即用论元 $\lambda x.\ kiss(x,\ m)$ 替代变量 Q,从而得到 $\lambda x.\ kiss(x,\ m)(j)$,再用论元 j 代替 x 就得到整个句子的语义 $kiss(j,\ m)$。

最后使用规则 a 得到焦点句 John kissed MARY 的语义 $assert(\lambda P.\ P(m),\ kiss(j,\ m))$。

根据(39)中断言算子 assert 的等值式,我们知道要找到一个合适的在上下文中很显著的命题,这个命题就是 $kiss(john,\ sue)$,并求出下面高阶方程式的解:

(43) $B(\lambda P.\ P(m)) = kiss(j,\ m)$

$\qquad\quad P(A) = kiss(j,\ s)$

上述方程式的解是 $B = P = \lambda O.\ O(\lambda x.\ kiss(j,\ x))$,$A = \lambda Q.\ Q(s)$。把这个解代入原方程式中,可以得到下面的结果:

(44) a. $B(\lambda P.\ P(m)) = \lambda O.\ [O(\lambda x.\ kiss(j,\ x))](\lambda P.\ P(m))$

$\qquad\qquad\qquad\quad = \lambda P.\ P(m)(\lambda x.\ kiss(j,\ x))$

$\qquad\qquad\qquad\quad = \lambda x.\ kiss(j,\ x)(m)$

$\qquad\qquad\qquad\quad = kiss(j,\ m)$

$\quad$ b. $P(A) = \lambda O.\ [O(\lambda x.\ kiss(j,\ x))](\lambda P.\ P(s))$

$\qquad\qquad\quad = \lambda P.\ [P(s)](\lambda x.\ kiss(j,\ x))$

$\qquad\qquad\quad = \lambda x.\ [kiss(j,\ x)](s)$

$\qquad\qquad\quad = kiss(j,\ s)$

(44)中的运算说明相关的解是正确的。

下面我们看看高阶合一运算如何帮助我们解释含有非连续性焦点成分的句子。假设(45b)中代词 her 的先行语已经确认为 Mary。

(45) a. What happened to Mary?

$\quad$ b. [**JOHN**]$_F$[**KISSED**]$_F$ her.

规则	词组	意义	焦点
g.	JOHN	$\lambda P.\ P(j)$	$\lambda P.\ P(j)$
c.	KISSED Mary	$\lambda x.\ kiss(x,\ m)$	$\lambda O.\ \lambda y.\ O(\lambda z.\ kiss(y,\ z))$
b.	J KISSED M	$kiss(j,\ m)$	$[\lambda P.\ P(j)] \cdot [\lambda O.\ \lambda y.\ O(\lambda z.\ kiss(y,\ z))]$ — Foci
a.	J KISSED M	$assert(Foci,\ kiss(j,\ m))$	

这里的焦点是由两个部分组成,分别是主语 JOHN 的语义$[\lambda P.\ P(j)]$和动词 KISSED 的语义$[\lambda O.\ \lambda y.\ O(\lambda z.\ kiss(y,\ z))]$,要解的方程式是:

(46) a. $B([\lambda P.\ P(j)] \cdot [\lambda O.\ \lambda y.\ O(\lambda z.\ kiss(y,\ z))]) = kiss(j,\ m)$

　　　b. $P(A1 \cdot A2) = \exists x.\ happen(x,\ m)$

(46a)的解是 $B = \lambda S.\ \lambda V.\ S(V(\lambda Q.\ Q(m)))$,其中 V 和 S、O 具有同样的类型。(46b)的解是 $P = \lambda S.\ \lambda V.\ S(V(\lambda Q.\ Q(m)))$,$A1 = \lambda P.\ \exists x.\ P(x)$,$A2 = \lambda O.\ \lambda y.\ O(\lambda z.\ happen(y,\ z))$。注意 B 和 P 对等,所以它们取相同的值。由于 A1 和 A2 分别和 $\lambda P.\ P(j)$ 和 $\lambda O.\ \lambda y.\ O(\lambda z.\ kiss(y,\ z))$ 对等,且(46b)中方程式的右边是$\exists x.\ happen(x,\ m)$,即我们知道存在着某个 x 发生在 m 身上,但不知道是什么,所以 $A1 = \lambda P.\ \exists x.\ P(x)$,用 happen 代替 kiss 就有 $A2 = \lambda O.\ \lambda y.\ O(\lambda z.\ happen(y,\ z))$。下面的计算表明上面的解是正确的:

(47) a. $B([\lambda P.\ P(j)] \cdot [\lambda O.\ \lambda y.\ O(\lambda z.\ kiss(y,\ z))])$

　　　　$= \lambda S.\ \lambda V.\ S(V(\lambda Q.\ Q(m)))$

　　　　$([\lambda P.\ P(j)] \cdot [\lambda O.\ \lambda y.\ O(\lambda z.\ kiss(y,\ z))])$

　　　　$= \lambda V.\ [\lambda P.\ [P(j)](V(\lambda Q.\ Q(m)))](\lambda O.\ \lambda y.\ O(\lambda z.\ kiss(y,\ z)))$

　　　　$= \lambda P.\ [P(j)](\lambda O.\ [\lambda y.\ O(\lambda z.\ kiss(y,\ z))](\lambda Q.\ Q(m)))$

　　　　$= \lambda P.\ [P(j)](\lambda y.\ \lambda Q.\ [Q(m)](\lambda z.\ kiss(y,\ z)))$

　　　　$= \lambda P.\ [P(j)](\lambda y.\ [\lambda z.\ [kiss(y,\ z)](m)])$

　　　　$= \lambda P.\ [P(j)](\lambda y.\ kiss(y,\ m))$

　　　　$= \lambda y.\ [kiss(y,\ m)](j)$

　　　　$= kiss(j,\ m)$

　　b. $P(A1 \cdot A2)$

　　　　$= \lambda S.\ \lambda V.\ S(V(\lambda Q.\ Q(m)))$

　　　　　　$([\lambda P.\ \exists x.\ P(x)] \cdot [\lambda O.\ \lambda y.\ O(\lambda z.\ happen(y,\ z))])$

$$=\lambda V.\ [\lambda P.\ \exists x.\ P(x)(V(\lambda Q.\ Q(m)))](\lambda O.\ \lambda y.\ O(\lambda z.\ happen(y,\ z)))$$

$$=\lambda P.\ \exists x.\ P(x)(\lambda O.\ [\lambda y.\ O(\lambda z.\ happen(y,\ z))](\lambda Q.\ Q(m)))$$

$$=\lambda P.\ \exists x.\ P(x)(\lambda y.\ \lambda Q.\ [Q(m)](\lambda z.\ happen(y,\ z)))$$

$$=\lambda P.\ \exists x.\ P(x)(\lambda y.\ \lambda z.\ [happen(y,\ z)](m))$$

$$=\lambda P.\ \exists x.\ P(x)(\lambda y.\ happen(y,\ m))$$

$$=\exists x.\ \lambda y.\ [happen(y,\ m)](x)$$

$$=\exists x.\ happen(x,\ m)$$

上面的运算是先用第一个论元 $\lambda P.\ P(j)$ 和 $\lambda P.\ \exists x.\ P(x)$ 分别代替 λ 函数约束的变量 S,然后用第二个论元 $\lambda O.\ \lambda y.\ O(\lambda z.\ kiss(y,\ z))$ 和 $\lambda O.\ \lambda y.\ O(\lambda z.\ happen(y,\ z))$ 分别取代变量 V,之后用论元 $\lambda Q.\ Q(m)$ 代替(47a)和(47b)中的变量 O,再用论元 $\lambda z.\ kiss(y,\ z)$ 和 $\lambda z.\ happen(y,\ z)$ 分别替代(47a)和(47b)中的变量 Q,接着用论元 m 代替变量 z,再用论元 $\lambda y.\ kiss(y,\ m)$ 和 $\lambda y.\ happen(y,\ m)$ 分别代替变量 P,最后用论元 j 和 x 代换变量 y 分别得到(47a)和(47b)中的结果 kiss(j, m)和 $\exists x.\ happen(x,\ m)$。

下面讨论含有复杂焦点和多个焦点的句子,先看看一个焦点敏感算子约束多个焦点的例子:

(48) John only introduced [**BILL**]_F to [**SUE**]_F.

约翰只是把比尔介绍给了苏。

规　则	词　　组	意　　义	焦　点
d.	introduced BILL to SUE	$\lambda x.\ int(x,\ b,\ s)$	$\lambda P.\ P(b)\ \cdot\ \lambda P.\ P(s)$ = Foci
	only introduced BILL to SUE	$\lambda x.only(Foci,\ int(x,\ b,\ s))$	
b.	John only introduced Bill to SUE	$only(Foci,\ int(j,\ b,\ s))$	

规则 d 把动词 introduce 的语义 $\lambda O.\ \lambda I.\ \lambda x.\ I(\lambda z.\ O(\lambda y.\ int(x,\ y,\ z)))$ 先运用到直接宾语的语义 $\lambda P.\ P(b)$ 上,得到:

$$\lambda O.\ [\lambda I.\ \lambda x.\ I(\lambda z.\ O(\lambda y.\ int(x,\ y,\ z)))](\lambda P.\ P(b))$$

$$=\lambda I.\ \lambda x.\ I(\lambda z.\ [\lambda P.\ [P(b)](\lambda y.\ int(x,\ y,\ z))])$$

$$=\lambda I.\ \lambda x.\ I(\lambda z.\ [\lambda y.\ [int(x,\ y,\ z)](b)])$$

$$=\lambda I.\ \lambda x.\ I(\lambda z.\ int(x,\ b,\ z))$$

然后把上述结果运用到间接宾语的语义 $\lambda P.\ P(s)$ 上，得到：

$$\lambda I.\ \lambda x.\ [I(\lambda z.\ int(x,\ b,\ z))](\lambda P.\ P(s))$$
$$=\lambda x.\ [\lambda P.\ [P(s)](\lambda z.\ int(x,\ b,\ z))]$$
$$=\lambda x.\ [\lambda z.\ [int(x,\ b,\ z)](s)]$$
$$=\lambda x.\ int(x,\ b,\ s)$$
$$=VP$$

根据规则 e，我们得到：

$$\lambda x.FAdv(Foci,\ VP(x))$$
$$=\lambda x.\ only(Foci,\ \lambda x.\ [int(x,\ b,\ s)](x))$$
$$=\lambda x.\ only(Foci,\ int(x,\ b,\ s))$$

最后用规则 b 把主语的语义 $\lambda P.\ P(j)$ 当函数运用到其论元 VP 的语义 $\lambda x.\ only(Foci,\ int(x,\ b,\ s))$ 上得到：

$$\lambda P.\ [P(j)](\lambda x.\ only(Foci,\ int(x,\ b,\ s)))$$
$$=\lambda x.\ only(Foci,\ int(x,\ b,\ s))(j)$$
$$=only(Foci,\ int(j,\ b,\ s))$$

only 算子的等值式要求算出下面方程式(49a)的解，经过计算得到 B 的值为 (49b)。同时它预设 $int(j,\ b,\ s)$ 为真，且有如下等值式(50)：

(49) a. $B(\lambda P.\ P(b) \cdot \lambda P.\ P(s))=int(j,\ b,\ s)$

　　　b. $B=\lambda O.\ \lambda I.\ O(\lambda y.\ I(\lambda z.\ int(j,\ y,\ z)))$

(50) $only(\lambda P.\ P(b) \cdot \lambda P.\ P(s)),\ int(j,\ b,\ s)) \Leftrightarrow$

　　　$no\ X \cdot Y.\ X \cdot Y \approx [\lambda P.\ P(b)] \cdot [\lambda P.\ P(s)]$

　　　$\&\ [\lambda O.\ \lambda I.\ O(\lambda y.\ I(\lambda z.\ int(j,\ y,\ z)))](X \cdot Y)$

在去掉量词的类型之后，(50)的意思是 John 只是把 Bill 介绍给 Sue 而不是把任何其他的 X 介绍给别的 Y。下面的计算表明(49b)确实是(49a)的解。

(49') $B(\lambda P.\ P(j) \cdot \lambda P.\ P(j))$

　　　$=\lambda O.\ [\lambda I.\ O(\lambda y.\ I(\lambda z.\ int(j,\ y,\ z)))](\lambda P.\ P(b) \cdot \lambda P.\ P(s))$

　　　$=\lambda I.\ [\lambda P.\ [P(b)](\lambda y.\ I(\lambda z.\ int(j,\ y,\ z)))](\lambda P.\ P(s))$

　　　$=\lambda P.\ [P(b)](\lambda y.\ [\lambda P.\ [P(s)](\lambda z.\ int(j,\ y,\ z))])$

　　　$=\lambda P.\ [P(b)](\lambda y.\ [\lambda z.\ [int(j,\ y,\ z)](s)])$

　　　$=\lambda P.\ [P(b)](\lambda y.\ int(j,\ y,\ s))$

　　　$=\lambda y.\ [int(j,\ y,\ s)](b)$

　　　$=int(j,\ b,\ s)$

下面讨论像(51)这样的句子,其中含有两个对焦点敏感的算子和两个焦点:

(51) Even$_1$ John$_1$ drank only$_2$ water$_2$.

连约翰都只是喝了水(而不是其他的东西)。

规则	词 组	意 义	焦 点
g.	water	$\lambda P.\ P(w)$	
f.	only water	$\lambda Q.\ only(\lambda P.\ P(w),\ \lambda Q.\ [Q(w)](Q))$ $=\lambda Q.\ only(\lambda P.\ P(w),\ Q(w))$	$\lambda P.\ P(w)$
c.	drank only water	$\lambda x.only(\lambda P.\ P(w),\ drink(x,\ w))$	
f.	even John	$\lambda P.\ even(\lambda R.\ R(j),\ \lambda Q.\ [Q(j)](P))$ $=\lambda P.\ even(\lambda R.\ R(j),\ P(j))$	$\lambda R.\ R(j)$
b.	even J. drank only w	$even(\lambda R.\ R(j),\ only(\lambda P.\ P(w),\ drink(j,\ w)))$	

为简单起见,我们把 water(水)当作名字处理,这样,它的语义就是 $\lambda P.\ P(w)$。用规则 f 得到 $\lambda Q.\ only(\lambda P.\ P(w),\ Q(w))$,再用规则 c 把动词 drink 的语义 $\lambda O.\ \lambda x.\ O(\lambda y.\ drink(x,\ y))$ 当作函数运用到从规则 f 得到的结果 $\lambda Q.\ only(\lambda P.\ P(w),\ Q(w))$ 上,则有:

$\lambda O.\ \lambda x.\ O(\lambda y.\ drink(x,\ y))(\lambda Q.\ only(\lambda P.\ P(w),\ Q(w)))$

$=\lambda x.\ \lambda Q.\ [only(\lambda P.\ P(w),\ Q(w))](\lambda y.\ drink(x,\ y))$

$=\lambda x.\ only(\lambda P.\ P(w),\ \lambda y.\ drink(x,\ y)(w))$

$=\lambda x.\ only(\lambda P.\ P(w),\ drink(x,\ w))$

$=VP$

然后用规则 f 得到 $\lambda P.\ even(\lambda R.\ R(j),\ P(j))$,最后用规则 b 得出整个句子的语义表达式,这里主语的语义 $\lambda P.\ even(\lambda R.\ R(j),\ P(j))$ 为函数,动词词组 VP 的语义 $\lambda x.\ only(\lambda P.\ P(w),\ drink(x,\ w))$ 为论元,通过泛函贴合运算就得到整个句子的语义表达式:

$\lambda P.\ even(\lambda R.\ R(j),\ P(j))(\lambda x.\ only(\lambda P.\ P(w),\ drink(x,\ w)))$

$=even(\lambda R.\ R(j),\ \lambda x.\ [only(\lambda P.\ P(w),\ drink(x,\ w))](j))$

$=even(\lambda R.\ R(j),\ only(\lambda P.\ P(w),\ drink(j,\ w)))$

根据 even 算子的等值式,我们知道 $even(Foci,\ S)$ 和 S 等值,参照上述语义表达式,就有 $S=only(\lambda P.\ P(w),\ drink(j,\ w))$。由于 $B(F)=S$,其中 $F=\lambda R.$

R(j)，所以通过解下述方程式就可以得到 B 的值。很容易验证(52b)就是(52a)的一个解。

(52) a. $B(\lambda R. R(j)) = only(\lambda P. P(w), drink(j, w))$

　　 b. $B = \lambda S. only(\lambda P. P(w), S(\lambda x.drink(x, w)))$

这里 even 算子的预设是：

(53) $\exists X. X \approx \lambda R. R(j)$ & $\lambda S. [only(\lambda P. P(w), S(\lambda x.drink(x, w)))](X)$
$$only(\lambda P. P(w), drink(j, w))$$

其意思是存在着一个与 John 的意义对等，同时比 John 更有可能具有下面特征的意义：喝的只是水。而 $only(\lambda P. P(w), drink(j, w))$ 的意义，根据其等值式，是预设 John 喝了水，同时断言(54)为真。

(54) $no X. X \approx [\lambda P. P(w)]$ & $\lambda O. [O(\lambda x. drink(j, x))](X)$

(54)的意思是不存在一个与水对等但不等于水的个体，John 把它喝了。

下面我们看含有嵌套焦点结构的句子。

(55) John even₁[only₂[drank water]₂]₁.

　　　约翰甚至只是喝了水。

规则	词　　组	意　　义
c.	drank water	$\lambda x. drink(x, w) = VP2$
e.	only drank water	$\lambda y. only(\lambda x. drink(x, w), drink(y, w)) = VP1$
e.	even only drank water	$\lambda z. even(VP1, only(\lambda x. drink(x, w), drink(z, w)))$

在这个句子中，焦点敏感算子 only 与动词词组 drank water(喝了水)关联，然后，even 与整个焦点结构 only drank water(只是喝了水)关联。

根据规则 c 我们可以得到动词词组的语义，即把动词的语义 $\lambda O. \lambda x. O(\lambda y. drink(x, y))$ 当作函数运用到做论元的宾语的语义 $\lambda P. P(w)$ 上：

$\lambda O. \lambda x. [O(\lambda y. drink(x, y))](\lambda P. P(w))$

$= \lambda x. \lambda P. [P(w)](\lambda y. drink(x, y))$

$= \lambda x. [\lambda y. [drink(x, y)](w)]$

$= \lambda x. drink(x, w)$

$= VP2$

再使用规则 e 得到 only drank water 的语义，其运算如下，其中 Fadv = only，Foci =

VP2＝λx. drink(x, w), VP＝VP2

　　λy. FAdv(Foci, VP(y))

　　＝λy. only(λx. drink(x, w), VP(y))

　　＝λy. only(λx. drink(x, w), λx. [drink(x, w)](y))

　　＝λy. only(λx. drink(x, w), drink(y, w))

　　＝　　VP1

然后再用一次规则 e 就可以得到 even only drank water 的语义,其中 Fadv＝even,
Foci＝VP1＝λy. only(λx. drink(x, w), drink(y, w)), VP＝VP1:

　　λz. FAdv(Foci, VP(z))

　　＝λz. even(λy. only(λx. drink(x, w), drink(y, w)),

　　　　　　　　　λy. [only(λx. drink(x, w), drink(y, w))](z))

　　＝λz. even(λy. only(λx. drink(x, w), drink(y, w)),

　　　　　　　　　only(λx. drink(x, w), drink(z, w)))

使用规则 b 把主语和动词词组的语义结合起来就可以得到整个句子的语义,如
下所示:

　　(56) NP(VP)

　　　　＝λP. [P(j)](λz. even(λy. only(λx. drink(x, w), drink(y, w)),

　　　　　　　　　　　　　　only(λx. drink(x, w), drink(z, w))))

　　　　＝λz. [even(λy. only(λx. drink(x, w), drink(y, w)),

　　　　　　　　　　only(λx. drink(x, w), drink(z, w)))](j)

　　　　＝even(λy. only(λx. drink(x, w), drink(y, w)),

　　　　　　　　　only(λx. drink(x, w), drink(j, w)))

上面表达式中 even 的第一个论元是焦点的语义 λy. only(λx. drink(x, w), drink
(y, w)), 记为 F,其第二个论元是整个句子的语义 only(λx. drink(x, w), drink
(j, w)),记为 S。even 的等值式 even(F, S) ⇔S 告诉我们(56)的意思是(57),其
预设为(58c)。由于 B(F)＝S,就有(58a),其解是(58b)。

　　(57) S＝only(λx. drink(x, w), drink(j, w))

　　(58) a. B(λy. only(λx. drink(x, w), drink(y, w)))

　　　　　　　　　　＝only(λx. drink(x, w), drink(j, w))

　　　　b. B＝λP. P(j)

　　　　c. ∃X. X ≈ F & B(X) > B(F)

使用代换和简化,(58c)就变成下面的(59):

(59) $\exists X.\ X \approx [\lambda y.\ only(\lambda x.\ drink(x,\ w),\ drink(y,\ w))]\ \&$

$X(j) > only(\lambda x.\ drink(x,\ w),\ drink(j,\ w))$

(59)是(56)的预设,其意思是,至少存在着一个与只喝水相容的特征,而该特征更有可能是 John 的特征。

要得到 $only(\lambda x.\ drink(x,\ w),\ drink(j,\ w))$ 的意义我们需要得出下面方程式的解,其中 $F = \lambda x.\ drink(x,\ w)$, $S = drink(j,\ w)$。

(60) a. $B(\lambda x.\ drink(x,\ w)) = drink(j,\ w)$

b. $B = \lambda P.\ P(j)$

经过代换和简化等值式的右边我们得到下面的意义:

(61) no X. $X \approx [\lambda x.drink(x,\ w)]\ \&\ X(j)$

这正是句子的正确意义:不存在一个与喝水对等但不相等的特征,John 具有该特征。换句话说,John 只具有喝水这个特征。

Krifka 指出下面的句子显示同一个焦点可以和两个不同的焦点敏感算子相关联:

(62) John $even_1\ only_2$ drank $[[water]_2]_1$.

连约翰都只是喝了水。

上述例子说明一个已和焦点敏感算子相关联的焦点还可以和其他的焦点敏感算子相关联。这在英语中一般来说都是可能的,如下所示:

(63) A:John drank only water.

约翰喝的只是水。

B:No, John drank only [**WINE**]F.

不,约翰喝的只是红酒。

(63B)中的焦点 WINE 既和焦点敏感算子 only 关联,又和断言算子 assert 相关联。

规则	词 组	意 义
e.	only drank water	$\lambda x.\ only(\lambda P.\ P(w),\ drink(x,\ w)) = VP$
e.	even only drank water	$\lambda z.\ even(VP,\ only(\lambda P.\ P(w),\ drink(z,\ w)))$
b.	John even only drank water	$even(VP,\ only(\lambda P.\ P(w),\ drink(j,\ w)))$

上面给出的是(62)的语义推导,其中与 even 和 only 相关联的都是 water(水),其语义是 $\lambda P.\ P(w)$。通过计算出 even 方程式的解,我们可以得到:

（64）a. B(λx. only(λP. P(w)，drink(x，w)))

　　　　　　　　＝only(λP. P(w)，drink(j，w))

　　b. B＝λP. P(j)

其相关的预设为：

（65）∃X. X ≈ [λx. only(λP. P(w)，drink(x，w)) &

　　　　　　　　X(j) ＞ only(λP. P(w)，drink(j，w))

再计算出 only 方程式的解，我们得到：

（66）only(λP. P(w)，drink(j，w))＝

　　　　　　no X. X ≈ [λP. P(w)] & [λO. O(λx. drink(j，x))](X)

最后我们得到的是：（62）的预设是 John 喝了水，同时他更有可能具有一个与喝水相容但不相等的特征,（62）的断言是 John 喝的只是水，而不是其他任何东西。

　　我们要考虑的最后一个句子是下面的（67），其一个焦点敏感算子 only 本身也是一个焦点。

（67）John even₁ drank [only₂]₁[water]₂.

约翰甚至喝的仅仅是水。

规则	词　　组	意　　义	焦点
g.	water	λP. P(w)	
f.	only water	λP. only(λQ. Q(w)，p(w))	only
c.	drank only water	λx. only(λQ. Q(w)，drink(x，w))	only
f.	even drank only water	λz. even(only，only(λQ. Q(w)，drink(z，w)))	

把主语 John 的语义 j 代入上面的语义表达式,就得到句子（67）的语义表达式：even(only，only(λQ. Q(w)，drink(j，w)))。要解释该语义就必须解出下面的方程式：

（68）a. B(only)＝only(λQ. Q(w)，drink(j，w))

　　b. B＝λO. O(λQ. Q(w)，drink(j，w))

相应的预设是：

（69）∃X. X ≈ only & X(λQ. Q(w)，drink(j，w))

　　　　　　　　　　　　　　＞ only(λQ. Q(w)，drink(j，w))

该预设的意思是 John 也喝了水比 John 只是喝了水更有可能。

4. 逻辑代换法存在的问题

逻辑代换法是从语义的角度出发,而有关运算也不依赖于句法结构,所以它不受句法孤岛条件所制约。根据 Krifka(1997),逻辑代换法与双重表现理论最大不同之处在于,焦点敏感算子只对焦点进行运算,即在焦点敏感算子的语义表达式里,焦点部分明确地表达出来,而背景部分则没有单独列出来,它们只是命题的一部分。由于背景没有单独列出,所以,就不知道相关算子(如 only 和 even 等)的第二个论元中哪个是焦点,哪个不是。正是因为不知道哪个是焦点,当一个句子中含有两个相同的词或词组,但是一个是焦点,另一个不是时,逻辑代换法就会出现问题,试看以下例句。

(70) a. Mary only compared [**John**]$_F$ with John's mother.

　　　　玛丽只拿约翰与约翰的母亲比较。

　　 b. The only y such that Mary compared **y** with John's mother is y＝John.

　　　　y 是唯一一个玛丽把他与约翰的母亲相比较的人,且 y 等于约翰。

在(70a)中,焦点是名词 John,而不是所有格 John's,因此,正确的语义表达应该是(70b)。可是,逻辑代换法会把所有的 John 都换成 y,因此,它会把(70a)看成是有两个焦点的句子而得出以下不正确的语义解释:y 是唯一一个 Mary 把他与 y 的母亲比较的人,且 y 等于 John。为了解决这个问题,我们必须要同时限定焦点及背景部分,即必须把对焦点敏感算子的语义表达式里的第二个论元变成背景,而不是整个命题,也就是把 John's 中的 John 列入背景部分,这样就回到了前面第七、八章里讨论过的双重表现论的语义规则,即同时对焦点和背景部分进行运算。可是这样有违逻辑代换法的基本精神(只对焦点进行直接运算),可见逻辑代换法是有问题的。

参考文献

1. Alshawi, Hiyan. The Core Language Engine[J]. Cambridge, Massachusetts: MIT Press, 1992.

2. Alshawi, Hiyan and Richard Crouch. Monotonic semantic interpretation[C]// Association for Computational Linguistics. Proceedings of the 30th Annual Meeting, 1992: 32 - 39.

3. Dalrymple, Mary, S. Shieber, and F. Pereira. Ellipsis and Higher Order Unification[J]. Linguistics and Philosophy, 1991, 14: 399 - 452.

4. Dowek, Giles. Third Order Matching is Decidable [C]// Proceedings of the 7th IEEE Symposium on Logic and Computer Science, 1992: 2 - 10.

5. Huet, Gérard. A Unification Algorithm for Third λ-calculas [J]. Theoretical Computer Science, 1975, 1: 27 – 57.

6. Jacobs, Joachim. Fokus-hintergrund-gliederung und Grammatik [M] // Hans Altmann. Intonationsforschung. Tubingen: Niemeyer, 1988: 89 – 134.

7. Joshi, Aravind. Phrase Structure and Intonational Phrases [M] // G. Altmann. Cognitive Models of Speech Proceeing. Cambridge, Massachusetts: MIT Press, 1990: 457 – 482.

8. Krifka, Manfred. Four Thousand Ships Passed Through the LOCK [J]. Linguistics and Philosophy, 1990, 13: 487 – 520.

9. Krifka, Manfred. A Compositional Semantics for Multiple Focus Constructions [J]. Linguistische Berischte Sonderheft, 1991, 4: 17 – 54.

10. Krifka, Manfred. A Framework for Focus-sensitive Quantification [C] // C. Baker and D. Dowty. Proceedings of the 2nd Conference on Semantics and Linguistic Theory, Working Papers on Linguistics No. 40. Ohio State University, 1992: 213 – 236.

11. Krifka, Manfred. Focus and Interpretation in Dynamic Interpretation [J]. Journal of Semantics, 1993, 10: 269 – 300.

12. Miller, Dale A. A Logic Programming Language with Lambda Abstraction, Functions, Variables, and Simple Unification [M] // P. Schroder-Heister. Extensions of Logic Programming. Lecture Notes in Artificial Intelligence: Springer-Verlag, 1990.

13. Pulman, Stephen G. Higher Order Unification and the Semantics of Focus [C] // The 3rd Nordic Conference on Text Comprehension in Man and Machine. Linköping University, 1993: 113 – 127.

14. Pulman, Stephen G. Higher Order Unification and the Interpretation of Focus [J]. Linguistics and Philosophy, 1997, 20: 73 – 115.

15. Rayner, Manny. Abductive Equivalential Translation and Its Application to Natural Language Database Inferencing [D]. Stockholm University, SRI Cambridge Technical Report, 1993.

16. Rayner, Manny & Hiyan Alshawi. Deriving Database Queries from Logical Forms by Abductive Definition Expansion [C] // Proceedings of the 3rd Conference on Applied Natural Language Processing. Trento: ACL, 1992: 1 – 8.

17. Rooth, Mats. Association with Focus [D]. University of Massachusetts, Amherst, 1985.

18. Rooth, Mats. A Theory of Focus Interpretation [J]. Natural Language Semantics, 1992, 1: 75 – 116.

19. Stechow, Arnim von. Focusing and Backgrounding Operators [M] // W. Abraham. Discourse Particles. Amsterdam: John Benjamins, 1990.

20. Steedman, Mark. Structure and Intonation in Spoken Language Understanding [C] // Proceedings of the 28th Annual Meeting of the Association of Computational Linguistics. Pittsburgh: ACL, 1990: 9 – 16.

21. Steedman, Mark. Structure and Intonation [J]. Language, 1991, 68: 260 – 296.

22. Steedman, Mark. The Grammar of Intonation and Focus [C] // Proceedings of the 9th Amsterdam Colloquium. University of Amsterdam, ILLC, 1993: 17 – 33.

第十二章　Krifka 对焦点语义的混合分析法

李宝伦　潘海华

1. 引言

前面几章已经讨论过几个解释焦点语义的理论框架,有句法的,也有语义的,它们对焦点句的不同部分进行运算,但始终没有一个框架可以单独给予所有焦点句正确的解释,每个框架均存在一些问题。既然焦点句并不能由一个单一的理论框架来解释,Krifka(1997)便提出了一种混合分析法,希望可以正确地解释所有的焦点句。

2. 基于逻辑形式移位及选项语义论的混合语义分析法

简单地说,Krifka 这个框架有两个主要特点:一是他主张与焦点敏感算子直接关联的实际上是焦点短语而不只是焦点,但焦点短语也可以只是焦点本身,不含其他成分;二是焦点短语与算子关联后,算子才与焦点连在一起,因此,算子与焦点的关联关系应是间接的而不是直接的,而以前所有理论都认为焦点与算子直接关联。在这个新方法下,结构意义说把句子分成背景部分和焦点短语,同时这个焦点短语在逻辑形式层面上移位到与算子相邻的位置。选项语义论再对焦点短语进行运算,给出一个相对于焦点的选项集合。Krifka 这个混合分析法最大的优点是它既可以正确地解释与句法孤岛相关的焦点句,又可以避免焦点本身需要移位的问题,从而兼顾了两个方面的优点。他提出这个方法主要针对以下(1)和(2)的句子(Krifka, 1997),我们借这两个句子对 Krifka 的框架进行说明。

(1) Sam only talked to [NP the woman who introduced [**Bill**]F to John].

山姆只与介绍比尔给约翰认识的那个女人交谈过。

(2) Only [**my**]F mother sends cookies.

只有我的母亲会送饼干。

(1)的焦点 Bill 出现在一个复合名词短语之中,该复合名词是一个句法孤岛。
(2)的焦点 my 则出现在名词短语的 Spec 位置上。不论运用上述任何一个理论
框架来解释,这两个句子均会出现意义上的偏差。我们先看看(1),运用上述任
何一个理论框架,语义解释都是(3)。

> (3) Bill is the only y such that Sam talked to the woman who introduced y to
> John.
>
> 　　比尔是唯一的 y,且山姆与介绍 y 给约翰认识的那个女人交谈过。

Krifka 认为(3)根本不是(1)的真正意思。他作了以下的假设来说明这一点。假
设 Mary 介绍 Bill 给 John,而她也同时介绍 Tim 给 John,而 Sam 只与 Mary 说话。
在这个上下文下,(1)应为真,然而(3)却会把(1)判断为假,问题在于还存在另
外一个 y,即 Tim。另外,假设 Sam 除了与介绍 y 给 John 认识的女人谈话外,他
还与其他人说过话,比方说他的父亲。在此上下文下,(1)实际上也为真,只要那
个人不是"介绍 y 给 John 认识的那个女人"就行了,然而(3)也会把这个可能性
排除在外,而把(1)判断为假。类似的问题也会出现在(2)中,以往的分析会对它
作以下的解释。

> (4) The only x such that x's mother sends cookies is the speaker.
>
> 　　唯一一个他的母亲送饼干的 x 是说话人。

根据(4),如果说话人有其他兄弟姐妹,则(2)为假,但在这种情况下,(2)应该为真。
事实上,(1)及(2)均涉及同一个问题: only 的排他性指向。很明显,与(1)中的
only 关联的不应该仅仅是焦点 Bill,而应该是整个复合名词短语[the woman who
introduced [**Bill**]_F to John]_FP,即下面(5)中的 x。

> (5) The woman who introduced Bill to John is the only x such that x is a
> woman that introduced someone to John and Sam talked to x.
>
> 　　介绍比尔给约翰认识的那个女人为唯一的 x,而这个 x 为一个女人,且
> 　　她介绍某人给约翰认识,同时山姆与 x 说话。

用(5)这个解释,(1)便不会出现上面所提到的问题,即 only 的排他性用于 the
woman 而不是用于 Bill。同样,(2)的 only 也不应该用于 my,而是该用于 my
mother,(2)的正确意义应是(6)。

> (6) The woman who sends cookies is the only x such that x is the mother of
> the speaker.
>
> 　　送饼干的女人为唯一的 x,且她是说话人的母亲。

根据(6),即使其他人的母亲与说话人的母亲同是一个人,只要 my mother 所指

的是同一个人,(2)还是为真,即 only 所关联的是那个母亲,而非说话人本人。

　　为了解决这个问题,Krifka 对上述几个理论框架进行了分析,认为必须区别焦点〔如(1)中的 Bill〕和焦点短语(如(1)中的〔the woman who introduced [**Bill**]$_F$ to John〕$_{FP}$),焦点短语可包含焦点也可以等于焦点。把这个概念运用到(1)中,我们得出(7)的表达式。

　　(7) Sam only talked to [the woman who introduced [**Bill**]$_F$ to John]$_{FP}$.

　　　　山姆只是和介绍比尔给约翰认识的那个女人交谈过。

Krifka 指出,焦点与焦点短语在句中所起的作用是不同的,焦点敏感算子实际上是与焦点短语关联,因此,在(7)中,与焦点敏感算子 only 关联的是焦点短语[the woman who introduced [**Bill**]$_F$ to John]$_{FP}$,而焦点短语则再与焦点 Bill 连在一起。由此可见,焦点关联所涉及的过程实际上不止一个,它应该包含两个过程,一个是焦点敏感算子与焦点短语的直接关联,另一个是该算子通过焦点短语与焦点的间接关联,而这种直接加间接关联现象并不是任何一个理论框架所能处理的。此外,这两种关联的句法表现也不大相同:焦点敏感算子与焦点短语的关联是受约束的句法关系,而焦点短语与焦点的关联,则是不受约束的,焦点短语的结构可以非常复杂,如(8)〔引自 Krifka(1997)〕所示。

　　(8) Sam only talked to [the man who mentioned [the woman who introduced [**Bill**]$_F$ to John]]$_{FP}$

　　　　山姆只与那个男人交谈过,他曾经提到过那个把比尔介绍给约翰认识的女人。

Krifka 认为我们需要两种不同的分析法来处理这两种不同的现象。焦点敏感算子与焦点短语的关联关系由于是受约的,焦点短语须邻接焦点敏感算子,类似量词短语所取的宽域解(wide scope reading),因此,Krifka 认为可应用逻辑形式移位去解释这种受约关系。不过,Krifka 与 Chomsky 的逻辑形式移位理论不同,他认为所移的是包含焦点的整个焦点短语,而这种移位也属算子移位的一种,须遵守有关的句法孤岛限制。另一方面,焦点短语与焦点的非受约关联关系,可用选项语义论的框架来解释,因为选项语义论是不受限于任何句法规则的。由于Krifka 的这种焦点处理方法同时涉及两种分析框架,即逻辑形式移位理论及选项语义论,所以,是一种混合式的语义分析法。Krifka 利用以下的动词词组来说明这种混合分析法的操作过程。

　　(9) Only met [[**John**]$_F$'s mother]$_{FP}$

　　　　只遇见约翰的母亲

首先,应用逻辑形式移位理论处理对焦点敏感算子 only 与焦点短语$[[\textbf{John}]_F\text{'s mother}]_{FP}$的关联,得出(10)。

(10) a. S-structure:$[_{VP} \text{only}_1 [_{VP} \text{met} [\text{John}_F\text{'s mother}]_{FP,1}]]]$

　　 b. **逻辑式**:$[_{VP}\text{only}_1 [[\textbf{John}]_F\text{'s mother}]_1 \lambda t_1 [_{VP} \text{met} t_1]]$

　　　　　　　算子　　核心部分　　　　　限定部分

only 为一个焦点敏感算子,它引发了焦点短语$[[\textbf{John}]_F\text{'s mother}]_{FP}$的移位。焦点短语经移位后,紧靠算子 only。焦点短语在原位留下语迹 t_1,进行 λ-抽象后, $\lambda t_1 [_{VP} \text{met} t_1]$组成了限定部分。因此,(10b)实际上显示了一个包含算子,核心部分及限定部分的三分结构(tripartite structure)。这个三分结构是焦点敏感算子与焦点短语在进行直接关联后,产生的句法结果。基于(10b)的结果,我们现在再利用选项语义论处理焦点短语及焦点间的关联。由于焦点只在 John 上,而不是在整个焦点短语$[[\textbf{John}]_F\text{'s mother}]_{FP}$上,所以,只有焦点成分 John 会有选项集合,从而得出普通语义值及焦点语义值这两个值。

(11) a. $[|\text{John}_F|]_o = \text{JOHN}$

　　　 $[|\text{John}_F|]_f = \text{ALT(JOHN)}$

　　 b. $[|[\textbf{John}]_F\text{'s mother}|]_o = \text{of(MOTHER)(JOHN)}$

　　　　　　　　　　　　　　 $= \text{MOTHER(JOHN)}$

　　　 $[|[\textbf{John}]_F\text{'s mother}|]_f = \{\text{MOTHER(y)} | \text{y} \in \text{ALT(JOHN)}\}$

比较(11a)和(11b),我们可以看出,由于焦点只落在 John 上,只有 John 才有选项集合 ALT(JOHN)。根据(10b)的逻辑式,要得出(9)的释义,我们可以把焦点短语$[|\text{John's mother}|]_{FP}$和限定部分(背景)$\lambda t_1 [_{VP} \text{met} t_1]$分开运算。有关运算如下:

(12) $\| [\text{John's mother}]_{FP} \|$

　　 $= \langle\text{MOTHER(JOHN)}, \{\text{MOTHER(y)} | \text{y} \in \text{ALT(JOHN)}\}\rangle$

(13) $\| \lambda t_1 [\text{met} t_1] \| = \lambda x_1 [\text{MET}(x_1)]$

(12)为焦点短语的释义,而(13)则代表了背景部分的释义。得出(12)和(13)后,我们再把它们引入 only 的释义中运算。Krifka 提出 only 的释义为(14)。根据(14),可得出(15),即(9)的语义表达式(Krifka, 1997)。

(14) $\| \text{only} [[\alpha]_{FP} \lambda t_1 [\phi]] \| = \lambda x [\| \phi \| (\| \alpha \|_o)](x) \wedge$
　　　　　　　　　　　　　 $\forall y \in \| \alpha \|_f [\phi(y)(x) \rightarrow y = \alpha]]$

(15) $\| [_{VP} \text{only}_1 [[\textbf{John}]_F\text{'s mother}]_1 \lambda t_1 [_{VP} \text{met} t_1]] \| |$

　　 (代入 $\| \phi \| = \lambda x_1 [\text{MET}(x_1)]$,以及(11a)所得出的焦点成分 John 的普

通语义值 $\|\alpha\|_o$ 和焦点语义值 $\|\alpha\|_f$,得出以下算式。)

$$= \lambda x[\lambda x_1[\mathrm{MET}(x_1)](\mathrm{MOTHER}(\mathrm{JOHN}))(x) \wedge$$
$$\forall y \in \{\mathrm{MOTHER}(z) \mid z \in \mathrm{ALT}(\mathrm{JOHN})\}$$
$$[\lambda x_1[\mathrm{MET}(x_1)]](y)(x) \to y = \mathrm{MOTHER}(\mathrm{JOHN})]]$$

(对 x_1 进行 λ-reduction,得出下面的算式。)

$$= \lambda x[\mathrm{MET}(\mathrm{MOTHER}(\mathrm{JOHN}))(x) \wedge$$
$$\forall y \in \{\mathrm{MOTHER}(z) \mid z \in \mathrm{ALT}(\mathrm{JOHN})\}[\mathrm{MET}(y)(x)$$
$$\to y = \mathrm{MOTHER}(\mathrm{JOHN})]]$$

得出(15)后,我们把它改写为(16),这里把(15)中受全称量词约束的 y 改成对 z 进行全称量化约束,同时利用了 y 的值是 MOTHER(z)这个事实。

(16)　$\| [_{\mathrm{VP}} \mathrm{only}_1 [[\textbf{John}]_F\text{'s mother}]_1 \lambda t_1 [_{\mathrm{VP}} \mathrm{met}\ t_1]] \|$

$$= \lambda x[\mathrm{MET}(\mathrm{MOTHER}(\mathrm{JOHN}))(x) \wedge$$
$$\forall z \in \mathrm{ALT}(\mathrm{JOHN})[\mathrm{MET}(\mathrm{MOTHER}(z))(x)$$
$$\to \mathrm{MOTHER}(z) = \mathrm{MOTHER}(\mathrm{JOHN})]]$$

(16)可作以下的解释:x 见到了 John 的母亲,且在所有对应于 John 的选项 z 中 x 可能见到的 z 的母亲就是 John 的母亲。这个语义解释的优点是它可容许 John 的母亲有其他的孩子时(16)也可以为真。

3. 结语

　　上面概述了 Krifka 的混合分析法,其好处在于它一方面利用了逻辑形式移位理论来约束选项语义论中的变量。另一方面,又利用了选项语义论不依赖句法结构的特性,从而避免了焦点违反算子移位限制的问题。这解决了前人在解释焦点句时所遇到的两大问题:一是焦点不像一般逻辑算子受到句法孤岛条件所限制;二是焦点与焦点敏感算子之间存在约束关系,在解释多于一个算子或一个焦点的句子时便不会存在变量约束的问题。

参考文献

1. Chomsky, Noam. Conditions on Rules of Grammar[M]// Essays on Form and Interpretation. New York: Elsevier North Holland Inc., 1977: 163 – 210.

2. Krifka, Manfred. Frameworks for the Representation of Focus[C]//Proceedings of the ESSLLI'96 Conference on Formal Grammar. Prague, 1997: 11 – 12.

3. Rooth, Mats. Association with Focus[D]. University of Massachusetts, Amherst, distributed

by GLSA, Amherst, 1985.

4. Rooth, Mats. A Theory of Focus Interpretation[J]. Natural Language Semantics, 1992, 1: 75 - 116.

5. Rooth, Mats. Focus[M]//Lappin S. The Handbook of Contemporary Semantic Theory. London: Blackwell Publishers, 1996.

第十三章　焦点的音系、语义与语用

——焦点研究的新视野*

沈　园

1. 焦点研究概况

　　焦点研究开展至今已经有四十多年的历史。有关焦点研究的缘起、不同焦点概念之间的区分以及围绕焦点解释提出的各种理论,徐烈炯、潘海华(2005)已有介绍和评述。综观这些理论(主要有结构意义说、选项语义论、逻辑代换法、混合分析法等),如本书前言所指出的那样,"语义研究是重点"。

　　近十年来,除了对各类焦点敏感算子(梯级算子、增量算子、排他算子等)的语义作进一步刻画(Giannakidou, 2007；Hole, 2004；Ippolito, 2007)之外,焦点研究领域出现了一些新的关注点,可以大致归纳为两个方面:一是对焦点的音系表现以及音系与句法、信息结构的关系作了更深入的挖掘;二是有关焦点解释的语用理论纷纷出现,语义、语用理论的对立促进了对焦点本质问题的进一步思考。焦点现象涉及音系、句法、语义、语用诸方面,是研究音系-句法-信息结构、语义-语用界面理想的试验田,既凸显音系、句法、语义、语用等因素的互动,也推动我们去厘清复杂的互动过程中各种因素所起的作用。

2. 焦点的音系研究

　　音系是焦点的重要表现手段之一(其他如语序、词素等),与焦点的联系显而易见。近年来,基于对具体语言语调系统以及语调与韵律结构关系研究而建立的 ToBI 系统为描述语调和韵律结构提供了工具。目前,英语有 ToBI 系统,德语、日语、韩语、汉语等语言也都有各自的 ToBI 系统①。ToBI 系统可以说为探寻

　　*　原文刊登于《当代语言学》2011 年第 3 期第 237—246 页,有修改,感谢张慧丽老师和李昕老师提出的宝贵意见和建议。
　　①　分别为 G_ToBI,J_ToBI,K_ToBI,M_ToBI。

语调音系层面的生成语法规则提供了可能。对于焦点研究来说，ToBI 系统的意义在于，作为一套较为清晰的韵律标示系统，它使我们有可能更加明确焦点在超音段音系层面的表现。英语中的焦点一般是以核心重音，即音系短语中的最后一个音高重音（pitch accent）来体现的（Cohan，2000；Ladd，1996）。有了 ToBI 系统，我们可以问"焦点在 ToBI 系统中究竟对应于怎样的具体表现"，从而构建焦点和核心重音之间更清晰的联系。Hedberg & Sosa（2001）、Hedberg（2003）提出焦点对应的是 H*，Hedberg & Sosa（2002）认为 L＋H* 也有可能，这方面的研究刚刚起步，在英语和其他语言的焦点研究中都还有很多工作可做。

在英语中，音高重音是表现焦点的重要手段，但其他一些语言如汉语、韩语并没有音高重音，这些语言是如何表现焦点的呢？近年来关于焦点音系表现的跨语言研究发现，在汉语、韩语这些语言中音域（pitch range）和焦点有密切联系。例如 Xu（1999）针对汉语的焦点表现提出：非句末焦点表现出扩展的音域，焦点后的词表现出下倾、压缩的音域，而前焦点、句末焦点则表现出"中性的"音域。Jun（2002）在对首尔韩语的研究中也发现音域和焦点的关联：焦点表现出扩展的音域，焦点后的重音短语（accentual phrase）音域压缩。即便针对有音高重音的语言如英语来说，也有学者提出，音域和焦点之间存在比我们认识到的更多的关联（Flemming，2007）。无论一种语言有无音高重音，焦点似乎都表现出和扩展的音域相关，而焦点之后就表现出音域的压缩。这一点有待在更多的语言中进一步验证。除音调外，音长作为焦点的声学相关特征已经得到广泛认可。有关焦点的声学特征的回顾尤其是在汉语中的表现，可参考张慧丽、潘海华（2019）。

焦点的音系研究还有另外一个重要方面，就是焦点音系表现和句法结构的关系，也就是"焦点投射"问题。最早的焦点投射理论，即 Chomsky & Halle（1968）提出的"核心重音规则"（nuclear stkess rule，简称 NSR）认为，词重音加上句法结构就能够决定焦点的可能所在：只要一个句法成分其右分支包含句末核心重音就可以被看作是焦点。但 NSR 无法解释在焦点投射上为什么涉及附加语短语的情况（见例 1）会和带论元短语的情况（见例 2）不同：论元短语的重音可以通过投射使谓语成为焦点，而附加语短语的重音则不可以。

(1) *He only [smoked in the TENT]$_F$。

　　他只是在帐篷里吸了烟。

(2) Mary [bought a book about BATS]$_F$。

　　玛丽买了一本关于蝙蝠的书。

针对这类现象，Gussenhoven（1984，1999）以及 Selkirk（1984，1995）等提出了

基于论元结构的焦点投射理论。以 Selkirk 的焦点投射理论为例，其中就有"短语焦点规则"，指出只有中心语和论元才可以投射焦点①。

对此 Schwarzschild(1999)和 Büring(2006,2007)提出了不同观点。Schwarzschild(1999)首先指出形容词向名词短语投射焦点的可能性。例(3)中的重音落在 blue 上：

(3) I know that John drove Mary's red convertible. But what did Bill drive?

　　我知道约翰开玛丽的红色敞篷车。但是比尔开什么呢？

　　He drove [her BLUE convertible]$_F$.

　　他开她的蓝色折篷车。

按照 Selkirk 等学者提出的焦点句法投射规则，既非中心语也非论元的 blue 应该不能投射焦点到名词短语 her BLUE convertible 上。但问话和应答之间的一致性（具体内容见第 3 节）恰恰决定了 her BLUE convertible 应该被看作是焦点，因此形容词不能投射焦点的句法限制并不存在。Büring(2006)在 Schwarzschild(1999)的基础上进一步考察了及物动词主语、间接宾语、附加语、副词等成分投射焦点的可能性，发现它们和形容词一样并不会因为它们的句法成分属性在焦点投射方面受到限制。Büring 的研究试图说明，任何成分都可以投射焦点，焦点投射方面没有 Selkirk 等学者提出的所谓句法限制。

和焦点音系表现密切相关的另一个问题是所谓"去重音化"(deaccenting)现象，即焦点成分中"已知信息"的音系表现问题。如例(4)：

(4) Mary sat at her desk. John walked in. What happened next?

　　玛丽坐在书桌旁。约翰走了进来。接下来发生了什么？

　　a. ♯ She kissed JOHN.

　　　她吻了约翰。

　　b. She KISSED John.

　　　她吻了约翰。

例(4a)重音落在 John 上，根据 NSR 提出的重音和焦点的关系，例(4a)中的 John 可投射焦点到整个句子上，句子作为焦点也符合例(4)中问题回答一致性的要求。但事实是例(4b)而非例(4a)才是合适的回答：作为已知信息的 John 必须被"去重音化"，也就是不带重音。

在句子的音系表现方面，信息的"已知性"要扮演一定的角色——这一点在

---

① "短语焦点规则"具体内容包括：(i) 如果中心语带焦点标记，那么该句法成分就可以带焦点标记；(ii) 如果内部论元带焦点标记，那么它的中心语就可以带焦点标记。

Gussenhoven 和 Selkirk 等学者提出焦点投射理论时就已经关注到。考虑到焦点投射规则可能会生成不可接受的音系结构,Selkirk 就曾结合新信息/已知信息的区分提出"解释规则",将信息结构作为解释焦点音系表现的重要因素[①]。但究竟"已知性"如何定义,"已知性"对句子音系表现的影响和焦点对句子音系表现的影响两者之间是怎样一种关系——这是近十年来学者们在研究焦点音系表现时着力要解决的两个问题。

"已知性"比较传统的定义如 Prince(1981),是将名词短语的所指之前出现过并具有显著性作为重要特征。但在焦点研究中"已知性"的定义却要更复杂些。例(5)是 Schwarzschild(1999)举的一个例子:

(5) Mary's old convertible is no longer available. What is John going to do?

　　玛丽的旧敞篷车不了了。约翰会怎么做呢?

　　He'll [RENT her NEW convertible]_F.

　　他会租她的新折篷车。

Schwarzschild(1999)指出,名词短语 her NEW convertible 之前没有提到,作为整体来看应不属于已知信息,但它也不是全新的信息,其中包含的部分"her convertible"是已知的。具有"已知性"但又不是句法成分,这是之前的"已知性"定义没有覆盖到的。为此 Schwarzschild 提出一种更为灵活的结合语义和信息结构两个层面的定义。一方面仍然将已知性看作是一种照应关系,指向语篇中具有显著性的先行词;另一方面运用语义中的"蕴涵"概念,具体做法是先从句子中把带重音的部分分离出去,然后用存在闭合做出命题,如果先行词蕴涵这个存在命题那么就看作是"已知信息"。也就是说,和"去重音化"现象密切联系的"已知信息"并不等同于传统的"已知信息",对"已知性"我们需要赋予适用性更广的新定义。

但还有一些围绕"已知性"的现象令我们困惑,如例(6)中,只有例(6a)的回答可以接受,例(6b)则不行:

(6) Mary's uncle, who produces high-end convertibles, is coming to her wedding. I wonder what he brought as a present.

　　玛丽那位从事高端敞篷车制造的舅舅要来参加她的婚礼了。我想知道他带了什么礼物。

　　a. He brought a [CHEAP convertible⁻].(他带了一辆便宜的敞篷车。)

[①]　"解释规则"具体内容是:(i)不是焦点的 F-marked 的成分必定是语篇中的新信息;(ii)没有 F-marked 的成分必定是语篇中的旧信息。

    b. *He brought [a RED convertible].(他带了一辆红色的敞篷车。)

    c. He brought [a red CONVERTIBLE].(他带了一辆红色的敞篷车。)

根据问题-回答的一致性要求,例(6a - b)方括号内的部分都应该是焦点,并且其中 convertible 因为是已知信息"去重音化"——这些对例(6a - b)应该同样适用,但事实却是:换了一个形容词(cheap 换成 red)之后,例(6a - b)的音系表现也随之不同(例 6b 中的 convertible 不能"去重音化")。

    要解释这个现象,Wagner(2006)提出我们应当将"已知性"理解成相对的概念,即"相对于姐妹节点来说已知"。convertible 不带重音的前提不仅是 convertible 是已知信息,还要求将 high end 替换成变量之后的[x convertible]是已知信息。由于 high end 作为 red 的相关选项不成立,因此预设不成立。至于什么情况属相关选项,什么情况不是,Wagner 提出可借助排他算子来验证:假如 Mary only likes RED convertibles,而 high end 又是 red 的相关选项,那么玛丽不可能喜欢 high-end convertibles,但事实上 Mary only likes RED convertibles 并不排除这种可能性(即她还可能喜欢 high-end convertibles),因此 high end 不是 red 的相关选项,x convertible 不是已知信息。

    "已知性"对句子音系表现的影响已经是一个不争的事实,在研究句子音系表现时仅仅考虑焦点的影响肯定是片面的。那么究竟是焦点和已知性互动影响到句子的音系表现,还是说这一切都是已知性的作用? 在目前文献中,后一种解释可以说占据了主流地位。Schwarzschild(1999)就提出,[−F]("已知性")和 [+F]("焦点")是一组互补的特征,只用其中一个特征即可。由于带[−F]特征的成分可以统一地被解释为"已知",而[+F]的定义至少包含三种互相不能取代的语用概念(Halliday, 1967),因此可以认为[−F]("已知性")特征更为基本。Schwarzschild 接着用优选限制来定义"已知性"和音系的关系。第一条把"已知性"(GIVEN-ness)和 F-marking 联系起来:非 F-marked 的成分是语篇中的旧信息;另一条进一步对 F-marking 作出限制,即在不违反前一条规则的情况下将句子中的 F-marking 保持在最低程度(称为 AvoidF)。Sauerland(2004)也基于"已知性"提出有关焦点音系的解释。他认为用"已知性标记"(givenness-marking)而非"焦点标记"(F-marking)来解释,涉及多重焦点的问题就可以得到解决。从 Chomsky(1971)和 Jackendoff(1972)对焦点和音系表现的关注到 Schwarzschild(1999)、Sauerland(2004)、Reinhart(2006)、Wagner(2006)等把关注越来越多地转向"已知性",我们看到信息结构在焦点音系研究中的作用正日益受到重视,这方面的研究也越来越精细化。

3. 从语义理论到语用理论

　　近十年来焦点研究的另一新方向是出现了一系列有关焦点的语用理论。从关注焦点的语义作用到关注焦点在篇章中的语用作用,提出选项语义论的 Rooth 在这方面开了个头。Rooth(1985)提出的选项语义论是完全的语义理论。该理论认为,焦点的作用在于引出一系列选项,和焦点联系的有普通语义值和焦点语义值,后者由选项的集合构成。选项语义论能够处理不少和焦点有关的现象,但是 Rooth 认为这样的语义理论没有能够说明焦点在语言中的作用,没有能够说明焦点敏感结构的共性,缺乏解释力。为了弥补这一不足,Rooth(1992,1996)提出了兼顾语义和语用的焦点理论,用问话-应答的一致性特点来解释焦点的作用。早在 Hamblin(1973)中我们就看到关于问题的语义被处理成选项集(即针对问题所有可能回答的集合)。从问话-应答的角度来看焦点,选项集的存在就有了独立的动因:只要有焦点,语境中就预设了一个相关的选项集。焦点引出的变量和选项集的关系十分自然(无需另外给规则),它们的联系就是一种语用上的照应关系。在焦点研究的早期著作如 Jackendoff(1972)中就提出过焦点和预设的关系,认为像 John introduced[Bill]F to Sue(约翰把比尔介绍给了苏)这样的句子预设存在命题(x(John introduced x to Sue))。但 Jackendoff 自己也看到,说焦点结构预设存在命题有些过头,因为这种所谓“存在预设”是很容易被取消的。他提出,也许我们可以认为存在一种较“弱”的预设,即焦点结构预设的是一个针对焦点变量的问题。但这样的提法也有问题,因为标准的语义、语用理论都不把问题看作是预设。Rooth 提出问话-应答的焦点解释机制,正好能在现有语义语用理论范围内很好地解决这个问题:焦点结构预设语境中存在选项集,而选项集等同于问题的语义,这就跟说预设了问题是一样的。

　　Rooth 之后,Roberts(1996)和 Büring(2003)等把焦点解释和问题的联系进一步推进。焦点的作用被放到更大的语篇一致性和语篇策略的角度去考虑。这和 1980 年代开始的动态语义研究一脉相承。动态语义研究的灵感来源主要是 Stalnaker(1978)有关共同域(common ground)的动态模型:交际双方共享的知识构成共同域,交际的主要目的在于通过新命题的提出来缩减可能世界,从而实现共同域的更新。Roberts 和 Büring 有关焦点的语用理论正是吸取了这一灵感。

　　对他们的理论产生更直接影响的是 Carlson(1983),它提供了将交际看作是问话-应答关系的视角。Roberts 和 Büring 的焦点理论认为,信息状态包含一系列讨论中的问题,交际就是通过问话-应答展开的。焦点的意义就是它在问话-应答中的作用,焦点选项集对应于当前讨论的问题。更详细的内容可见 Roberts(1996)和 Büring(2003)的研究。

4. 语义还是语用?

4.1　焦点语义理论面对的挑战

焦点语用理论的提出对焦点语义理论构成了挑战。从语言事实来看,挑战主要有两方面:一是二次焦点(second-occurrence focus,简称 SOF)的音系表现问题。SOF 是指像例(7b)中 vegetables 作为焦点的情况:

(7) a. Everyone already knew that Mary only eats [vegetables]$_F$.

每个人都已经知道玛丽只吃蔬菜。

b. If even [Paul]$_F$ knew that Mary only eats [vegetables]$_{SOF}$, then he should have suggested a different restaurant.

如果连保罗都知道玛丽只吃蔬菜,他就会建议去另一间餐馆了。

例(7a-b)中焦点敏感算子 only 都和 vegetables 联系,但在例(7a)中第一次出现的焦点 vegetables 在音系上具有显著地位,而例(7b)中 vegetables 作为第二次出现的焦点,不少学者认为它在音系上没有表现。持焦点语用理论的学者把这一点作为否定焦点语义理论的重要证据。根据焦点语义理论,语义上的焦点一定和句法的 F-marking 相联系,而 F-marking 必定和音高重音相联系,因而 SOF 也必定和音高重音联系。由于事实上 SOF 并不表现出音高重音,持焦点语用理论的学者认为,焦点语义理论就站不住脚(关于 SOF 是否真的没有音系表现,我们将在下一节说明)。

另一项反对焦点语义理论的证据是:有些算子似乎和焦点没什么联系,而是和预设有联系。如例(8):

(8) Mary always managed to complete her [exams]$_F$.

玛丽参加考试总是能做完。

例(8)中的焦点是音系上处于显著地位的 exams,但是从解读的可能性上我们看到句子只能表示"玛丽参加考试总是能把题做完",而不是"玛丽完成的总是考试"。也就是说,量化副词 always 联系的并不是焦点 exams,而是句子的预设 Mary took exams。

4.2　SOF 的音系表现

SOF 是否有音系层面的表现，Beaver & Clark(2008)提出用实验手段来检验。Beaver & Clark 并不是最早用实验手段研究焦点现象的学者，之前已经有Bartels(1997)和 Rooth(1996)的研究。Bartels(1997)的实验比较的是 SOF 和一般焦点的音系表现，并不考察 SOF 是否一定有音系表现的问题。Beaver & Clark 的实验与 Rooth(1996)比较接近，探讨 SOF 和非焦点的区别。从实验设计来看前者比后者更为系统，不仅证明 SOF 和非焦点在音系表现上不同，还证明不同之处在于音长和能量。由于焦点音系表现和非焦点的音系差别只有被感知才会对解释产生影响，所以感知实验也被作为验证的关键手段。Beaver & Clark 的感知实验表明，虽然 SOF 音系表现效果并不是很强，但的确是可以感知的。

4.3　两种不同的算子：only 和 always 的区别

虽然 Beaver & Clark(2008)证明 SOF 有音系表现，但他们并不认为所有焦点都必须有音系表现。有些焦点必须和音系上突出的成分联系，而另一些焦点就没有这样一种强制规定，不一定和音系上突出的成分相联系。也就是说，有些焦点属于我们前面所说的语义焦点，而另一些焦点就应该归于语用焦点。

在以往的文献中我们常常看到"焦点敏感算子"的名称，顾名思义，焦点敏感算子联系的就应该是焦点。但有学者如 Cohen(1999)等就提出，焦点敏感算子联系的是预设而不是焦点。但他们提出的相关语料仅限于类指词和量化副词，并不涉及 only 这样的排他算子。

Beaver & Clark(2003,2008)针对 only 和 always 两个算子的比较研究为我们深入了解算子之间的差别提供了崭新的思路。Beaver & Clark 的贡献和创新在于：他们不是简单地讨论一个或几个焦点敏感算子的语义，而是着眼于焦点算子作为一个整体对其内部成员差异性进行比较，来讨论焦点联系类型和本质这样的重大问题，并且提供了一系列创新的测试方法和丰富的跨语言素材，为讨论提供事实依据。

首先，Beaver & Clark 的语料库研究表明，always 和 only 构成的最小对立组在意义上有很大不同。例(9—10)中的焦点都是 exams，但我们看到的结果是：always 联系的是预设，only 联系的才是焦点。只有 only 才能和 exams 联系，得到"玛丽完成的只是考试"的解读；always 只能和预设联系，得到"玛丽参加考试总是能把题做完"的解读。

（9）Mary always managed to complete her [exams]$_F$.

　　玛丽参加考试总是能做完。

(10) Mary only managed to complete her [exams]ꜰ.

　　　玛丽完成的只是考试。

　　在焦点明确的情况下，always 选择和预设而非焦点相联系，这一点明显地体现出 always 的语用特性。而在另一方面，排他算子执着地表现出对于焦点的依赖（即便从语用来看更可能和预设联系的情况下也是如此），这在很大程度上展示出排他算子的语义特性。

　　Beaver & Clark 考察算子和焦点之间联系差异的另一方法是用音系上弱化的成分和句法上省略的成分。根据焦点语义理论，焦点应该是音系上得到强化的部分，音系上弱化的成分以及句法上省略的成分自然也就不可能成为焦点。他们发现，always 可以和音系上弱化的成分或是句法上省略的成分联系，而 only 不可以。也就是说 always 可以和非焦点成分联系，而 only 必须和焦点成分联系。Beaver & Clark 分别以荷兰语、意大利语、西班牙语的例子来证明。下面是荷兰语的例子（附上对应的英文句子便于理解）：

(11) ?Ik had't alleen maar over'm met Sandy, en ook had ik't alleen maar over'm met Kim.

　　　?"I only discussed'im with Sandy and also only discussed'im with Kim."

　　　我和桑迪只讨论他，我和金也只讨论他。

例(11)的英文释义中，'im 是 him 的弱化形式。按照焦点语义理论，焦点必须 F-marked，因此 'im（他）不可能成为焦点。这也就意味着，"我和桑迪只讨论他，我和金也只讨论他"对于例(11)来说是不可能的解读（已用"?"表示）。正如之前所说，排他算子只能和焦点联系，only 不能和弱化的 'im 联系应是意料之事。而如果把排他算子换成量化副词 always（如例 12 所示），句子就没有问题：

(12) Ik had't altijd over'm met Sandy, en ook had ik't altijd over'm met Kim.

　　　"I always discussed'im with Sandy and also always discussed'im with Kim."

　　　我和桑迪总是讨论他，我和金也总是讨论他。

"我和桑迪总是讨论他，我和金也总是讨论他"对于例(12)来说是完全可能的解读。这再次证明 always 和 only 不同，前者不一定要和焦点联系。

　　句法上省略提取的成分因为同样的原因和弱化成分一样不能作焦点。always 可以和这样的成分联系，而 only 就不可以：

(13) Wat denk jij dat Kim altijd haar moeder geeft?

　　　"What do you think Kim always gives her mother?"

　　　你认为金总是把什么东西给她母亲？

（14）Wat denk jij dat Kim alleen maar haar moeder geeft?

　　"What do you think Kim only gives her mother?"

　　你认为金把什么东西只给她母亲？

例（14）不能表示"你认为金只把什么东西给她母亲"，只能表示"你认为金把什么东西只给她母亲"，也就是排他算子 only 不能和被提取的非焦点成分 wat 联系，这再一次证明排他算子 only 对于焦点的依赖性。例（13）中的 always 则不存在这方面的解读限制。

　　Beaver & Clark 提出的另一检测手段是否定极性词。否定极性词的特性是只出现在向下蕴涵的语境里，相对于全称量化算子来说，就是只能出现在其限制域中（向下蕴涵语境）而不能出现在其核心辖域内（向上蕴涵语境）。always 和 only 都引出全称量化算子。如果像我们前面所假设的那样，always 所联系的部分全部出现在三分结构的核心辖域，而 only 只有所联系的焦点部分能够出现在三分结构的核心辖域中（非焦点部分出现在限制域中）的话，那么我们很自然可以推出下面的结论，就是否定极性词不可能出现在 always 的辖域中，但有可能作为非焦点成分出现在 only 的辖域内。循着这一思路，Beaver & Clark 提出用否定极性词来测试 always 和 only 的不同。例（15）中，pick his nose 和 write a book 是句子的焦点，lift a finger 是否定极性词，作为句子的非焦点部分出现：

　　（15）Stuart would only［/? always］lift a finger to［pick his nose］F or［write a book］F.

　　　　斯图尔特只［? 总］会在挖鼻子或写书的时候抬抬手。

　　根据之前对于 always 和 only 三分结构的不同分析，lift a finger to pick his nose or write a book 全部出现在 always 引出的全称量化算子的核心辖域中，也就是说否定极性词 lift a finger 出现在向上蕴涵的语境中，该否定极性词的存在因此不能得到允准，句子不成立；而对于 only 引出的全称量化算子来说，只有 pick his nose 和 write a book 出现在核心辖域中，lift a finger 作为非焦点部分出现在 only 引出的全称量化算子的限制域中（向下蕴涵的环境），因此否定极性词 lift a finger 的使用就得到了允准。

　　Beaver & Clark 认为，only 和 always 的区别代表了两类不同算子——语义敏感算子和语用敏感算子的区别。前者包括排他算子（如 only, merely）、增量算子（如 too, also）、梯级增量算子（如 even）、强调算子（如 really, especially）、特称算子（如 for example, in particular）、缩减算子（如 hardly, at the very least）等，后者包括量化副词（如 always, usually）、句子层面的联结词（如 because, since）、比较

级(如-er)和最高级(如-est)、情感算子(如 regret,be glad)等。

5. 结语

　　作为联系音系、句法、语义、语用多个层面的现象,焦点研究近十年来的成果是句法学家、音系学家、语义学家和语用学家在多个领域发展运用多种研究手段协同努力的结果,也说明在界面研究中同时掌握两个或多个领域知识、工具的重要性。

　　目前为止焦点界面研究涉及的语言主要局限于英语以及德语、匈牙利语等少数其他欧洲语言。由于不同语言焦点有不同表现,除语调外,标记焦点的手段还有很多,包括语序(如匈牙利语)、词素(如克丘亚语)、语调、语序和词素共用(如日语和印地语)等,对焦点现象的全面认识需要建立在跨语言研究,尤其是对类型学上不相关的语言的研究上(Büring,2009)。跨语言焦点界面研究不仅能够为焦点界面研究贡献丰富的语料,更重要的意义在于能够让现有焦点研究中呈现的界面关系以及相关的理论得到重新审视,获得新的启发以及(支持或反对的)证据。作为界面研究理想的素材,我们相信有关焦点的研究也会给今后其他的界面研究带来重要的启发。

参考文献

1. 徐烈炯,潘海华.焦点结构和意义的研究[M].北京:外语教学与研究出版社,2005.

2. 张慧丽,潘海华.汉语句尾信息焦点与重音实现[J].当代语言学,2019(1):23 - 42.

3. Bartels, Christine. Acoustic Correlates of 'Second Occurrence' Focus: Towards an Experimental Investigation [M]// H. Kamp and B. Partee. Context-dependence in the Analysis of Linguistic Meaning. Institut fuer maschinelle Sprachverarbeitung, Universit Stuttgart, 1997: 11 - 30.

4. Beaver, David and Brady Clark. Always and Only: Why not all Focus Sensitive Operators are alike[J]. Natural Language Semantics, 2003, 11, 4: 323 - 362.

5. Beaver, David and Brady Clark. Sense and Sensitivity: How Focus Determines Meaning[M]. Malden, MA: Blackwell, 2008.

6. Büring, Daniel. On D-trees, Beans, and B-accents[J]. Linguistics and Philosophy, 2003, 26: 511 - 545.

7. Büring, Daniel. Focus Projection and Default Prominence[M]// V. Molnár and S. Winkler. The Architecture of Focus. Berlin/ New York: Mouton de Gruyter, 2006.

8. Büring, Daniel. Intonation, Semantics and Information Structure[M]// G. Ramchand and C. Reiss. The Oxford Handbook of Linguistic Interfaces. Oxford: Oxford University Press,

2007: 445 – 473.

9. Büring, Daniel. Towards a Typology of Focus Realization[M]// M. Zimmermann and C. Féry. Information Structure: Theoretical, Typological, and Experimental Perspectives. Oxford: Oxford University Press, 2009: 177 – 205.

10. Carlson, Lauri. Dialogue Games: An Approach to Discourse Analysis[M]. Dordrecht: Reidel, 1983.

11. Chomsky, Noam. Deep Structure, Surface Structure, and Semantic Interpretation[M]// D. Steinberg and L. Jakobovits. Semantics: An Interdisciplinary Reader in Philosophy, Linguistics, and Psychology. Cambridge: Cambridge University Press, 1971: 183 – 216.

12. Chomsky, Noam and Morris Halle. The Sound Pattern of English[M]. New York, NY: Harper and Row, 1968.

13. Cohan, Jocelyn. The Realization and Function of Focus in Spoken English[D]. University of Texas at Austin, 2000.

14. Cohen, Ariel. How are Alternatives Computed? [J]. Journal of Semantics, 1999, 16: 43 – 65.

15. Flemming, Edward. Course Materials for 24. 910 Topics in Linguistic Theory: Laboratory Phonology. MIT, MA, 2007.

16. Giannakidou, Anastasia. The Landscape of EVEN[J]. Natural Language and Linguistic Theory, 2007, 25(1): 39 – 81.

17. Gussenhoven, Carlos. On the Grammar and Semantics of Sentence Accents[M]. Dordrecht: Foris, 1984.

18. Gussenhoven, Carlos. On the Limits of Focus Projection in English[M]// P. Bosch and R. van der Sandt. Focus: Linguistic, Cognitive, and Computational Perspectives [M]. Cambridge: Cambridge University Press, 1999: 43 – 55.

19. Halliday, Michael. Notes on Transitivity and Theme in English[J]. Journal of Linguistics, 1967, 3: 199 – 244.

20. Hamblin, Charles L. Questions in Montague English[J]. Foundations of Language, 1973, 10: 41 – 53.

21. Hedberg, Nancy. The Prosody of Contrastive Topic and Focus in Spoken English[C]// Pre-proceedings of the Workshop on Information Structure in Context. Institut für Maschinelle Sprachverarbeitung, Stuttgart, 2003: 14 – 52.

22. Hedberg, Nancy, and Juan M. Sosa. The Prosodic Structure of Topic and Focus in Spontaneous English Dialogue[C]// Paper presented at Topic and Focus: A Workshop on Intonation and Meaning. University of California, Santa Barbara, 2001.

23. Hedberg, Nancy. The Prosody of Questions in Natural Discourse[C]// B. Bel and I. Marlien. Proceedings of the First International Conference on Speech Prosody, 2002.

24. Hole, Daniel. Focus and Background Marking in Mandarin Chinese: System and Theory behind CAI, JIU, DOU and YE[M]. London: Routledge, 2004.

25. Ippolito, Michela. On the Meaning of Some Focus-sensitive Particles[J]. Natural Language

Semantics, 2007, 15: 1 – 34.

26. Jackendoff, Ray. Semantic Interpretation in Generative Grammar[M]. Cambridge, MA: The MIT Press, 1972.

27. Jun, Sun-Ah. Syntax over Focus[C]//J. H. L. Hansen and B. Pellom. Proceedings of International Conference on Spoken Language Processing, 2002.

28. Ladd, D. Robert. Intonational Phonology[M]. Cambridge: Cambridge University Press, 1996.

29. Prince, Ellen. Toward a Taxonomy of Given/New Information[M]//P. Cole. Radical Pragmatics. New York: Academic Press, 1981: 223 – 255.

30. Reinhart, Tanya. Interface Strategies[M]. Cambridge, MA: The MIT Press, 2006.

31. Roberts, Craige. Information Structure in Discourse: Towards an Integrated Formal Theory of Pragmatics[C]//J. H. Yoon and A. Kathol. OSU Working Papers in Linguistics 49: Papers in Semantics. Ohio State University, 1996. (Updated version of 1998: http://www.ling.ohio-state.edu/~croberts[Accessed 2, Apr. 2011]).

32. Rooth, Mats. Association with Focus[D]. University of Massachusetts, Amherst, 1985.

33. Rooth, Mats. A Theory of Focus Interpretation[J]. Natural Language Semantics, 1992, 1: 75 – 116.

34. Rooth, Mats. On the Interface Principles for Intonational Focus[M]//T. Galloway and J. Spence. Proceedings of Semantics and Linguistic Theory (SALT) Ⅵ. Ithaca, NY: Cornell University, 1996: 202 – 226.

35. Sauerland, Uli. Do not Interpret Focus! Why a Presuppositional Account of Focus Fails, and how a Presuppositional Account of Givenness Works[C]//C. Bery, J. Huitink and E. Maier. Proceedings of Sinn und Bedeutung 9. University of Nijmegen, Nijmegen, Netherlands, 2004: 370 – 384.

36. Schwarzschild, Roger. GIVENness, AvoidF and other Constraints on the Placement of Accent[J]. Natural Language Semantics, 1999, 7: 141 – 177.

37. Selkirk, Elisabeth. Phonology and Syntax: The Relation between Sound and Structure[M]. Cambridge, MA: The MIT Press, 1984.

38. Selkirk, Elisabeth. Sentence prosody: Intonation, Stress, and Phrasing[M]//J. A. Goldsmith. The Handbook of Phonological Theory. London: Basil Blackwell, 1995: 550 – 569.

39. Stalnaker, Robert. Assertion[M]//P. Cole. Syntax and Semantics 9: Pragmatics. New York, NY: Academic Press, 1978: 315 – 332.

40. Wagner, Michael. Givenness and Locality[M]//M. Gibson and J. Howell. Proceedings of Semantics and Linguistic Theory (SALT) ⅩⅥ. Ithaca, NY: CLC Publications, 2006: 295 – 312.

41. Xu, Yi(许毅). Effects of Tone and Focus on f0 Contour Formation[J]. Journal of Phonetics, 1999, 27: 55 – 105.

第十四章 焦点与汉语否定和
量词的相互作用

李宝伦 潘海华

1. 引言

汉语有关否定的研究主要集中在两个否定词"不"和"没（有）"上，而前人一般把"不"看成"没"的替代式〔见 Wang（1965）、Teng（1974）、Mangione & Li（1993）等〕。"不"主要出现在静态或习惯性的句子中，而"没（有）"因为是否定词与完成体貌的复合体，只出现于动态句中。本章集中讨论"不"，我们先介绍两种解释"不"的分析方法，即黏合说和焦点敏感说；继而探讨"不"与能愿动词（modals）及量化副词（adverbs of quantification）的相互作用；最后，考察断言算子在"不"字句中所起的作用。

2. "不"为黏合类成分

有关"不"的研究，主要围绕着两个语言事实展开："不"不能与（i）完成态标记"了"（perfective -le）及（ii）表方式的修饰语（manner phrases）共现。为了解释这两个语言事实而提出的有关否定的理论，主要包括 Huang（1988）及 Ernst（1995）的黏合说，以及 Lee & Pan（1999，2001，2002）的焦点敏感说。我们先谈谈黏合说，再讨论焦点说。

2.1 Huang(1988)的黏合说

否定词"不"的两个语言事实最初由 Huang(1988)提出。

（1）a. 我吃了木瓜。

b. 我不吃木瓜。

c. *我不吃了木瓜。

（2）a. 他跑得不快。

b. *他不跑得快。

他通过上述句子说明关于"不"的两个语言事实：一是"不"不能与完成态标记"了"共现〔见(1c)〕；二是"不"不能与表方式的修饰语共现〔见(2b)〕。他提出下面的原则 P，以解释上述两个语言事实。

原则 P(Principle P)

否定词素"不"会与紧接它的第一个动词(V^0)成分组成一个新成分。

对于(1c)，原则 P 规定"不"先黏合在动词"吃"上，形成一个"不-吃"结构。"不-吃"所描述的是一个没有发生或未然的事件，Huang 称之为"非事件"(non-event)，而用完成态标记"了"去表述一个非事件是有违语义原则的。因此，(2b)是不合法的。类似的解释也被应用到(2b)上。原则 P 要求(2b)中的"不"字先黏合于邻接动词"跑"上，形成一个"不-跑"结构。"不-跑"表示"跑"这个事件尚未发生，即属 Huang 所说的非事件，用表方式的修饰语去修饰一个尚未发生的事件也是有违语义规则的，令(2b)变成不合法。根据上面的解释，Huang 认为他的黏合说能充分解释关于"不"的两个语言事实。

另一方面，Huang 认为在两种情况下"不"字能与"了"或表方式的修饰语共现。一是句中的否定词"不"及主要动词之间存在一个能愿动词或一个助动词，如下面句子所示。

（3）他们不是骗了李四。

（4）你不能吃了这片木瓜。

（5）他们不是跑得很快。

（6）小李不会跳得很高。

(3)—(6)都是容许"不"字与完成态标记"了"或表方式的修饰语共现的合法句子。Huang 认为这些句子不会影响他的黏合说，并提出解释如下：在(3)及(5)中，否定词"不"和句中主动词"骗"及"跑"之间隔着一个系动词(copula)"是"，这个系动词把"不"字和主动词(即 Huang 在原则 P 中所说的 V^0 成分)隔开了，令原则 P 不能应用，从而避免了"不-动词"结构带来的语义问题。同样地，(4)中的能愿动词"能"把"不"和主动词"吃"隔开，避免了因应用原则 P 而造成的"不-吃"非事件结构，"不"因而可以与"了"共现。(6)中的能愿动词"会"也把"不"和主动词"跳"隔开，"不-跳"结构既然不出现，"不"与表方式的修饰语"很高"共现便不会出现问题了。

另一种情况是当"不"字和主动词之间存在一个隐性的能愿成分，把"不"字和主动词隔开，如下所示。

（7）如果你不跑得快，你就得不到奖品。

由于像(7)这样的句子没有一个明显的能愿动词或助动词,Huang 提出下面的假设来处理像(7)这样的句子。

空能愿成分假设(The Abstract Modal Assumption,简称 AMA)

在"不"字及主动词之间没有能愿动词/助动词,但"不"仍可自由地与表方式的修饰语共现的句子中,假定有一个带有将来或能愿意义的空语类成分,它一方面给予"不"字"不会"的意思,另一方面,避免了"不"字直接黏合在主动词上。

根据 Huang 的分析,(7)属条件句,句中的先行句"如果你不跑得快"内有一个空语类(empty category)能愿成分。这个空能愿动词的作用和上面提到的系动词"是"和能愿动词"会"和"能"相同,是把"不"和主动词"跑"隔开,避免"不"直接与主动词"跑"黏合而可能引起的语义问题,(7)因而成为合法句。

2.2 Ernst(1995)的黏合说

Ernst(1995)的黏合说是在修改 Huang(1988)的黏合说的基础上形成的。两者都假设"不"为黏合类成分,但在如何解释上述两个语言事实时,Ernst 运用与 Huang 的原则 P 不太一样的机制。他提出了下面两个限制来解释相关的事实。

限制 1

"不"字必须黏合在紧接它的词(word)上

限制 2

"不"需要一个非受限类情状(unbounded situation)①

Ernst 的限制 1 与 Huang 的原则 P 差不多,不同之处在于 Ernst 认为紧接"不"的不一定是动词,可以是其他句子成分,如下面的句子所示。

(8) 我不马上回答。

(8)显示邻接"不"的不一定是动词,可以是像"马上"那样的副词,而"不"也可黏合在该成分上。因此,应把原则 P 中的"紧接'不'的动词"扩展为"紧接'不'的词"。Ernst 以限制(1)解释上述的第二个语言事实,即"不"不能与表方式的修饰语共现的现象[见(2b)]。他假定表方式的修饰语在深层结构上的位置是在"不"及动词之间,经过移位后才出现在其表层结构的位置上,即动词后。他对(2b)不合法的解释如下:表方式的修饰语"快"在深层结构上的位置是在"不"和动词"跑"之间,移位后在该位置留下一个 XP 语迹(trace)。该语迹一方面阻止"不"黏在动词"跑"上,另一方面又不能成为"不"黏合的对象,因为语迹属非词汇性成分(non-lexical item),不能作为黏合对象(host)。"不"因而变成无主(hostless)成

---

① 受限类情状的特点是有界(telic)或具备自然结束点(natural endpoint),如完结(accomplishment)及实现(achievement)类情状,详见蒋严及潘海华(1998)第九章中的相关讨论。

分,违反了 Ernst 的限制 1,从而令(2b)变成不合法的句子。

Ernst 的限制 2 是用来解释上述的第一个语言事实,即为何"不"不能与"了"共现。限制 2 规定"不"必须出现在非受限类情状,但(1c)中的完成态标记"了"却令句子的情状变成受限的,从而违反了限制 2 的语义规定,这就解释了为何(1c)会是不合法的原因。

2.3　黏合说的问题

Lee & Pan(1999, 2001, 2002)认为"不"并非黏合类成分,因此,Huang 及 Ernst 的黏合说难以成立。他们举出下面几点反驳"不"为黏合类成分的说法。

第一,他们认为 Huang 的非事件理论不足以解释上述的第二个语言事实。Huang 的非事件说以事件是否存在作为其基础,认为"不"合法地与表方式的修饰语共现的条件是该修饰语修饰的事件必须是已经存在或已经发生的事件,否则会造成语义上的问题。Lee & Pan(2001)举出下面句子来说明 Huang 的非事件说法是有问题的。

(9) a. 他跑得快,我知道。

b. *他不跑得快,我知道。

"跑得快"在(9a)中的一个意思是"他"有"跑得快"的能力,该意义无需预设"跑"事件的发生。(9b)为(9a)相应的否定句,与(2b)一样,都属不合法的句子,这说明"不"字能否与表方式的修饰语共现与事件或非事件根本无关。

第二,Lee & Pan 指出"不"实际上可以否定非毗邻它的成分,如下面的句子所示。

(10) 昨天要是他不跑得那么[**快**]F,就会误了火车。

(10)的焦点成分在形容词"快"上,"快"并非毗邻"不"的成分,却可被"不"否定,而有关句子也是合法的。这显示黏合说是有问题的,这是因为假设"不"是黏合类成分,在(10)中,"不"便只能与邻接它的成分动词"跑"相结合,它不可能否定"快"。(10)的合法性显示"不"否定的成分不一定是邻接它的成分。因此,"不"为黏合类成分的假设是有问题的。

第三,Lee & Pan(1999, 2001)也质疑 Huang 的空能愿成分假设。对于没有能愿动词或其他助动词但又允许"不"与表方式的修饰语共现的句子,Huang 假设在"不"与主动词之间存在着一个空的能愿动词,把"不"和主动词隔开,从而避免了非事件所引起的语义问题。Lee & Pan 认为这个假设违背了黏合理论的基本原则,原因是"不"的黏合对象必须是词汇性成分,Huang 的空愿成分既然属非词汇性成分,"不"与它结合,是有违黏合理论的原则的。这点实际上也得到 Ernst 的支持,他在解释(2b)的不合法时,提到其中一个导致"不"不能与表方式的修饰语共现的原因是移位后的表方式修饰语在原位留下一个 XP 语迹,"不"是因为不能黏合于这个语迹(非词汇性成分)而不能独立存在,从而令(2b)不合法。此外,在汉语中,确实存在一些"不"可以与表方式的修饰语共现的合法句,而这些句子是 Huang 的空能愿成分假设所不能解释的。Lee & Pan 列举了下面的例句来说明这一点。

(11) 他要是不溜得那么[**快**]F,便给警察抓去了。

(12) 张三故意不把所有的[**烂苹果**]F都扔了,为了惹你生气。

(11)及(12)显示"不"是可以与"了"及表方式的修饰语共现的。两个句子中的"不"所否定的都不是与之相邻接的成分,而是否定非毗邻的焦点成分,这进一步证明"不"为非黏合类成分的说法。要注意的是 Huang 的空能愿成分假设难以解释(11)的合法性,因为该句属反实句(counterfactual sentences),不会给予"不""不会"的意思。

最后,有趣的是"不"可以直接否定邻接它的主动词,且有关句子是合法的,如下面句子所示(Lee & Pan, 1999、2001)。

(13) 要是他不[**说**]F得很快,他[**写**]F得很快,你还愿意聘他吗?

(13)中的"不"直接否定动词"说",而句子却是合法的。不论是 Huang 还是 Ernst 的黏合说都会把(13)错误地判断为不合法。由于"不"直接与主动词"说"结合,形成"不-说"结构,Huang 的分析会把这个结构看作非事件,令表方式的修饰语"很快"无法进一步修饰这个非事件,因此,(13)不可能是合法句。要注意的是即使(13)属条件句,Huang 的空能愿成分假设也不能应用,因为"不"必须直接否定带有焦点的动词"说",不可能黏合在该空能愿动词上。应用 Ernst 的分析,表方式修饰语"很快"移位后会在"不"和动词"说"之间留下一个语迹,令"不"无法黏合于动词"说"上,因此,Ernst 也会判断(13)为不合法的句子。(13)的合法性进一步显示黏合说并不足以解释与"不"相关的两个语言事实。

3. 有关"不"的焦点说

由于黏合说未能充分地解释所有"不"字句,Lee & Pan(1999, 2001, 2002)提出了一个新的分析,主要基于下面三个假设:(1) "不"是焦点敏感算子,且是一个非选择性算子(unselective binder);(2) 完成态标记"了"是一个选择性算子(selective binder),只能约束事件变量(event variable);(3) 带有表方式修饰语的谓语必须选择带有自由事件变量的主语。以这三个假设为基础,他们进一步提出一个"不"的释义条件,来解释所有合法及不合法的"不"字句,以及"不"与量化副词和能愿动词相互作用的现象。

3.1　"不"为焦点敏感算子及非选择性算子

Lee & Pan(2001)列举了下面的句子,显示"不"对焦点的敏感特性。

(14) a. 他不[吃]F饭,他[做]F饭。

    b. [| NEG (他[吃]F饭) |]

    断言(assertion):不[| [他吃饭] |]

    预设(presupposition):假设存在另一个相对于"吃"的选项,称之为P,则有[| [他 P 饭] |]。

(15) a. 他不吃[饭]F,他吃[面包]F。

    b. [| NEG (他吃[饭]F) |]

    断言:不[| [他吃饭] |]

    预设:假设存在另一个相对于"饭"的选项,称之为 y,则有[| [他吃 y] |]。

(16) a. 他不[吃饭]F,他[睡觉]F。

    b. [| NEG (他[吃饭]F) |]

    断言:不[| [他吃饭] |]

    预设:假设存在另一个相对于"吃饭"的选项,称之为P,则有[| [他 P] |]。

(17) a. 他[不]f吃饭,我还以为他会吃。

    b. [| ASSERT (他[不]F吃饭) |]

    断言:[| [他不吃饭] |]

    预设:假设存在一个相对于"他不吃饭"的选项,而该选项为[| 他吃饭 |]。

在(14)—(17)中,句(b)为句(a)的释义。(14a)的焦点在动词上,(15a)的焦点在宾语上,(16a)的焦点在动词短语上,而(17a)的焦点则在助动词"不"上。这些句子显示焦点位置的不同,给出的句子释义也有所不同,如(14b)—(17b)所示。上面的例句证明,"不"确是一个焦点敏感算子,因为有关句子的释义都受焦点位置的影响。要注意的是(17),(17a)显示"不"字句的焦点也可放在否定词上,而得出的选项集合只有+p 与 −p 两个成员,即对比放在命题的真假值上。

除了作为焦点敏感算子外,"不"也是一个非选择性算子,它会约束其辖域内的所有自由变量。这一点可从下面的句子中得以引证(Lee & Pan, 2001)。

(18) a. #小李不看电影,看的电影很长。

    b. Bu$_{e,x}$[Kan(e) & dianying(x) & Subject(e, Xiaoli) & Object(e, x)]

(19) a. #小李不看电影,他看得很快。

　　　　b. Bu$_e$[Kan-dianying(e) & Subject(e, Xiaoli)]

（20）a. #小李不打一个人,他打的人叫小王。

　　　　b. Bu$_{e,x}$[Da(e) & ren(x) & Subject(e, Xiaoli) & Object(e,x)]

上面三个句子都为复句,前句的语义表达式为(b)。我们可以从(b)中看出"不"可以约束由光棍名词"电影"〔见(18)〕及"一个人"〔见(20)〕引出的个体变量 x (individual variable x),以及由"看电影"引出的事件变量 e(event variable e)〔见(19)〕。这些句子显示,后句中的名词或动词短语不能指向(18)及(20)前句中的宾语变量 x,以及(19)前句中的事件变量 e。上面三个复句的不连贯性 (incoherence)显示,"不"会把其辖域内(即前句中)的所有自由变量都封住,造成后句中的名词/动词短语不能指向前句中的任何变量,令句子变成不连贯的,如"#"所示。根据上面的句子,Lee & Pan(2001, 2002)证明"不"是一个非选择性算子,可以约束其辖域内任何自由变量。当这些自由变量被约束之后,后句的所有短语都不能指向这些变量。

3.2　完成态标记"了"属选择性算子

　　Pan(1993)及 Lin(1999)都认为"了"取小句范围,Lee & Pan(2001, 2002)除了假设"了"取小句范围之外,更认为"了"在变量约束方面须符合下面的语义限制。

完成态标记"了"的语义限制

完成态标记"了"只能约束其辖域内的事件变量。

Pan(1993)用下面的例句来说明有关的限制。

（21）a. 小李看了那本书。

　　　 b. 小李看了很多书。

　　　 c. 他病了三天。

（22）a. *小李像了爸爸。

　　　 b. *小李喜欢了书。

　　　 c. *小李喜欢了一本书。

(21a－c)的所有谓语都为阶段性谓语(stage-level predicates),而(22a－c)的则为个体性谓语(individual-level predicates)。两者的区别在于前者带有一个事件变量,而后者则没有〔见 Davidson(1967)〕。这两组句子的对比显示,"了"必须约束事件变量,(21a－c)为合法句,因为它们都带事件变量。相反,由于(22a－c)为个体性谓语,不含事件变量,令"了"的出现违反了其语义限制。此外,(22c)的不合法进一步表明,"了"不能约束由"一本书"所引出的个体变量。因此,有别于"不","了"是一个选择性算子,只能约束其辖域内的事件变量。

3.3　带表方式修饰语的谓语的选择限制

Davidson(1967)主张每个动作动词(action verb)都包含一个内在的空间/时间变量(underlying spatiotemporal variable)。这个变量会由存在算子(existential operator)约束,换言之,所有动作谓语都带有一个额外的事件元(event place)。以 Davidson 的理论为基础,先后出现很多类似的研究,包括 Parsons(1990)、Schein(1993)、Zucchi(1993)、Lasersohn(1995)、Landman(2000)、Peterson(1997)、Rothstein(1998)、Filip(1999)等,他们都采用了 Davidson 的事件学说。Parsons(1990)认为在逻辑形式中,动词短语修饰语(VP modifier),如(23)中的 violently,会与事件组成一个语义表达式[Violent(e)]。这样,(23)就会得出如(24)的表达式。

(23) x stabbed y violently with z.

　　　x 很暴力地用 z 刺 y。

(24) ∃e [Stabbing(e) & Subject(e,x) & Object(e, y) & Violent(e) &
　　　with(e,z)]

在基于事件的语义框架下,动词短语修饰语 violently 被看作 stabbing 事件的语义谓语,如(24)中 Violent(e)所示。Lee & Pan 采用了 Davidson 的学说,假设表方式修饰语也为内在事件的谓语,而根据 Huang(1988)的表方式修饰语为"动词-得"结构的次谓语(secondary predicate)的说法,Lee & Pan 认为带表方式修饰语的谓语会要求其主语符合下面的限制。这个限制得到(25)及(26)的支持。

带表方式修饰语的谓语对其主语的选择限制

带表方式修饰语的谓语必须选择一个含有自由事件变量的主语。

(25) a. 他写得很快。

　　　b. 他病得很厉害。

(26) a. *他们像得很快。

　　　b. *他像一个人像得很快。

(25)与(26)的区别在于前者的主语含有一个带有自由事件变量的阶段性谓语,而后者的主语则包含一个个体性谓语,其中没有一个自由的事件变量。(25a)和(25b)的合法性显示带表方式修饰语"很快"及"厉害"的谓语只能选择带有自由事件变量的主语,相反,如果有关主语不带有自由的事件变量,则带表方式修饰语的谓语不能与之连用,如(26a)和(26b)的不合法性所示。这里值得注意的是(26b),由于"像"属个体性谓语,该句的主语"他像一个人"并不带有自由事件变量。不过,主语"他像一个人"却带有一个由"一个人"所引出的个体变量,如果带表方式修饰语的谓语可以选择任何带有自由变量的主语的话,则(26b)应该为合法句。然而,事实上(26b)为不合法句,这进一步支持我们的主张,即带表方式修饰语的谓语只能选择带有自由事件变量的主语,而不是任何带自由变量的主语。

4. 否定词"不"的释义条件

"不"既然是一个焦点敏感算子,它除了如 Huang 和 Ernst 所说能否定其毗邻成分外,也能否定焦点成分,问题是哪一个更重要。Lee & Pan(1999, 2001, 2002)认为后者比前者更重要,他们提出以下条件来解释"不"。

否定词"不"的释义条件

否定词"不"会与其局部 m-统领辖域①内的焦点成分关联,并引出一个三分结构(tripartite structure)②;否则,"不"会否定其成分统领辖域③内的非名词性短语。

这个释义条件实际上包含了三个论点。第一,"不"的否定包含焦点否定(focus negation)和毗邻否定(adjacency negation),两者互补,且前者比后者重要。第二,毗邻否定的范围为"不"的成分统领语域(c-commanding domain),且否定单位为短语,但只限于非名词性短语。第三,焦点否定的辖域为"不"的局部 m-统领语域(local m-commanding domain),即表示"不"不能对在这个范围外的焦点成分进行否定。不过,必须注意的是他们所指的焦点为"对比焦点"(contrastive focus),并不包括前人提出的其他焦点,如 Rochemont(1986)提出的呈现焦点(presentational focus)。在下面几节中,我们会集中讨论与焦点否定和毗邻否定相关的问题。

4.1　毗邻否定

根据 Lee & Pan 提出的释义条件,在没有焦点的情况下,"不"会否定其成分统领辖域内的非名词短语。先看看下面的句子。

(27) a. 他不打羽毛球。(否定动词短语)

---

① Chomsky(1986)提出一个成分统领的定义为:A 成分统领 B,当且仅当 A 不支配 B,且支配 A 的每个 X 也支配 B(另一个窄的成分统领定义请见本页脚注③)。根据 Haegeman(1994)当这个 X 被当成最大投射(maximal projection)时,A 便被看成 m-统领 B。至于局部(local)或局部性(locality)的意思则为:两个成分同属于一个局部域,粗略而言,在句法上这个局部域就是一个短语(clause),在语义上就是一个完整的功能复合体(Complete Functional Complex,即谓语和它所有的主目)[见 Napoli (1993)]。

② 三分结构为一个包含算子(operator),焦点(focus)/核心部分(matrix)和背景(background)/限定部分(restrictor)的结构,详见 Heim(1982)、Rooth(1985)、Roberts(1995)以及本书的第六章。

③ 根据 Haegeman(1994),成分统领(c-command)的定义为:节点 A 成分统领节点 B,当且仅当(i) A 不支配(dominate)B,且 B 也不支配 A;以及(ii) 支配 A 的第一个分叉节点(the first branching node)也支配 B。

　　b. 他不在学校读书。（否定介词短语）

　　c. 他今天显得不开心。（否定形容词短语）

　　d. 他不情愿地给他十块钱。（否定副词短语）

　　e. *他给老张不一本书。（*否定名词短语）

在句子不存在焦点的情况下，否定词"不"的释义条件限制"不"否定其成分统领辖域内的短语。（27a－e）都是没有焦点的句子，它们显示"不"否定的为其成分统领辖域内的短语：（27a）中的"不"否定的是其成分统领辖域内的动词短语"打羽毛球"；（27b）中的"不"否定的是其成分统领辖域内的介词短语"在学校"；（27c）中的"不"否定的是其成分统领辖域内的形容词短语"开心"；（27d）中的"不"否定的是其成分统领辖域内的副词短语"情愿地"。另外，（27e）说明"不"不能否定名词短语，因而解释了该句为何不合法。

　　（27）的句子除了证明"不"不能否定名词短语外，从（27b）和（27d）可以看出"不"所否定的短语是在其成分统领辖域内，这可以从这两句的意思上看出来：（27b）的意思是他读书的地方不是学校，可能在其他地方，而（27d）的意思是他给了他十块钱，不过是很不情愿地给的。

　　（27b）和（27d）的树形图分别见（27b'）和（27d'）。从（27b'）和（27d'）这两个简化了的树形图可见，在（27b'）中，"不"的成分统领辖域只包含介词短语"在学校"，即在树形图上被框住的部分，动词短语"读书"不在"不"的成分统领辖域以内，在没有焦点的情况下，"不"只否定介词短语"在学校"。同样地，在（27d'）中，"不"的成分统领辖域只包含副词短语"情愿地"，即在树形图上被框住的部分，动词短语"给他十块钱"不在"不"的成分统领辖域以内，在没有焦点的情况下，"不"只否定副词短语"情愿地"。总而言之，（27）印证了在没有焦点的情况下，"不"所否定的是其成分统领辖域内的非名词性短语这一假设。

　　（27）b'.

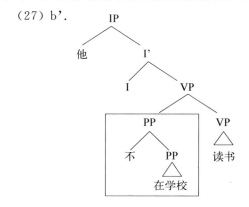

(27) d'.

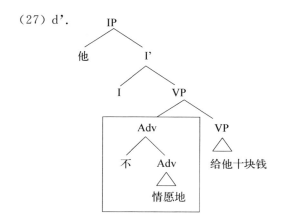

4.2　焦点否定

否定词"不"的释义条件规定了(ⅰ)"不"会优先否定焦点,而且(ⅱ)该焦点成分必须在"不"的局部 m-统领范围之内。第(ⅰ)点,即"不"对焦点的敏感,我们已在前文讨论过。关于第(ⅱ)点,我们需作以下三点说明。第一,在句中存在焦点时,"不"的否定辖域会从原先的成分统领辖域扩展至其 m-统领辖域;第二,该m-统领辖域必须是局部的;第三,"不"不能否定在其局部 m-统领辖域以外的任何焦点成分。在下面几节中,我们会分别讨论这三点。

4.2.1　焦点令"不"的否定范围从其成分统领辖域扩展至其局部 m-统领辖域

当句中不存在焦点成分时,根据"不"的释义条件,它会否定其成分统领辖域内的非名词性短语。不过,在句子存在焦点时,这个规定可以被违反。首先,"不"可以否定所有焦点成分,包括名词短语;其次,其否定范围会扩展至其局部m-统领的辖域。Lee & Pan(2001, 2002)提出的例句现重复如下。

(12) 张三故意不把所有的[**烂苹果**]$_F$都扔了,为了惹你生气。

(12)显示"不"作为一个焦点敏感算子,可以否定焦点成分"烂苹果",而该成分为名词短语。这表明"不"的焦点否定并不限于非名词性成分。要注意的是(12)也说明了当"不"否定焦点成分时,有关否定并不涉及位移,原因是把焦点成分"烂苹果"从[$_{NP}$[$_N$ 所有的[$_N$ 烂苹果]]]结构中移出是有违 A-over-A 条件①的。这说明了前人提出的焦点移位说[见 Chomsky (1977)、Kratzer (1991)等]是有问题的。

---

①　A-over-A 条件规定,当属于语类 A(A 可以是任何语类)的节点直接支配(immediately dominate)另一个同属语类 A 的节点时,任何应用在 A 的语法规则都必须先应用在位置上较高的 A,而非位置较低的 A[见 Napoli (1993)]。

Lee & Pan(2002)指出焦点否定的范围必须是"不"的局部 m-统领辖域。我们先探讨"不"能否定其 m-统领辖域内的焦点,再解释为何该 m-统领辖域必须是局部的。我们重复(11)如下,而(11')显示的则是(11)的树形图。

(11)他要是不溜得那么[**快**]_F,便给警察抓去了。

(11')①

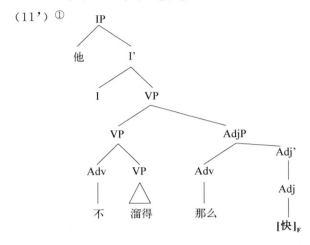

从(11')的树形图可见,"不"的焦点否定范围必定是其 m-统领辖域,即最高的动词短语 VP。假设(11)没有焦点,根据 Lee & Pan 所提出的释义条件,"不"会否定其成分统领辖域内的成分,即位置最低的动词短语"溜得"。因此,在没有焦点存在的情况下,"不"是绝对不可能否定处于语法位置最高的动词短语内的成分"那么快"的。不过,把有关句子变成(11),即把焦点放在"快"上时,"不"作为一个焦点敏感算子,会与焦点成分"快"关联。"不"既然能与"快"关联,证明它的否定辖域必定已扩展至其 m-统领辖域,即包括"那么快"的最高动词短语 VP。由此可见,"不"的否定辖域有两个,一个是其成分统领辖域的毗邻否定范围,另一个是其 m-统领辖域的焦点否定范围。不过,有关的 m-统领焦点否定范围必须是局部的,Lee & Pan(2002)用了下面的例子来说明这一点。

(28)李四不知道他喜欢[**张三**]_F。

---

①　Lee & Pan(2001, 2002)采用 Huang(1988)的次谓语假设〔Secondary Predication (SP) Hypothesis〕,即在"动词-得"结构内的表方式修饰语为次谓语(secondary predicate),且以小句主语为其主目。

（28'）

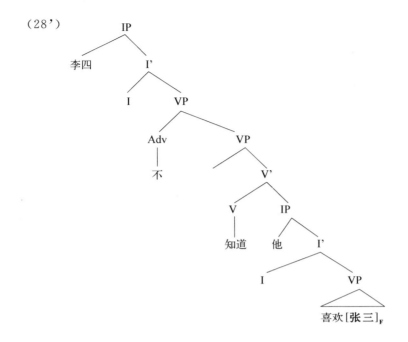

（28）的意思是"李四不知道他喜欢张三这件事情"，而不是"李四知道他喜欢的人不是张三"。从树形图（28'）可见，尽管焦点成分"张三"在"不"的 m-统领辖域内，"不"都不能否定它，而只能否定其局部 m-统领辖域中的动词短语"知道"。这说明"不"的局部 m-统领辖域只包括"知道"所属的动词短语，焦点成分"张三"是在该范围外，而（28）的释义显示"不"不能否定"张三"。因此，印证了有关 m-统领焦点否定辖域必须是局部性的说法。

4.2.2　"不"不能否定其局部 m-统领辖域外的任何焦点成分

Lee & Pan(2002)的释义条件显示"不"不能否定其局部 m-统领辖域外的焦点成分，这个规定可以避免"不"在与能愿动词及量化副词共现时，有可能出现语义偏差的问题。先看看下面的句子。

（29）他[能]_F不说得那么快。

（30）他[常常]_F不说得很清楚。

假设上面两个句子的"不"可以与焦点成分"能"及"常常"关联，得出的释义会是如（29'）和（30'）所表示的意思。

（29'）他不[能]_F说得那么快。

（30'）他不[常常]_F说得很清楚。

（29'）和（30'）所表达的意思和原来句子的意思不同。在原来句（29）中，"不"并不先行于能愿动词"能"，而其原意为"他有不说得那么快的能力"，即"不"否定的是"说得那么快"或当中的任何一个成分。这有别于（29'）所表达的意思，"他没有说得那么快的能力"，即用"不"否定焦点成分"能"。（29）与（29'）的语义差异表明，"不"的焦点否定辖域是有限制的，而 Lee & Pan(2002)把其限制在"不"的局部 m-统领辖域内，从而避免了像（29'）那样的语义偏差问题。（29）的树形图见下面的（31）。① 由于（29）属焦点句，"不"会否定句中的焦点成分。由于 Lee & Pan 的释义条件已把"不"的焦点否定范围限制在其局部 m-统领辖域之内，（31）显示"不"的 m-统领辖域只包含两个动词短语"说得"和"那么快"，能愿动词"能"是在该范围之外。因此，"不"不可能否定它，这样便避免了可能引起的语义问题。这里值得注意的是 m-统领辖领已足够给出正确的语义解释，无需要应用到局部 m-统领辖域。

（31）

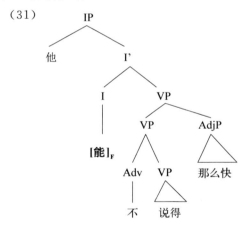

　　类似的论点也可引申到"不"与量化副词的相互作用上，见（30）。在原来的（30）中，"不"并不先行于量化副词"常常"，而其原意是"他不说得很清楚的情况是常常有的"，即"不"否定的为"说得很清楚"或其中任何一个成分。这也有别于（30'），其意思为"他说得很清楚的情况是不常常有的"，即以"不"否定焦点成分"常常"。用"不"否定其局部 m-统领辖域以外的成分，会得出如（30'）般不恰当的语义解释，这进一步证明，必须把"不"的焦点否定辖域限定在其局部 m-统领辖域之内。（30）的树形图见（32）。②

---

① 　与（11）的树形图一样，这个树形图也是采用了 Huang(1988)的次谓语假设。
② 　与（11）和（31）的树形图一样，这个树形图也是采用了 Huang(1988)的次谓语假设。

（32）

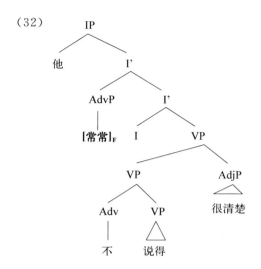

同样地，由于(30)属焦点句，"不"会否定句中的焦点成分。由于 Lee & Pan 的释义条件已把"不"的焦点否定范围限制在其局部 m-统领辖域之内,(32)显示"不"的 m-统领辖域只包含两个动词短词"说得"和"很清楚",量化副词"常常"是在该范围之外。因此,"不"不可能否定它,这样便避免了可能引起的语义问题。与(31)一样,m-统领辖域已足够给予(30)正确的语义解释,无需要应用到局部 m-统领辖域。

4.2.3　断言算子在否定句中的作用

上面所讨论的焦点成分都在"不"的焦点否定辖域外,它们必须由"不"以外的焦点感算子所约束,否则会违反禁止空约束的条件(Prohibition Against Vacuous Binding)(Partee, 1988; Kratzer,1989; de Swart, 1993)。

禁止空约束条件

算子或量词都必须约束一个变量。

Jacobs(1988)提出每个句子都存在一个断言算子(assertion operator),以这个说法为基础,Lee & Pan(2001, 2002)认为如果句子内并没有任何焦点敏感算子,在"不"焦点否定范围以外的焦点成分,都会由这个断言算子所约束。因此,上一节所提到的(29)及(30),句中的焦点成分"能"及"常常"会由断言算子所约束。有关句子的树形图及语义表达如下所示。

（33'）ASSERT$_1$〔[**neng**]$_{Fl}$ λP$_1$〔Ta P$_1$ bu shuo de name kuai〕〕
　　　　　算子　　　　**核心部分**　　　限定部分

（34'）ASSERT$_1$〔[**changchang**]$_{Fl}$ λP$_1$〔Ta P$_1$ bu shuo de hen qingchu〕〕
　　　　　算子　　　　**核心部分**　　　限定部分

（33）
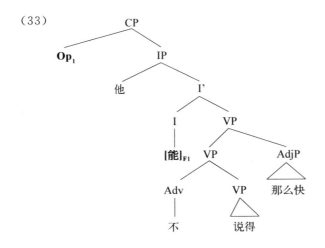

（34）
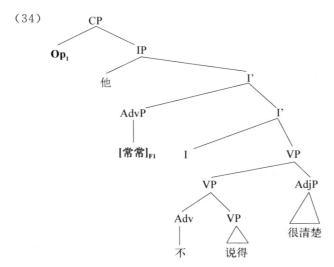

（33）和（34）是引申自（31）和（32）的。如（31）和（32）所示，（33）及（34）的树形图也清楚地说明，焦点能愿动词"能"及焦点量化副词"常常"都在"不"的焦点否定辖域之外。"不"的焦点否定辖域在这两句中都是动词短语，即（29）的"说得那么快"及（30）的"说得很清楚"。因此，释义条件不容许"不"与"能"和"常常"关联，尽管它们都是焦点成分。这样，它们只能由断言算子约束，得出（33'）及（34'）的语义表达式，所以，有关的表达式就没有违反禁止空约束的条件。这里要注意的是，在（33'）及（34'）的语义表达式中，算子 ASSERT 及焦点成分"能"及"常常"的右下角都有一个以数字代表的索引，这是为了确保焦点成分与其相应的算子关联。Lee & Pan 与 Wold(1996)一样,采用一个索引运算,赋予每个焦点敏感算子一个索引,而每个算子的索引会与其关联的焦点成分相同,以确保焦点敏感算子只会与带有相同索引的相应焦点成分关联,这在含有多于一个焦点成分或多于一个对焦点敏感算子的句子中尤其重要。另外,在(33')及(34')中,我们也可以看到焦点成分引发了一个包括算子、核心部分及限定部分的三分结构。在(33')中,算子为断言算子 ASSERT,核心部分为焦点成分"能",限定部分则是 λP$_1$[Ta P$_1$ bu shuo de name kuai],而这个限定部分可以以"不"为焦点敏感算子,进行第二层次的"焦点—背景"划分。同样地,在(34')中,算子为断言算子 ASSERT,核心部分为焦点成分"常常",限定部分则是 λP$_1$[Ta P$_1$ bu shuo de hen qingchu]。同时,这个限定部分也可以以"不"为焦点敏感算子,进行第二层次的"焦点—背景"划分。

5. 应用 Lee & Pan 的释义条件解释两个语言事实

我们现在以 Lee & Pan(1999,2001,2002)的分析为基础,来解释本章开始所提到的两个有关"不"的语言事实,即"不"不能与完成态标记"了"及表方式的修饰语共现。有关句子现重复如下。

(1) c. *我不吃了木瓜。

(2) b. *他不跑得快。

在上面两个句子中,由于没有焦点,根据释义条件,"不"所否定的为其成分统领辖域内的成分。假设(1c)及(2b)的树形图分别为(1c')及(2b')。

(1) c'.

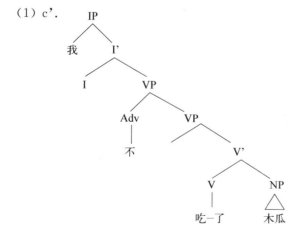

(2) b'.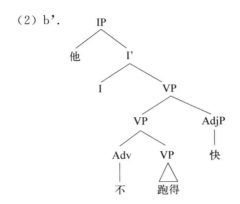

(1) c". *le(wo bu-chi mugua)

　　Le [Bu_e[Chi(e) & Subject(e, wo) & Object(e, mugua)]]

(2) b". *kuai (ta bu-pao)

　　Kuai [Bu_e[Pao(e) & Subject(e, ta)]]

(1c")及(2b')的语义表达式是根据第三节所提的三个假设得出的,该三个假设为:(i)完成态标记"了"必须约束事件变量;(ii)带表方式修饰语的谓语必须选择带自由事件变量的主语;以及(iii)"不"是一个非选择性约束算子。在(1c")中,由于"了"在语义上取小句辖域,①造成"了"取较"不"广的辖域,"不"因而可以先与"吃木瓜"连结,尽管在句法上"了"是依附于动词"吃",如树形图(1c')所示。

　　"不"作为一个非选择性算子,会把(1c")中的事件变量 e 约束住。由于句子中的唯一一个事件变量被"不"约束住,(1c")中再没有自由的事件变量可以给"了"约束。根据上面有关"了"必须约束自由事件变量的假设,句子内既然没有合适的变量可以给"了"约束,便会违反禁止空约束的条件,从而造成(1c")不合法。

　　(2b')也会出现类似的问题。(2b')显示"不"与表方式的修饰语"快"的辖域关系。从(2b')可见,"不"的成分统领辖域里只有动词短语"跑得",根据释义条件,由于(2b)没有焦点,"不"所否定的会是其成分统领辖域内的短语,即处于较低位置的动词短语"跑得",令"不"取较表方式修饰语"快"小的辖域。"不"作为一个非选择性算子,会把事件变量约束住,造成句子中再没有自由的事件变量。根据上面有关带表方式修饰语的谓语必须选择带有自由事件变量的主语的假

----

　　① 有关"了"为何取小句辖域的论据,详见 Pan(1993)和 Lin(1999)。

设,(2b")显示该变量已被"不"约束住,主语"他不跑"再没有自由的事件变量,因此,会违反带表方式的修饰语"快"的谓语对其主语的语义选择条件,即它必须选择一个带有自由事件变量的主语,从而造成(2b")不合法。另外,(11)及(12)的合法性显示焦点可以令"不"跟"了"及表方式的修饰语共现而不违反任何语义规则。(11)及(12)现重复如下。

(11)　他要是不溜得那么[**快**]_F,便给警察抓去了。

(12)　张三故意不把所有的[**烂苹果**]_F都扔了,为了惹你生气。

(11')及(12')分别为(11)及(12)的树形图,而(11")及(12")则为其相应的语义表达式。

(11')

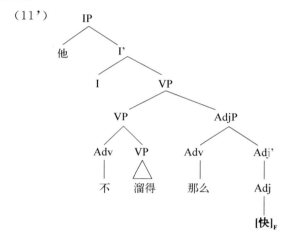

(11")　① [Bu₁　[**name (kuai)**_F]_{FP1}](λe[Liu(e) ∧ Subject(e, ta)])
　　　　算子　　**核心部分**　　　　　限定部分

(12")　[Bu₁　[**lanpingguo**]_{F1}　guyi[Le_e(Reng(e) ∧ Subject(e, ta) ∧
　　　　　　　　　　　　　　　　　　　　　λx₁[Object (e, suoyou x₁)]]

　算子　　核心部分　　　　　　　　限定部分

---

① 　这里我们采用了 Krifka 基于逻辑形式理论及选项语义论所提出的混合语义分析法〔见 Krifka (1997)及本书第十二章〕。他提出焦点敏感算子不会直接与焦点关联,而是先与焦点短语(focus phrase, FP)关联,而焦点短语再与焦点关联。

（12'）

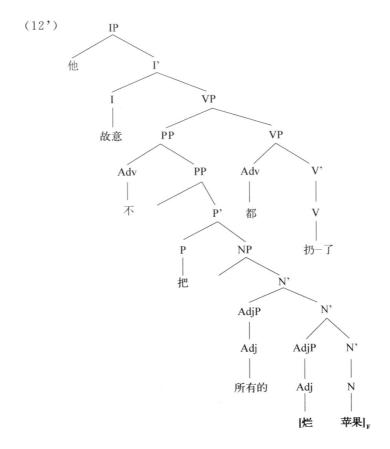

从(11')和(12')的树形图可见,(11)中的"不"的 m-统领辖域包括较低动词短语和最高动词短语,即"溜得那么快",而(12)中的"不"的 m-统领辖域则扩至最高介词短语,即"把所有的烂苹果"。根据这两个树形图,(11)和(12)中的焦点成分"快"和"烂苹果"都在"不"的 m-统领范围内,释义条件因而容许"不"与它们关联。先看看(11'),由于焦点的存在令"不"的辖域变成其 m-统领辖域,"不"因而取较表方式修饰语"那么快"广的辖域,令"那么 P"先与主语"他溜"结合。由于"不"并没有约束事件变量,主语"他溜"因此还有一个自由的事件变量,因此表方式修饰语"那么 P"与"他溜"结合并没有违反任何语义规则。至于"不",它可以约束由焦点成分"快"引出的焦点变量,因此,也没有违反禁止空约束的条件。在没有语义规则被违反的情况下,(11')就是一个合法的语义表达式。至于(12'),焦点的存在也令其否定辖域扩至"不"的 m-统领辖域,"不"因而取较"了"广的辖域,令"了"可以优先约束自由的事件变量 e,而不违反"了"的语义规则。至于

"不"，由于它是一个非选择性算子，它可以约束由焦点成分"烂苹果"所引出的焦点变量，也不会违反禁止空约束的条件，因此，(12")也为合法的语义表达式。要注意的是(11")的算子 bu_1 及焦点 $[kuai_1]$ 都有一个索引 1，这样索引操作可以确保有关算子与正确的焦点成分关联，而(12")中的算子 bu_1 及焦点 $[lanpingguo_1]$ 拥有同一个索引 1，也是为了确保算子与焦点有正确的关联。这种索引表达方式的作用，在那些含有一个以上算子和多于一个焦点成分的句子中尤为明显。

6. 结语

　　以往文献在讨论否定词"不"时，都集中于有关它的两个语言事实："不"不能与(i)完成态标记"了"及(ii)表方式的修饰语共现。本章介绍了为解释这两个语言事实而提出的两种不同的分析方法，分别为 Huang(1988)和 Ernst(1995)的黏合说，以及 Lee & Pan(1999，2001，2002)的焦点敏感说，并说明了为何后者会是一个更能掌握语言事实的分析。通过引入焦点来解释"不"与能愿动词/量化副词的相互作用，Lee & Pan 指出，焦点在自然语言中的一个重要作用是：焦点可以改变句子的辖域关系，从而给出不同的句子释义。他们认为，焦点是决定句子释义的一个重要条件，焦点位置的不同会带来不同的句子释义。本章的讨论集中在"不"这个焦点敏感算子上，至于焦点如何对汉语其他的焦点敏感算子，如"只""都"起作用，则仍有待进一步的探讨。

参考文献

1. 蒋严, 潘海华. 形式语义学引论[M]. 北京：中国社会科学出版社, 1998.
2. 李宝伦, 潘海华. 1999. "焦点与'不'字句之语义解释"[J]. 现代外语, 1999(2): 111 - 127.
3. Chomsky, Noam. Conditions on Rules of Grammar[M] // Essays on Form and Interpretation. New York: Elsevier North Holland Inc., 1977: 163 - 210.
4. Chomsky, Noam. Barriers[M]. Cambridge, Mass: MIT Press, 1986.
5. Davidson, Donald. The Logical Form of Action Sentences[M] // N. Rescher. The Logic of Decision and Action. Pittsburgh: University of Pittsburgh Press, 1967.
6. Ernst, Thomas. Negation in Mandarin[J]. Natural Language and Linguistic Theory, 1995, 13: 665 - 707.
7. Filip, Hana. Aspect, Eventuality Types and Nominal Reference[M]. New York: Garland Publishing Inc., 1999.
8. Haegeman, Liliane. Introduction to Government and Binding Theory[M]. 2nd edition. Oxford: Basil Blackwell Ltd., 1994.

9. Heim, Irene. The Semantics of Definite and Indefinite Noun Phrases[D]. University of Massachusetts, Amherst, 1982.

10. Huang, C. T. James. Wo pao de kuai and Chinese Phrase Structure[J]. Language, 1988, 64. 2: 274 - 311.

11. Jacobs, Joachim. Fokus-hintergrund-gliederung und Grammatik [M] // Hans Altmann. Intonationsforschung. Tubingen: Niemeyer, 1988: 89 - 134.

12. Kratzer, Angelika. The Representation of Focus[M]// A. von Stechow and D. Wunderlich. Semantik/ Semantics: An International Handbook of Contemporary Research. Berlin: Walter de Gruyter, 1991: 804 - 882.

13. Krifka, Manfred. Frameworks for the Representation of Focus[C]// Proceedings of the ESSLLI' 96 Conference on Formal Grammar. Prague, 1997: 11 - 12.

14. Landman, Fred. Events and Plurality: The Jerusalem Lectures[M]. Dordrecht: Kluwer, 2000.

15. Lasersohn, Peter. Plurality, Conjunction and Events[M]. Dordrecht: Kluwer, 1995.

16. Lee, Peppina P. L and Pan Haihua. Chinese Negation Marker bu and its Association with Focus[J]. Linguistics, 2001, 39(4): 703 - 731.

17. Lee, Peppina P. L and Pan Haihua. Focus, Modals, and Scope Interaction in Mandarin Chinese[D]. City University of Hong Kong, ms, 2002.

18. Lin, Jowang. On the Temporal Meaning of the Verbal -le in Chinese[D]. Taiwan Chiao Tung University, ms, 1999.

19. Napoli, Donna. Syntax: Theory and Problems[M]. New York: OUP, 1993.

20. Mongione, L. and Li Dingxuan. A Compositional Analysis of -guo and -le[J]. Journal of Chinese Linguistics, 1993, 21, 1: 65 - 122.

21. Pan, Haihua. Interaction between Adverbial Quantification and Perfective Aspect[C]// Stvan, L. S., et al. Proceedings of the Third Annual Linguistics Society of Mid-America Conference, Northwestern. Bloomington: Indiana University Linguistics Club Publications, 1993: 188 - 204.

22. Parsons, Terence. Events in the Semantics of English: A Study in Subatomic Semantics [M]. Cambridge: The MIT Press, 1990.

23. Partee, Barbara. Many Quantifiers[C]// Proceedings of the Eastern States Conference on Linguistics. Ohio: Ohio State University, Columbus, 1988.

24. Peterson, Philip. Fact, Proposition, Event[M]. Dordrecht: Kluwer, 1997.

25. Roberts, Craige. Domain Restriction in Dynamic Interpretation[M]// Bach, Emmon, Eloise Jelinik, Angelika Kratzer and Barbara H. Partee. Quantification in Natural Languages. Dordrecht: Kluwer, 1995.

26. Rochemont, Michael S. Focus in Generative Grammar[M]. Amsterdam: Benjamins, 1986.

27. Rooth, Mats. Association with Focus[D]. University of Massachusetts, 1985.

28. Rothstein, Susan. Events and Grammar[M]. Dordrecht: Kluwer, 1998.

29. Schein, Barry. Plurals and Events[M]. MIT Press, 1993.

30. de Swart, Henriette. Adverbs of Quantification: A Generalized Quantifier Approach[M]. New York: Garland Publishing Inc., 1993.

31. Teng, Shou-hsin. Negation in Chinese[J]. Journal of Chinese Linguistics, 1974, 2, 2: 125 - 140.

32. Wang, William S. Y. Two Aspect Markers in Mandarin[J]. Language, 1965, 41: 457 - 470.

33. Wold, Dag. Long Distance Selective Binding: The Case of Focus[C]// Proceedings of SALT VI. Ithaca: Cornell University, 1996.

34. Zucchi, Alessandro. The Language of Propositions and Events: Issues in the Syntax and the Semantics of Nominalization[M]. Dordrecht: Kluwer Academic, 1993.

第十五章　汉语的话题、焦点和全称量化研究[*]

潘海华　张　蕾

本章对话题、焦点及量化理论进行简要介绍,并重点介绍既往对汉语中常见的几种全称量化表达的语义研究。

1. 汉语的话题与焦点

1.1　话题、话题优先及相关性条件

汉语中,话题占据着重要地位。Chao(1968)提出汉语的话题与主语相当。Li & Thompson(1981)认为话题是句子所要表达的主题,必须位于句首,可以出现在停顿或停顿小品词之后,为有定或者类指(generic)。徐烈炯、刘丹青(1998,2007)就既往对话题的讨论进行介绍,并就话题的定义、结构位置、类型、指称特点及汉语的话题标记等问题进行了讨论。他们把话题看作是一个句法结构概念,"话题既可以指句法结构中的某个特定位置,也可以指出现在该位置上的词语"。

Li & Thompson(1976)首先提出用[±话题优先]和[±主语优先]两对特征来给自然语言进行类型学分类,并指出汉语是话题优先语言。Kiss(1995)把通过语法层次结构来体现话题和焦点的语言称为话语概念结构化语言(discourse configurational language),并用话题概念结构化来重新定义话题优先。Kiss 把通过语法层次结构来体现话题的语言称为 A 型话语概念结构化语言,把通过语法层次结构来体现焦点的语言称为 B 型话语概念结构化语言,把话题和焦点都通过语法层次结构来体现的语言称为 AB 型话语概念结构化语言。徐烈炯(2002)认为汉语的话题有固定的句法位置,句首的位置及主语和动词之间的位置都是

---

　　[*]　本章报告的内容是香港特区政府 UGC 资助的 GRF 项目(CityU 1514/05H,CityU 1514/06H,CityU 148607)的研究成果之一。谨致诚挚谢意。

　　本文原载于《语言学——西方人文社科前沿述评》(王志杰、陈东东主编,中国人民大学出版社,2013 年,第 384—414 页)。收录到本书时个别文字略有改动。

话题的位置。而且,汉语有主话题和次话题之分。因此,汉语属于话题概念结构化语言。

Gasde & Paul(1996)讨论了话题和连词(conjunction)这两个汉语中的功能类别,认为:话题短语介于 CP 和 IP 之间,停顿标识词"啊""么""呢"等及条件分句中的"的话"等占据其中心语位置,话题成分占据其标志语位置。与名词性话题一样,原因分句和条件分句占据话题短语的标志语位置,从而使得话题突显(topic prominence)。

英语的话题由句法操作推导出,因此总是与句中述题的空语类(empty category)或复指代词(resumptive pronoun)相关。汉语不仅有英语式话题(English-style topic),也有不与述题中空语类或代词共指(co-reference)的汉语式话题(Chinese-style topic)。汉语式话题也称作悬空话题(dangling topic)或基础生成话题(basic-generated topic),例如:

（1）a. 他们,我看你,你看我。

　　b. 他们,谁都不来。(a 和 b 引自 Shi, 2000)

　　c. 物价,纽约最贵。(引自 Chen, 1996)

Chao(1968)、Chafe(1976)、Li & Thompson(1981)以及 Xu & Langendoen(1985)等运用相关性条件(aboutness/ relatedness condition)对汉语中话题和它的述题之间的关系进行刻画。Portner & Yabushita(1998)认为话题的语义表达必须是句子背景的一部分。前人提出的相关性条件要求述题中的某个成分与话题相关。然而,该相关性条件无法解释下面(2a)和(2b)的对比。这是因为,如果说话题"幼儿园的小孩"和述题中成分"儿子"相关,那么,这两个句子都应该合法;如果说两者不相关,那么这两个句子就应该都不合法。然而,事实是只有(2b)合法,所以相关性条件有问题。

（2）a. *幼儿园的小孩,张三教儿子画画。

　　b. 幼儿园的小孩,张三只教［儿子］F 画画。

Shi(2000)对汉语中六种"悬空话题"进行了讨论,认为有些所谓的"悬空话题"实际上是主语,而有些虽然是话题但是在述题中可以找到其相应的句法空位,因此汉语中并不存在"悬空话题"。他认为,与英语的话题类似,汉语的话题总是与述题中的句法结构相关联,述题中的这个句法结构所在的位置可以被空语类或复指代词填充。Pan & Hu(2008)指出 Shi 文的分析存在一些问题:首先,Shi 在文中列举的这些话题不是冗余的,它们有自己的题元角色(theta role)和所指(reference);其次,按照 Rothstein(2001)的观点,述题子句(comment clause)不是句法上的谓语,因为它本身带有主语;最后,Shi 所采用的测定主语的方法(如用插入情态动词"可以"的方法来确定其左边的成分为主语等)的可靠性有待商榷。

Pan & Hu(2008)对汉语移位的话题和悬空话题做出统一的解释。为了解释汉语式语言和英语式语言在允准话题方面的差异,他们提出汉语话题可以在句法层面或是语义和语用的接口(semantic-pragmatic interface)被允准。当话题在句法层面被允准,话题会和述题子句中的某个句法位置相联系,该位置可被句法空位或复指代词所填充;当话题在语义和语用接口被允准,会有一个语义变量(semantic variable)存在于述题子句中。Pan & Hu 提出汉语话题的允准条件(topic licensing condition),如(3)所示。该条件可用于解释诸如例(4)和例(5)的合法性问题。

(3) 一个(悬空)话题可以被允准,当且仅当

　　a. 存在一个由述题中的变量引出的集合 Z;

　　b. 该集合 Z 与话题所指称(denote)的集合 T 相交时不产生空集。

(4) 张三,我认识。

(5) *苹果,我喜欢水果。

(4)合语法,该句符合话题的允准条件。话题"张三"所指称的独元集 T 中只有"张三"一个成员。空宾语是述题中的变量,它可以生成由具有"我认识"的特征的实体组成的集合 Z。T 和 Z 的交集是"张三",不为空,因此话题可以被允准。(5)中话题"苹果"不能被允准,所以句子不合语法。该句中,要么述题中不存在可用变量生成集合 Z 和话题取交集,要么集合 Z 和集合 T 的交集为空。假设"水果"是对比焦点,那么它会引出一个由候选项组成的集合 Z,该集合可以由"水果""蔬菜""肉类"等组成,此时 T 和 Z 的交集为空集。

Pan & Hu 的分析也可以解释(2)的合法性。(2a)中"儿子"的领有者(possessor)很容易被看成是相关的变量,而如果领有者是变量,那么集合 Z 则是由"不同父亲"组成的集合,这样由"幼儿园的小孩"组成的集合 T 与 Z 的交集就为空。违背话题的允准条件,因此,该句子不合语法。(2b)中由焦点"儿子"引出的候选项组成的集合 Z,是由与"儿子"相容的个体组成,它与 T 的交集应该不为空,这样话题的允准条件就得以满足,因此,该句子可以说。

Hu & Pan(2009)在 Pan & Hu(2008)的基础上把相关性条件进一步分解为两个条件:话题的允准条件及话题的解释条件(topic interpretation condition),见(6)。前者由(3)给出,是必要条件,后者是充分条件。话题句要合语法必须既满足它的允准条件又满足它的解释条件。以(7)为例。

(6) 在结构∑＝[TopP X [IP ... Y ...]]，话题 X 要被恰当地解释，它就必须能与述题子句中的相关成分 Y 形成主语——谓语关系，其中 Y 是主语，X 是谓语。

(7) *苹果，我喜欢吃梨。

(7)不能说。述题子句中"梨"是与话题"苹果"相关的成分，如果"梨"是对比焦点，则它可以引出一个由候选项组成的集合 Z，"苹果"可以是 Z 中的成员。这样，话题所指称的集合 T 和 Z 的交集不为空集，话题的允准条件可以得到满足。然而，句子不满足话题的解释条件，述题中的"梨"和话题"苹果"不能构成合法的主谓关系，"梨是苹果"是不合法的。

1.2 焦点的类型、对比焦点的特征及话题焦点

通俗来讲，焦点是句子中突出、强调的部分。在选项语义学(alternative semantics)理论的框架下，焦点的语义就是引出与其相容的候选项组成的集合。徐烈炯、潘海华(2005)对焦点及相关理论进行了详细的介绍并讨论了一些汉语否定的问题。其中涉及焦点的概念、语音表现、类型、焦点关联现象(association with focus)、生成语法理论对焦点的研究，以及形式语义学所提出的处理焦点语义的几种理论框架等。Krifka(2007)在讨论信息结构(information structure)的基本概念时对焦点的定义、使用及类型等进行了介绍。

以往的讨论中经常涉及的焦点主要有信息焦点和对比焦点两种。张伯江、方梅(1996)把信息焦点称作"常规焦点"，徐烈炯、刘丹青(1998,2007)称之为"自然焦点"。功能学派中一种常见的观点是信息焦点为新信息。但是鉴于新信息比较难定义，Schwarzschild(1999)建议不提焦点为新，只提非焦点为旧。形式语言学通常把焦点以外的部分称为背景(background)或称为预设(presupposition)。对比焦点的特点是从某个特定的范围中选出一个或若干个对象而排除其他对象。徐烈炯(2002)认为汉语不是严格意义上的焦点概念结构化语言，因为：虽然汉语的信息焦点一般位于句末的位置，它在一定程度上被结构化了，但是汉语采用焦点重音和焦点标记"是"来表达对比焦点，并没有把对比焦点结构化。

信息焦点是每个句子必须有的，但并不是每个句子都有对比焦点。但是信息焦点和对比焦点两者并不相互排斥，在某些情况下，有些词语既表达新信息又具有对比性。

Kiss(1998)提出在很多语言中对比焦点都具有穷尽性和排他性，并运用并列结构测试和否定结构测试两种手段测定英语和匈牙利语中对比焦点(Kiss 称为识别焦点"identificational focus")的排他性。

并列结构测试的具体步骤是：首先，取两个句子，第一个句子中包括一对并列词组，第二句中保留并列词组中的一个词组。然后，观察两句之间是否存在蕴含关系。蕴含关系不存在于对比焦点中（参考该文的 250—251 页）。例如：

（8）a. 是张三和李四喜欢唱歌。

　　　b. 是张三喜欢唱歌。

（8a）并不蕴含（8b）。假设论域中有张三、李四、王五和贾六四个人。（8a）中"张三和李四"是对比焦点，它排除了"王五"和"贾六"喜欢唱歌的可能性；（8b）中"张三"是对比焦点，它排除了论域中其他成员具有谓语的特征的可能性，也就是说，只有张三喜欢唱歌。

　　否定结构测试是看对话中一方能否否定另一方话里的焦点。对比焦点可以被否定（参考该文的 251 页）。例如，（9a）可以用（9b）来否定。

（9）a. 是张三和李四喜欢唱歌。

　　　b. 不，是张三喜欢唱歌。

徐烈炯、刘丹青（1998，2007）运用［±突出］和［±对比］两对特征刻画焦点的功能。"突出"指焦点以句子中其余成分为背景成为句中最被突出的信息；"对比"指焦点相对于句外的成分或共享知识成为最被突出的信息。依据这两对特征，他们把焦点分为自然焦点、对比焦点和话题焦点三类。自然焦点具有［＋突出］［－对比］的特征；对比焦点具有［＋突出］［＋对比］的特征；话题焦点则具有［－突出］［＋对比］的特征。具体来说，带有话题焦点的句子的表达重点是话题焦点以外的成分，一般来讲这个成分为谓语或位于句末的成分，也就是说话题焦点并不是句中被突出的信息。但跟句子以外的某个成分相比，该焦点是被突出的信息。因此，话题焦点只有对比没有突出。例如：

（10）a. 张三喜欢李四。

　　　b. 老李是 1978 年参加的工作。

　　　c. 老刘住在上海，老张么，住在北京。

　　　d. 连张三都爱吃川菜。

（10a）中"李四"是句子默认的信息焦点；（10b）中由"是"标识的"1978 年"是对比焦点；（10c）中"老张"与前边小句中的"老刘"形成对比，话题标记"么"把"老张"标识为话题，因此"老张"是话题焦点；（10d）中前附性的话题标记"连"所带的成分"张三"是话题焦点，而"爱吃川菜"则是句子的语义重心。

Chu（2003）对徐烈炯、刘丹青（1998）关于话题焦点的分析提出质疑，认为他们的分析存在这样几个问题：第一，以（10c）为例，"老张么"对前一个小句来说是前景(foreground),但对该小句的其他部分来说它是背景。进一步来说,对前一个小句来讲它是对比焦点,而对它所在的小句来讲它是话题。徐、刘的问题是把这两种相对独立的关系归并到一起。第二,徐、刘认为话题焦点是三种焦点中最弱的,但对他们来讲很难解释为什么信息焦点比话题焦点强,换句话说就是为什么[＋突出]比[＋对比]的权势等级高。第三,很难把[对比]和[突出]这两种特征完全区分开来,比如说对比结构(comparative structure)中对比常出现在小句中而不是小句外。Chu认为(10c)中的"老张"和(10d)中的"张三"都是对比话题。以(10c)为例,他的解释是:停顿小品词如"么""呢""吧"等不仅把它前面的NP标识为话题,它还表示该NP是转换的话题(shifted topic)。相对于前一个小句来讲,"老张"是对比焦点,但是当"么"等话题标记出现后,它就转化为话题不再是焦点了。因此称其为对比话题更为恰当。基于类似的原因,"连……都"结构中,"连"后面的成分也是对比话题。

　　蔡维天(2004)讨论了"连"的形式语义。他认为Horn(1969)对英语even的分析适用于"连"。"连"的语义分为预设和断言两个部分。预设中含有焦点词组的补集,而断言是基本命题。以"张三连红酒都喝"为例,该句的预设为"张三喝红酒以外的酒",而断言为"张三喝红酒"。经测试,蔡发现"连"字句及它的断言不能通过并列结构测试和否定结构测试,"连"字句的预设可以通过并列结构测试。因此,他认为"连"字句不大可能包含对比焦点,但"连"字句具有部分焦点功能且焦点作用在预设。

　　主语和动词之间的NP(如"老张烈性酒不喝"中的"烈性酒")是焦点还是话题这一问题备受争议。Kiss(1987)和Lambrecht(1994)认为该位置上的NP是对比性话题(contrastive topic);Gundel(1999)称之为对比性焦点;徐烈炯、刘丹青(1998)认为该NP不是信息焦点,因为它并不表达新信息。它也不是对比焦点,因为它不能通过并列结构测试和否定结构测试。由于该位置上的成分具有对比性,他们称之为话题焦点。

　　另外,Hu & Pan(2007)讨论了焦点与表存现的"有"字句的基本功能之间的关系。该文认为表存现的"有"会引入一个新信息,它可以标识新实体(entity)或新关系。当"有"标识新关系时,动词后NP的所指并不要求是新实体。因此,有定效应(definiteness effect)只是"有"字句的语篇功能的副产品。例如(11b)可以说,因为该句中焦点算子"就"关联的是焦点"那本书",而"那本书"是由"在写字台上的书/东西"所组成的预设集合(presupposed set)的一个成员,满足"有"字句标识新关系的要求。

（11）a. *写字台上有那本书。

　　　 b. 写字台上就有［那本书］F。

1.3　话题与焦点的关系

话题和焦点之间关系密切。在有些语言学理论中，焦点和话题是一对相对的概念。比如，Sgall 等（1986）把句子分为话题和焦点两个部分。在这一体系中，话题和主位（theme）相当，而焦点和述位（rhyme）相当。就是说，焦点不能出现在话题当中。有些系统中，则是焦点与背景／预设相对。Partee（1991）把量化理念应用到焦点-话题结构上，认为话题／背景会被映射到三分结构的限定部分（restrictor，也叫量化域），焦点则会被映射到核心部分（nuclear scope，也叫核心域）。Ernst & Wang（1995）把话题分为话语话题和焦点话题两种，并认为后者引进了一个与其他成分构成对比的话题要素。如上所述，徐烈炯、刘丹青（1998，2007）认为汉语中存在话题焦点。

2. 语义焦点、三分结构及量化

下面介绍一种特殊的对比焦点——语义焦点，它会影响句子的真值条件。换句话说，焦点位置的不同会影响句子的真值。例如：

（12）a. 李四就会说［德语］F。（这两个句子中"就"通常重读）

　　　 b. 李四就会［说］F德语。

（12a）可以理解为"李四只会说德语，不会说其他语言"；（12b）可以理解为"李四只会说德语，不会听、读和写德语"（假设由焦点"说"引出的候选项集合中包括"听、说、读、写"四个成员）。

语义焦点一般会与焦点敏感算子相关联，该现象被称作"焦点关联现象"。焦点敏感算子必须与句子中的某个成分有关联。Partee（1991，1999）对焦点敏感算子有较详细的讨论。英语中的 only 和汉语中的"只"都是典型的焦点敏感副词／算子。蔡维天（2004）把"只"的语义分为预设和断言：它的预设为其基本命题，断言为基本命题之否定并以焦点词组的补集作为其范围。以"张三只喝白酒"为例，其预设为"张三喝白酒"，断言为"张三不喝白酒以外的酒"。蔡文指出"只"字句的断言可以通过并列结构测试及否定结构测试。因此，"只"所关联的成分是对比焦点。Beaver & Clark（2003）对 always 和 only 这两个对焦点敏感的全称量化词进行比较。通过对这两个算子与极性否定成分（negative polarity items）、预设、节律上简化的成分（prosodically reduced elements）或句法抽取成分

(syntactic extraction)共现时的情况进行对比分析,他们得出这样的结论:only 的焦点敏感性是基于语法机制(grammatical mechanism),而 always 的焦点敏感性则是基于语用机制(pragmatic mechanism),因此前者是焦点功能算子(focus functional operator)而后者是非焦点功能算子。

语义焦点在焦点敏感算子的激发下会引出一个三分结构。三分结构最早由 Kamp(1981)和 Heim(1982)提出,主要是为了处理量化和回指词问题,由算子、限定部分和核心部分组成。量化现象主要包括限定词量化和修饰语量化。分别见(13)和(14)〔例(13)—(16)引自 Hajičová,Partee & Sgall (1998)〕:

(13) Most quadratic equations have two different solutions.

　　　 大部分二次方程式都有两个不同的解。

(14) A quadratic equation usually has two different solutions.

　　　 二次方程式通常都有两个不同的解。

限定词量化和修饰语量化都可以用三分结构来表示。下面是 Heim 的三分结构。

(13)中的限定词 most 是算子,quadratic equations 是限定部分,have two different solutions 是核心部分;(14)中算子为副词 usually,限定部分为 a quadratic equation,核心部分为 has two different solutions。

三分结构的划分可以由句法因素决定,也可以由语义和语用因素共同决定。限定词量化通常不受焦点的影响,如(15)所示,其中黑体部分被假定为焦点,其三分结构见(15');而修饰语量化则会对焦点敏感,句子会随着焦点位置的变化而具有不同的语义解释,如(16)所示,其三分结构见(16')。

(15) a. Most logicians like linguistics.

　　　 大部分逻辑学家都喜欢语言学。

　　 b. Most [**nice**]$_F$ logicians like linguistics.

　　　 大部分友善的逻辑学家都喜欢语言学。

(15') a. MOST　　　(logicians)　　(like linguistics)

　　　 算子　　　　 限定部分　　　 核心部分

　　 b. MOST　　(nice logicians)　(like linguistics)

　　　 算子　　　　 限定部分　　　 核心部分

(16) a. Mary always took [**John**]ₑ to the movies.

　　　　玛丽总是带约翰去看电影。

　　 b. Mary always took John to the [**movies**]ₑ.

　　　　玛丽总是带约翰去看电影。

(16') a. ALWAYS　　（Mary took **x** to the movies）　　（**x**＝John）

　　　　算子　　　　　　限定部分　　　　　　　　　核心部分

　　 b. ALWAYS　　（Mary took John to **x**）　　（**x**＝the movies）

　　　　算子　　　　　　限定部分　　　　　　　　　核心部分

下面的例子（引自 Dretske, 1972）进一步说明修饰语量化中焦点的位置会对三分结构产生重要影响。句子会因焦点位置不同而具有不同的真值，从而获得不同的语义。

(17) a. The reason Clyde [**married**]ₑ Bertha was to qualify for the inheritance.

　　　　克莱德与伯莎结婚的原因是想取得继承遗产的资格。

　　　　ASSERT（The reason Clyde **P** Bertha was to qualify for the inheritance）（**P**＝married）

　　 b. The reason Clyde married [**Bertha**]ₑ was to qualify for the inheritance.

　　　　克莱德与伯莎结婚的原因是想取得继承遗产的资格。

　　　　ASSERT（The reason Clyde married **x** was to qualify for the inheritance）（**x**＝Bertha）

这里(17a)为真的条件是 Clyde 与 Bertha 的关系必须是结婚的关系，前者才能取得继承权，(17b)的则是 Clyde 结婚的对象必须是 Bertha，他才能取得继承权。

3. 汉语全称量化研究

以下将重点介绍文献中对汉语中几个常见的全称量化表达的语义分析。"都"作为修饰语量化的代表，"每"和"所有"作为限定词位置上的全称量化表达的代表，表示全称的"全"作为既可以出现在限定词位置又可以出现在副词位置的表全称概念的代表。另外，副词"各"作为分配算子会把谓语的特征分配给与它相关联的复数性 NP 并使该 NP 获得全称解读。

3.1 "都"的语义

副词"都"作为普通话中表达全称概念的代表，获得了广泛的讨论。到目前为止，专门研究"都"的语义的文章就有 100 篇左右。以往的文献分别从句法、语义或是语用角度对"都"的用法和语义展开讨论。总的看有下面一些代表性观点：吕叔湘(1980)对"都"的语义功能进行描写并指出它有三种用法："都₁"表示总括，"都₂"表示"甚至"义，"都₃"表示"已经"义。从句法角度看，"都"被看成是分配短语(distributional phrase)的功能中心语(functional head)，见 Li(1997)及 Wu(1999)等的分析。从语义学角度，对"都"的分析有很大分歧，主要有如下观点：双重功能副词，即量化词(quantifier)和约束者(binder)(Cheng, 1995)、加合算子(sum operator)(Huang, 1996、2005)、广义分配算子(generalized distributive operator)(J.-W. Lin, 1998)、模态算子(徐烈炯，2004b)、合取连词(袁毓林，2005a)、全称量化副词(adverb of universal quantification)(潘海华，2006)及最大化算子(maximality operator)(Giannakidou & Cheng, 2006；Xiang, 2008)等。蒋严(1998)认为"都"只有一个意义，即表示全称量化，相当于人们通常所说的总括义。"都₂"和"都₃"都是从"都₁"通过上下文推导出来的。蒋文指出，和"都"相关联的短语总是出现在它的左边，那些所谓"都"右向关联的情况实际上都包含一个表达句子预设的空语类出现在句子的左边。因此，蒋文认为，与"都"相关联的短语不仅是由句法结构来决定，有时候还需要一些语用信息。

在蒋文的基础上，潘海华(2006)指出量化副词"都"会引出一个三分结构，其中"都"是算子，限定部分和核心部分由句中的相应成分给出。"都"的几种不同的意义都可以用三分结构来进行统一解释，其不同仅仅在于三分结构中限定部分和核心部分由不同的句子成分来实现。

潘文中提出"都"从句法结构到三分结构的映射由句子结构和焦点共同决定，并遵循下面的两条原则：一，"如果'都'的左边存在着可以充当量化域的短语，就把它映射到限定部分，并把句子的其余部分映射到核心部分"；二，"如果述题中含有一个焦点成分，就把它映射到核心部分，同时把句子的其余部分映射到限定部分"。下面运用潘的映射原则对实例进行分析。

(18) 那些玩具张三都喜欢玩。

　　　Dou [x∈[| 那些玩具 |]] [张三喜欢玩 x]

　　　∀x [x∈[| 那些玩具 |] →张三喜欢玩 x]

(18)中"都"左边的"那些玩具"可以充当量化域，这样根据潘的第一条映射原则，"都"约束的变量 x 从"那些玩具"取值，其相关的意义是："对于每一个 x 来说，如果 x 是'那些玩具'中的一员，那么，张三喜欢玩 x 才为真"。

(19) 他都写的[小说]ꜰ。

　　　Dou [他写的 x] [x＝小说]

$$\forall x \left[\text{他写的 } x \rightarrow x = \text{小说} \right]$$

(19)是一个准分裂句,焦点"小说"出现在述题中。根据潘的第二条映射原则,用变量 x 替换焦点短语,得到背景部分"他写的 x",即:所有他写的东西。这个背景部分会被映射到限定部分,而焦点则会被映射到核心部分。由于是用变量 x 替换焦点短语,所以,核心部分可以写成"x＝小说",于是可以得到：Dou[他写的 x][x＝小说]。该句表达的是："对于每一个 x 来说,如果 x 是'他写的 x'中的一员,那么,x 就是小说"。由于每一个 x 都是小说,所以,他写的都／全是小说,这恰恰是该句所要表达的意义。这里量化域是由焦点变量可能的不同取值所组成的,而不是由焦点"小说"本身给出的。

(20)他都喜欢吃什么?

　　Dou[他喜欢吃 x][x＝什么]　　(Dou$_x$[他喜欢吃 x][Q$_y$[x＝y & thing(y)]])

　　$\forall_x$[他喜欢吃 x →x＝什么?]　　($\forall x$[他喜欢吃 x →Q$_y$[x＝y & thing(y)]])

(20)中的疑问词短语"什么"是焦点并且出现在述题中。根据潘的第二条映射原则,焦点会被映射到核心域,从而得到三分结构：Dou[他喜欢吃 x][x＝什么]。该句的意义是："对于每一个 x 来说,如果 x 是'他喜欢吃的东西'中的一员,那么,这个 x 是什么?"由于 x 是从他喜欢吃的东西里取值,所以,"他喜欢吃的都是什么?"是(20)的意义。这里"都"约束的是由焦点引出的焦点变量 x,而不是由焦点本身引出的变量 y。如果"都"约束的是疑问短语"什么"本身引出的变量,并由该变量引出的集合作量化域,那么,所得到的就是：Dou[x∈ thing(x)][他喜欢吃 x],该三分结构所表达的意义是："对于每个 x 来说,如果 x 是'所有东西'中的一员,那么,他就喜欢吃这个 x"。由于 x 是从"所有东西"中取值,那么,我们得到的是"他喜欢吃所有的东西",这等同于"什么他都喜欢吃"或"他什么都喜欢吃",但这并不是该句所要表达的语义。另外,相关的表达式也没有疑问的意思。(20)正确的语义表达应该是：Dou$_x$[他喜欢吃 x][[Q$_y$[x＝y & thing(y)]],其中 y 是疑问短语"什么"本身引出的变量,由疑问算子 Q 约束,thing(y)表示 y 是一个东西。它所表达的意义是："对于每一个 x 来说,如果 x 是'他喜欢吃的东西'中的一员,那么这个等于 y 的东西是什么?"。

(21)他连电脑都买了。

　　Dou[x∈ ALT(电脑)][他买了 x]

　　$\forall x$[x∈ ALT(电脑)→他买了 x]

　　(21)中与"都"相联的短语"电脑"是对比焦点,它本身并不直接提供量化域,而是引出一个对比项/候选项(alternative)集合,该集合才是量化域,所以,就有:Dou[x∈ ALT(电脑)][他买了x],其中 ALT(电脑)表示由"电脑"引出的候选项所组成的集合。该句的意义是:"对于每一个 x 来说,如果 x 是 ALT(电脑)中的一员,那么,他就买了x"。由于 ALT(电脑)覆盖所有相关的候选项,因此,他买了所有的相关个体。由于 ALT(电脑)中的成员是有序的,比如按照购买的可能性的大小进行排列,因此,如果他连可能性最小的都买了,那么他也就买了可能性比之大的了。这样,可以推导出所谓的"甚至"义。于是,"连……都"句可以统一地处理成表全称量化的句子。

　　潘文指出话题中的焦点和述题中的焦点对"都"的三分结构的影响不同。话题中的焦点只引出一个候选项集合,而不决定相关的三分结构:话题中的焦点引出的候选项所组成的集合会被映射到限定部分,而核心部分由述题给出;然而,述题中的焦点并不引出一个候选项集合,而是决定相关的三分结构:述题中的焦点会被映射到核心部分,而句子的其余部分会被映射到限定部分。因此,只有述题中的焦点有排他性,更准确地说,只有决定映射的焦点才具有排他性,而在话题中的焦点,因为映射是由话题规则决定的,所以话题中的焦点就没有排他性。

　　张蕾、李宝伦和潘海华(2012)探讨了"都"右向关联时的语义要求并比较分析了"都"左相关联时与右向关联时的异同。其中与焦点相关的有以下两点:其一是,右向关联时,"都"量化的是焦点变量,而不是焦点本身引出的变量,可参考例(19)。焦点变量向外相容,会引出一个由焦点变量的各种可能的取值组成的集合。该句的量化域应该包括他写的散文、他写的诗歌和他写的小说等,而不是各种不同的小说。左向关联时,大致分为两种情况:一是,"都"量化的是与之相关联的短语本身引出的变量,例如(18)。该句中,变量 x 是集合"那些玩具"中的一个成员。由于"都"的量化作用,每个 x 都具有谓语的特征。另一种情况是,"都"关联"连……都"结构中的对比焦点时,会引出一个候选项集合,该集合由焦点变量的不同的可能取值组成,例如(21)。对比焦点"电脑"会引出一个由焦点变量的各种可能的取值组成的集合,这个集合可以由"电脑""打印机"和"鼠标"等组成。如果焦点本身引出的集合,则是一个由不同的电脑组成的集合。因此,焦点变量引出的集合是向外看的,比焦点大,而焦点本身引出的集合则是向内看的,是一个具有焦点特征的个体组成的集合。其二是,"都"右向关联焦点时,焦点会表现出排他性,此时相应的映射由潘海华(2006)的第二条映射原则决定。

例如,(19)就排除了他写其他东西的可能性。"都"左向关联复数性 NP 时,该 NP 不具有排他性,此时相应的映射由潘海华(2006)的第一条映射原则决定。例如,(18)并不排除张三喜欢玩那些玩具以外的其他东西的可能性。

Hu(2007)讨论了全称量化的焦点敏感性。当关联焦点时,"只"与"总"在穷尽性方面的表现有差别:"总"允许非穷尽性解读;"只"要求与之相关联的成分具有穷尽性解读。"都"则是介乎两者之间的类别。他观察到,当关联作为焦点的动词或动词短语时,"都"与"只"及"总"的表现有所不同:与"只"相比,"都"不具有穷尽性;与"总"相比,"都"与情境变量没有内在的联系。例如(22):

(22) a. *他都[买]_F小说,不[看]_F小说。

　　b. 他只[买]_F小说,不[看]_F小说。

　　c. 他总[买]_F小说,不[看]_F小说。

Hu 认为"都"约束事件变量,"总"约束情境变量,它们出现时不要求与焦点相关联。(23a)和(23b)两个句子不合语法,因为句中找不到可用的事件变量或情境变量。"只"不必约束事件变量及情境变量,但它必须与焦点相关联,见(23c)。

(23) a. *张三都去了[北京]_F旅游。

　　b. *张三总去了[北京]_F旅游。

　　c. 张三只去了[北京]_F旅游。

3.2　"每"的语义研究

在很多情况下,Heim(1982)的三分结构模型不能直接应用到对"每"的分析当中。特别是当"每"和"都"共现时,一般来讲,量化算子"都"和"每"不能同时拥有自己的三分结构,否则句子将无法得到正确的语义解释。以"每个人都来了"这个句子为例,假设"每"和"都"都是量化算子,那么它们都有自己的三分结构。如果"每"先引出一个三分结构,那么"都"则出现在"每"的核心部分中,这里"都"找不到一个语义上的复数性成分作为其限定部分。此时可能的三分结构为: Mei [x∈[|人|]] [x 都来了];如果"都"先引出一个三分结构,句子可以得到正确的解读,但是出现在"都"的限定部分的"每"只能找到一个论元,它因为找不到核心部分而无法触发自己的三分结构。此时可能的三分结构为: Dou [x∈ [|每(人)|]] [x 来了]。基于上述原因,出现了很多对"每"的语义功能的专门研究,主要有 Huang(1996,2005)、J.-W. Lin(1998)、潘海华(2005)以及潘海华、胡建华和黄瓒辉(2009)等。

Huang(1996, 2005)指出"每"的两个论元之间存在着一种依存关系。这种依存关系可以通过斯科林函项(skolem function)来实现,其要求有一个变量出现在"每"的成分统制域(c-command domain)中,见(24)。

(24) 'EVERY (P, ran(f))' is true iff f is a total skolem function from P ⊙R

(where EVERY is interpreted as a relation between P and the range of f)

述题中带有数量短语的无定 NP、反身代词及由"都"引出的事件变量都可以充当变量来帮助允准句子,例如(25)。

(25) a. 每个人*(都)参加了考试。

　　　b. 每个人买了一本书。

　　　c. 每个学生有自己的指导教师。

Huang 同意 Cheng(1991)的观点,即"每 NP"不能出现在动词的宾语位置。如"张三喜欢每一个老师"这样的句子不大能说。因为如果"每"出现在宾语位置,那么在它的成分统制域中就找不到一个变量来帮助实现斯克林函项。

Huang 的分析存在下面的问题:第一,事实上,在一些情况下,"每"可以出现在宾语位置。例如,可以说"我们热爱家乡的每一寸土地"。也就是说,该文对汉语事实的观察有欠准确。第二,Huang 只考虑了"每"在"每+(一)+CL+N"中的表现,而"每"的实际分布情况更为复杂。

J.-W. Lin(1998)认为"每 NP"指称的是一个复数性的由个体组成的集合,具有内在的非逐指性特征(non-distributive property)。"每"属于⟨⟨e, t⟩, e⟩的逻辑语义类型〔其中 e 代表实体(entity),t 代表真值(truth value)〕,如(26)所示。

(26) ‖ mei ‖ = that function f such that for all P ∈ D ₍ₑ,ₜ₎ , f (P) = ∪ ‖ P ‖

(26)是对"每"的加合功能的描述,意思是"每"把逻辑语义类型为⟨e, t⟩的项目作"合取"运算,即"加合"操作。"一 NP"的逻辑语义类型为⟨e, t⟩,"每"与它结合,得到"每一 NP",其所指跟定指的"NP"一样,属于"e"类型。

Lin 的分析主要依据下面两点语言事实:第一,"每一组(的)小孩都画了一张画"这个句子只能理解成"每一组小孩集体合作画了一张画"。而如果"每"是量化算子,这个句子应该被理解为:"每一组的每一个小孩都画了一张画",但这并不是句子所要表达的意义。该句想要得到正确的语义解读就不能把"每"看作量化算子,而且"每一组(的)小孩"只能指以组为单位的小孩的集合而不能指单个的个体小孩。第二,"每 NP"可以与交互性谓语(reciprocal predicates)以及集合性谓语(collective predicate)共现,这两类谓语都要求复数性主语。例如"每位代表都相互拥抱了一下"可以说。第三,汉语中存在"要抬起这架钢琴需要每个人的合作"这样的句子。这里"每"不宜被看成是量化词。

Lin 的分析存在这样一些问题:首先,如果"每"仅仅是加合算子,那么很难解释为什么当"都"不出现时,"每 NP"会获得逐指解。例如"每个学生"在句子"每个学生写了一篇文章"中不大可能得到统指解。其次,如果"都"不出现,带有个体量词的"每(一)NP"一般不能与集合性谓语共现,例如,不能说"每个学生合买了一本书"。最后,虽然把"每"看作加合算子可以解释"每 NP"出现在宾语位置上的情况,但是却不能解释为什么"每 CL"不能出现在宾语位置上,例如,不能说"他尊重这里的每个"。

　　Pan(2005)对"每"的句法分布进行了进一步的观察。他认为在条件满足的情况下,"每"既可以分析成全称量化算子,也可以分析成加合算子;"都"既可以分析成具有全称量化副词,也可以分析成具有匹配功能的成分〔关于匹配函项(matching function)的讨论详见 Rothstein(1995)〕。"每"和"都"共现时,两者之间存在如下的相互作用:当"每"用作全称量化词时,"都"实现其匹配功能,将 VP 的特征与"每"的量化域中的实体进行匹配;当"每"用作加合算子时,"都"实现其全称量化功能,对"每 NP"所指称的集合进行量化。当"每 NP"处在动词前非宾语位置(如主语、话题位置或附加语位置)时,"每"的功能可以作这两种理解;而当"每 NP"处在宾语位置或处在"的"字结构的中心语位置上时,"每"只能用作加合算子,因为此时"每"无法找到其核心域。下面(27)中"每"既可以理解成全称量化词,如(28)所示,也可以理解成加合算子,如(29)所示。

(27) 每个学生都得到了奖学金。

(28) "每"用作全称量化算子:

　　　从句子结构到三分结构的映射:每'[学生'][都得到了奖学金]

　　　语义解读: $\forall x[x\in[|学生|]\rightarrow \exists e[e=得到了奖学金 \& M(e)=x]$

(29) "每"用作加合算子:

　　　从句子结构到三分结构的映射:都'[每'(学生')][得到了奖学金]

　　　语义解读: $\forall x[x\in[|每(学生)|]\rightarrow x 得到了奖学金]$

在(28)的表达式中,$\forall$ 表示的是"每"的全称量化功能,M 表示的是"都"的匹配功能。M 把两个变量 x 和 e 联系起来,其中 x 是受全称量化算子约束的个体变量,e 是受存在量化算子约束的事件变量。由此可以看出,当"每"用作全称量化词时,"每 NP"中的"NP"作为"每"的量化域,而句中其余部分则是"每"的核心域。在(29)的表达式中,$\forall$ 表示的是"都"的全称量化功能,它约束个体变量 x。"学生"和"得到了奖学金"分别提供全称量化的量化域和核心域。"每"的作用是作加合,形成一个由"学生"组成的集合。另外,潘认为,当"每"和"都"都能找到一个量化域时,两者都可以作全称量化算子。

　　潘海华、胡建华和黄瓒辉(2009)讨论了"每 NP"的分布限制并对其进行解释。潘海华等经观察发现"每 CL"(没有 NP)的分布受到一定限制:它只能出现在主语／话题位置,不能出现在宾语位置。于是他们提出了"每"的量化或加合实现的条件:作为量化算子,"每"的中心名词可以为空,只要该名词能够被语境增容或从其他途径得到支持;而作为加合算子,"每"的中心词不能为空,因为加合的实现依赖于加合的对象。"每 CL"不能出现在宾语位置上,因为它缺乏加合的对象,而且它也不能分析成量化算子,因为它的右边没有可以充当核心域的成分。由于此时"每 CL"得不到解释,因此相关句子不合法。

3.3　"所有"的语义分析

　　Chen(1986)对"所有的"和"一切"进行比较,认为"所有的"被用作统指,它所修饰的 NP 指称的是作为一个整体的群体(group)。Yang(2001)对"所有"的语义功能进行专门讨论,认为"所有"是一个限定性全称量化词,它与"每"在分布上存在差异是因为"所有"只与光杆 NP 结合,而"每"可以和带有数词以及量词的名词共现。张蕾、李宝伦和潘海华(2009)指出"每"和"所有"之间的差异并不限于此。它们对谓语的选择也不同。具体见下面两组例子:

　　(30) a. *每个学生合唱了一首歌。

　　　　　b. 所有人合唱了一首歌。

　　(31) a. 每个人说了一句话。

　　　　　b. ??所有人说了一句话。

　　张蕾、李宝伦和潘海华(2009)认为"所有"不是量化词,而是一个加合算子,无论它出现在谓语前还是在宾语位置上。"所有 NP"指称的是一个复数性实体(plural entity)。这是因为:第一,如果"所有"是量化词,那它应该拥有自己的三分结构,但是根据 Heim(1982)的限定性全称量化词的三分结构,给出的语义不一定合适。如果"所有"是量化词,那么它会使由"所有 NP"中的 NP 所指称的集合中的每个成员都获得谓语的特征。以(32)为例,假设"所有"量化"学生",可能的三分结构见(33)。

　　(32) 所有学生合买了一本小说／一起去的香港。

　　(33) 所有$_x$ [x∈ [|学生|]] [x 合买了一本小说／一起去的香港]

　　(33)中的变量 x 是个体,而不是复数性成分,因而不能做"合买了一本小说"或"一起去的香港"的主语。而事实上,集合性谓语及副词"一起"不但可以与"所有 NP"共现,很多情况下还可以起到允准"所有 NP"的作用。

　　第二,Huang(1996, 2005)所刻画的"每"的三分结构也不能应用到对"所有"的分析中去。Huang 认为量化算子"每"的第二个论元中存在一个斯克林函项,其要求有一个变量出现在"它"的成分统制域中。由"都"引出的事件变量、述题中带有数量短语的无定 NP 以及述题中的反身代词都可以充当变量来帮助允准相关句子。但述题中带有数量短语的无定 NP 和反身代词都不能起到允准主语位置上的"所有 NP"的作用,例如(34)和(35)。

(34) ??所有工人抬了一架钢琴。

(35) a. ??所有教授有自己的实验室。

　　 b. ??所有小孩有自己的摇篮。

3.4 "全"的语义分析

Tomioka & Tsai(2005)对副词"全"的语义功能进行讨论,认为"全"仅仅是一个范围限定词(domain restrictor),它本身不具有任何量化能力或者分配能力,因此,"全"不能与"每 NP"、"连 NP"、表示全称的疑问词短语及"买"类谓语共现。

张蕾、李宝伦和潘海华(2010)对限定词"全"和副词"全"的语义功能进行专门讨论。该文认为限定词"全"是加合算子,指称的是一个带有"全 NP"中 NP 的特征的由个体组成的复数性集合,而且它具备统指性的语义特征。副词"全"是双重功能算子,它可以用作量化算子或范围限定词。如果副词"全"可以在句子中或者通过上下文语境找到一个适当的复数性成分充当量化域并且可以找到核心域,那么它可以用作量化副词。在不与其他量化算子共现的情况下,"全"具备全称量化算子的基本特征。根据潘海华(2006)确定"都"的三分结构的两条映射原则,"全"的三分结构也可以被正确地写出。

该文指出 Tomioka & Tsai 的分析存在下面的问题:首先,虽然"全"与"每 NP"、"连"字结构、"买"类谓语或者表示全称意义的疑问词短语共现时受到很大限制,但是它们并非绝对不能共现。《现代汉语八百词》就指出,"副词'全'所概括的对象可以用表示任指的疑问代词"。汉语中允许"他们全买过一部车""他们全买了车"等表达。另外,"全"不但可以与表达全称概念的"所有 NP"共现,还可以允准句子,例如,"所有老师*(全)来了"。

其次,依据 Tomioka & Tsai 的分析,"全"字句的谓语部分应至少满足下面三个条件之一:第一,显性的"都"出现在句子中;第二,谓语包含复数性"做"次成分(DO plural subcomponent),具体说,这类谓语指的是带有活动(activity)情状和结束(accomplishment)情状的集合性谓语,其包含次成分"做"同时带有隐含的分配关系,而且是复数性表述(plural predication);第三,谓语具有内在的分配性特征。据此可以预测:(36)不合语法,因为谓语具有潜在的歧义,没有显性分配算子如"都"的帮助这个谓语会表现出非分配性特征,不能满足"全"对句子的分配性要求。(37)可以说,因为谓语具有结束情状,符合条件 b。(38)不合语法,因为谓语具有状态(state)情状而该类谓语不带有隐含的分配关系。而汉语事实却相反。

(36) 我们全赚了五百块钱。

(37) ??我们全合写了一篇小说。

(38) 我们全是朋友。

再次,"全"关联一个隐性成分(implicit element)(例如程度集合)的情况用他们的分析解释也会比较麻烦。隐含的分配算子(covert distributor)这一概念的提出是为了解决复数 NP 如何获得逐指解这一问题的,它对句中的论元(通常为主语)进行操作,但是"全"所关联的隐性成分不是论元成分也不出现在句子的表层结构中,它是句子主要成分以外的成分。如果坚持认为此时的"全"是范围限定词,就要把隐含的分配算子的作用范围扩大,使它能把整个句子的特征分配给这个隐性成分。例如"他全凭感觉管理球队"中隐含的分配算子要把"他凭感觉管理球队"这个特征分配给句子以外的程度集合。

最后,"全"对焦点敏感的现象也难以解释。以"他全写的小说"为例,如果该句中"全"是范围限定词,那么它需要限定一个语义上的复数性成分,而"全"的左边只有单数代词"他"不能满足它对被限定部分的复数性要求。而且,"全"不大可能右向关联,因为按照 Tomioka & Tsai 的分析"全"的作用是限定分配的范围,被限定部分一般出现在"全"的左边。如果允许"全"限制它右边的"小说",那么也会遇到问题:第一,句子会得到错误的解读,即"他写了所有的小说";第二,从句法上看,"全"出现在动词前而"小说"出现在句末。"全"距离"小说"太远,似乎难以限定该短语。如果"全"限定的是整个命题"他写的 x",尽管句子可以得到正确的解释,但仍旧很难解释"全"处在怎样的句法位置。

张蕾、李宝伦和潘海华(2010)解释了"全"的句法分布受限制的原因。他们认为,"全"与"每""所有"以及"连"的语义特征不同。"全"和"所有"具有强调整体的语义特征,而"每"和"连"则具有强调个体的语义特征。而且"全"倾向于跟与它具有相同性质的语义特征的量化表达共现。至于"他们全买了一部车子"这类句子不能说,则是因为汉语中"一 NP"倾向于获得特指解(specific reading),而从语用上来讲不大可能"他们"中的每个人同时买了同"一部车子"。因此,这类句子不能作为"全"是范围限定词的一个依据。

总之,副词"全"具有双重语义功能。在不与其他量化副词或者分配算子共现时,"全"可以看作是量化算子;如果对 Tomioka & Tsai 的分析做出适当的修改并加上一些附件条件,那么"全"也可以看作范围限定词,除非它对焦点敏感。也就是说,在多数情况下"全"既可以充当范围限定词又可以用作量化词,前提是假设:其一,"全"作为范围限定词时必须选择谓语的分配性特征与之进行匹配;其二,隐含的分配算子可以把整个句子的特征分配给隐性成分。如果非要赋予单用的"全"一个统一的语义解释,那么它应当被看作量化副词。

3.5　分配算子"各"

T.-H. Lin(1998)、Soh(1998)以及李宝伦、张蕾和潘海华(2009a)等都把意义相当于英语中的"each"时的副词"各"看成分配算子。

T.-H. Lin(1998)指出"各"字句表达分配依存关系。根据 Choe(1987),分配依存关系是定义在两个相互关联的论元的基础上的,它包括分类关键词(sorting key)和分配成分(distributive share),前者必须是复数性的。Lin 认为"各"要求与它相关联的成分具有外延性(extensionality),即:作分类关键词的复数 NP 和作分配成分的无定(准)宾语指称的都是相关短语的外延。因此,表类指的光杆NP、"一般"等内涵性表达以及非标准限定词(non-standard determiner)短语等都不能作为分类关键词。他提出"各"要求句子满足无定(准)宾语的要求,即:谓语部分要出现一个带有弱限定词(如"某个"等)或数量短语的无定短语,例如,"他们各画了*(一幅)画"。

李宝伦、张蕾和潘海华(2009a)指出 Lin 提出的外延性要求和无定(准)宾语要求都不是"各"字句合语法的必要条件。他们认为"各"要求分类关键词指称的是非空复数性集合,内涵性的和外延性的都可以。陈述句中,这个分类关键词可以是有指的或是内涵性的非空复数性集合;疑问句中,"各"只要求分类关键词具有复数性的词汇形式。该文假设,"各"需要一个受存在量化算子约束的无定 NP 来帮助配对。述题中表类指的光杆 NP 和有定 NP 都不能被存在量化算子约束,因而它们不能充当分配成分,见(39)。"各"的成分统制域中的带有数量短语的无定 NP、带有反身代词的 NP、某些光杆 NP 以及表疑问的疑问词短语都可以被存在量化算子约束,因此可以充当分配成分,见(40)。

(39) a. *他们各喜欢猫。

　　　 b. *他们各尊敬那个教授。

(40) a. 学生们各唱了一首歌。

　　　 b. 代表们各有自己的想法。

　　　 c. 他们各有特长。

　　　 d. 他们各买了什么?

(40a)中带有数量短语的无定 NP"一首歌"可以被存在量化算子约束；(40b)中带有反身代词的 NP"自己的想法"中的反身代词"自己"出现在先行词"代表们"的成分统制域中并且被先行词约束，而该 NP 的中心语"想法"可以被存在量化算子约束；(40c)中无定的光杆 NP"特长"可以理解为 α 的集合，而 α 是由"x 的特长"组成的集合（其中 x 是分类关键词"他们"所指称的集合中的一员），因此它可以被存在量化算子约束；(40d)中表疑问的疑问词短语"什么"是疑问焦点，它引出一个焦点变量 f。"各"的第一个论元"买了什么"的语义表达为：$[$买了 $f]$ $[Q_y [f=y$ & thing $(y)]]$，其中 y 是疑问短语"什么"本身引出来的变量，由疑问算子 Q 约束，thing(y) 表示 y 是东西。这里的变量 f 可以被存在量化算子约束。该句的语义表达式可以写作：$[$各（买了什么）$]$（他们）。由于上述表达可以充当分配成分，所以(40)中的这些句子才合语法。

T.-H. Lin(1998)观察到"各"不能与表示全称量化的疑问词短语共现，例如(41a)不能说。然而，"都"却可以和该类成分共现，例如(41b)可以说。

(41) a. *谁各有自己的理想。

　　　b. 谁都有自己的理想。

李宝伦等区分了量化和分配，指出量化算子可以允准量化域中的所有自由变量，其语义表达为(42a)；分配算子则是把 B（句子去掉分类关键词和分配算子后的部分，通常为 VP）的特征分配给 A（分类关键词所指称的集合）中的个体，其语义表达为(42b)。

(42) a. $OP_x [P(x)] [Q(x)]$（OP 代表量化算子）

　　　b. $[D(B)](A)$（D 代表分配算子）

按照这一分析，(41)的两个句子中"谁"会引出一个自由变量 x，(41b)中的量化算子"都"可以约束该变量并使之获得全称解读；(41a)中分配算子"各"不能约束由"谁"引出的变量，因此句子不合语法。

4. 结语

话题和焦点都是语义学的重要概念。汉语中话题占据着重要地位。一般的观点认为汉语属于话题优先语言。汉语话题与它的述题之间的关系可以用相关性条件来刻画。按照 Hu & Pan(2009)，相关性条件可以分解为：话题的允准条件和话题的解释条件。根据 Partee(1991)，焦点—背景/话题结构中，焦点会被映射到三分结构的核心部分，背景会被映射到三分结构的限定部分。量化现象包括限定词量化和修饰语量化，它们都可以用三分结构来表示，后者的三分结构受焦点位置影响。汉语中表达全称量化概念的限定词"每""所有"和"全"并不具有相同的语义功能。"每"具有双重语义功能：在满足相应条件的情况下，"每"可以被看作量化算子或加合算子。"所有"和"全"则只能充当加合算子。副词"都"和"全"用作量化算子时，一般来讲，它们的三分结构可以用潘海华（2006）的两条映射原则来确定。话题中的焦点和述题中的焦点对"都/全"的三分结构的影响不同。这一点在"都"字句中表现比较明显。句法结构可以先对"都"的三分结构产生影响，焦点—背景结构则在其后决定相关的映射。述题中的焦点可以直接影响三分结构的组成，但是话题中的焦点则不能直接影响三分结构的组成，尽管由它引出的候选项集合充当了"都"的三分结构的量化域。"都"总是约束限定部分中的自由变量，无论这个变量是由焦点还是由其他的短语引出的。另外，"都"和"每"共现时，它也可以作为一个匹配函项。分配算子"各"可以使它的分类关键词获得全称解读，但它对焦点不敏感。

参考文献

1. 蔡维天.谈"只"与"连"的形式语义[J].中国语文,2004(2)：99-111,191.
2. 蒋严,潘海华.形式语义学引论[M].北京：中国社会科学出版社,1998.
3. 蒋严.语用推理与"都"的句法/语义特征[J].现代外语,1998(1)：10-30.
4. 李宝伦,张蕾,潘海华.分配算子"各"及相关问题[J].Language and Linguistics,2009a,10(2)：293-314.
5. 李宝伦,张蕾,潘海华.汉语全称量化副词/分配算子的共现和语义分工——以"都""各""全"的共现为例[J].汉语学报,2009b(3)：59-70.
6. 刘丹青,徐烈炯.焦点与背景、话题及汉语"连"字句[J].中国语文,1998(4)：243-252.
7. 吕叔湘.现代汉语八百词[M].北京：商务印书馆,1980.
8. 潘海华,胡建华,黄瓒辉."每NP"的分布限制及其语义解释[M]//汉语的形式与功能研究.北京：商务印书馆,2009：110-122.
9. 潘海华.焦点、三分结构与汉语"都"的语义解释[M]//语法研究和探索（十三）.北京：商务印书馆,2006：163-184.
10. 徐烈炯.汉语是话语概念结构化语言吗？[J].中国语文,2002(5)：400-410.
11. 徐烈炯,刘丹青.话题的结构与功能[M].上海：上海教育出版社,1998.
12. 徐烈炯,刘丹青.话题与焦点新论[M].上海：上海教育出版社,2003.
13. 徐烈炯,刘丹青.话题的结构与功能（增订本）[M].上海：上海教育出版社,2007.
14. 徐烈炯,潘海华.焦点结构和意义的研究[M].北京：外语教学与研究出版社,2005.
15. 袁毓林."都"的加合性语义功能及其分配性效应[J].当代语言学,2005a(4)：289-304.
16. 袁毓林."都"的语义功能和关联方向新解[J].中国语文,2005b(2)：99-109.

17. 张伯江,方梅.汉语功能语法研究[M].南昌：江西教育出版社,1996.

18. 张蕾,李宝伦,潘海华.普通话"全"的语义探索[M]//语法研究和探索(十五).北京：商务印书馆,2010.

19. 张蕾,李宝伦,潘海华."都"的语义要求和特征——从它的右向关联谈起[J].语言研究,2012(2)：64-72.

20. 张蕾,李宝伦,潘海华."所有"的加合功能与全称量化[J].世界汉语教学,2009(4)：457-464.

21. Beaver, David & Brady Clark. *Always* and *Only*: Why not all Focus-sensitive Operators are alike[J]. Natural Language Semantics, 2003, 11：323-362.

22. Chafe, Wallace . Giveness, Contrastiveness, Definiteness, Subjects, Topics and Point of View [M]// Li, Charles. Subject and Topic. New York：Academic Press, 1976：27-55.

23. Chao, Yuen-ren (赵元任). A Grammar of Spoken Chinese [M]. Berkeley：University of California Press, 1968.

24. Chen, Ping (陈平). Pragmatic Interpretations of Structural Topics and Relativization in Chinese[J]. Journal of Pragmatics, 1996, 26：389-406.

25. Chen, Yeh Ling-hsia (陈凌霞). Quantification in Chinese[D]. Indiana University, 1986.

26. Cheng, Lisa Lai Shen (郑礼珊). On the Typology of Wh-questions[D]. MIT, 1991.

27. Cheng, Lisa Lai-shen. On *dou*-quantification[J]. Journal of East Asian Linguistics, 1995, 4：197-234.

28. Choe, Jae-woong. Anti-quantifiers and a Theory of Distributivity[D]. Amherst, Mass.：G. L. S. A., University of Massachusetts, 1987.

29. Chu, Chauncey C. (屈承熹) Please, Let Topic and Focus Co-exist Peacefully! [M]//徐烈炯,刘丹青.话题与焦点新论.上海：上海教育出版社,2003：260-280.

30. Dretske, Fred. Contrastive Statements[J]. Philosophicla Review, 1972, 81：411-437.

31. Ernst, Tom & Wang, Chengchi. Object Preposing in Mandarin Chinese[J]. Journal of East Asian Linguistics, 1995, 4：235-260.

32. Gasde, Horst-dieter & Waltraud Paul. Functional Categories, Topic Prominence, and Complex Sentences in Mandarin Chinese[J]. Linguistics, 1996, 34：263-294.

33. Giannakidou, Anastasia & Lisa Lai-Shen Cheng. Definiteness, Polarity, and the Role of *Wh*-morphology in Free Choice[J]. Journal of Semantics, 2006, 23：135-183.

34. Gundel, Jeanette K. On Different Kinds of Focus[M]// Peter Bosch & Rob Van Der Sandt. Focus：Linguistic, Cognitive, and Computational Perspectives. Cambridge, New York：Cambridge University Press, 1999：293-305.

35. Hajičová, Eva, Barbara H. Partee & Petr Sgall. Topic-focus Articulation, Tripartite Structures and Semantic Content[M]. Dordrecht；Boston：Kluwer Academic Publishers, 1998.

36. Heim, Irene. The Semantics of Definite and Indefinite Noun Phrases [D]. University of Massachusetts, Amherst, 1982.

37. Hu, Jianhua. Focus Sensitivity in Quantification [R]. Symposium on Chinese Syntax & Semantics. Hong Kong：CTL & the Halliday Center for IALS, City University of Hong

Kong, 2007.

38. Hu, Jianhua & Haihua Pan. Focus and the Basic Function of Chinese Existential *you*-sentences[M]//I. Comorovski & K. von Heusinger. Existence: Semantics and Syntax. Springer, 2007: 133 – 145.

39. Hu, Jianhua & Haihua Pan. Decomposing the Aboutness Condition for Chinese Topic Constructions[J]. The Linguistic Review, 2009, 26: 371 – 384.

40. Huang, Shi-zhe (黄师哲). Quantification and Predication in Mandarin Chinese: A Case Study of *dou*. [D]. University of Pennsylvania, 1996.

41. Huang, Shi-zhe. Universal Quantification with Skolemization: Evidence from Chinese and English[M]. The Edwin Mellen Press, 2005.

42. Jackendoff, Ray S. Semantic Interpretation in Generative Grammar[M]. Cambridge, Mass.: MIT Press, 1972.

43. Kamp, H. A Theory of Truth and Semantic Representation[M]//J. Groenendijk, Th. Janssen & M. Stokhof. Formal Methods in the Study of Language. Mathematisch Centrum, Amsterdam, 1981: 277 – 322.

44. Kiss, Katalin É. Configurationality in Hungarian[M]. Dordrecht: Reidel, 1987.

45. Kiss, Katalin É. Discourse Configurational Languages [M]. Oxford: Oxford University Press, 1995.

46. Kiss, Katalin É. Identificational Focus versus Information Focus[J]. Language, 1998, 74: 245 – 273.

47. Lambrecht, Knud. Information Structure and Sentence Form: Topic, Focus, and the Mental Representations of Discourse Referents. Cambridge: Cambridge University Press, 1994.

48. Lewis, David. Adverbs of Quantification[M]//Edward L. Keenan. Formal Semantics of Natural Language: Papers from a Colloquium Sponsored by the King's College Research Centre. Cambridge: Cambridge University Press, 1975: 3 – 15.

49. Li, Charles & Sandra Thompson. Subject and Topic: A New Typology of Language[M]//Li, Charles. Subject and Topic. New York: Academic Press, 1976: 457 – 489.

50. Li, Xiao-guang (李晓光). Deriving Distributivity in Mandarin Chinese[D]. University of California, Irvine, 1997.

51. Lin, Jo-wang (林若望). Distributivity in Chinese and Its Implications[J]. Natural Language Semantics, 1998, 6: 201 – 243.

52. Lin, T. -H. Jonah (林宗宏). On *ge* and Other Related Problems[M]//Xu, Liejiong. The Referential Properties of Chinese Noun Phrases. Paris: Ecole des Hautes Eudes en Sciences Sociales, 1998: 209 – 253.

53. May, Robert. The Grammar of Quantification[M]. New York: Garland Publishers, INC, 1990.

54. Pan, Hai-hua (潘海华). On *mei* and *dou*[R]. Paper presented at 2005 Annual Research Forum of Linguistic Society of Hong Kong. City University of Hong Kong, 2005.

55. Pan, Haihua & Jianhua Hu (潘海华 & 胡建华). A Semantic-pragmatic Interface Account

of (Dangling) Topic in Mandarin Chinese[J]. Journal of Pragmatics, 2008, 40: 1966 - 1981.

56. Partee, Barbara H. Adverbial Quantification and Event Structures[C]. Proceedings of the Annual Meeting of the Berkeley Linguistics Society, 1991a, 17: 439 - 456.

57. Partee, Barbara H. Topic, Focus and Quantification [M] // S. Moore & A. Wyner. Proceedings of SALT, I. Cornell, New York: Cornell University, 1991b: 159 - 187.

58. Partee, Barbara H. Focus, Quantification, and Semantics-pragmatics Issues [M] // Peter Bosch & Rob Van Der Sandt. Focus: Linguistic, Cognitive, and Computational Perspectives. Cambridge; New York: Cambridge University Press, 1999: 213 - 231.

59. Portner, Paul & Katsuhiko Yabushita. The Semantics and Pragmatics of Topic Phrases[J]. Linguistics and Philosophy, 1998, 21: 117 - 157.

60. Rooth, Mats Edward. Association with Focus[M]. Amherst, Mass.: G. L. S. A., 1985.

61. Rothstein, Susan. Adverbial Quantification over Events[J]. Natural Language Semantics, 1995, 3: 1 - 31.

62. Rothstein, Susan. Predicates & Their Subjects[M]. Kluwer, Dordrecht, 2001.

63. Schwarzschild, Roger. Giveness and Optional Focus[J]. Natural Language Semantics, 1999, 7: 141 - 177.

64. Sgall P., E. Hajičová and J. Panevova. The Meaning of the Sentence in Its Semantic and Pragmatic Aspects[M] // Jacob L. Mey. Dordrecht: Reidel-Prague: Academia, 1986.

65. Shi, Dingxu (石定栩). Topic and Topic-comment Constructions in Mandarin Chinese[J]. Language, 2000, 76(2): 383 - 408.

66. Soh, Hooi Ling. Object Scrambling in Chinese[D]. MIT, 1998.

67. Swart, Henriette de. Adverbs of Quantification: A Generalized Quantifier Approach[M]. New York: Garland Publishing, INC, 1993.

68. Szabolcsi, Anna The Semantics of Topic-focus Articulation[M] // Jan Groenendijk, Theo Jansen & Martin Stokhof. Formal Methods in the Study of Language. Amsterdam: Matematisch Centrum, 1981: 513 - 541.

69. Tomioka, Satoshi & Yaping Tsai. Domain Restrictions for Distributive Quantification in Mandarin Chinese[J]. Journal of East Asia Linguistics, 2005, 14: 89 - 120.

70. Tsao, Fengfu (曹逢甫). A Functional Study of Topic in Chinese: The First Step toward Discourse Analysis[D]. USC, Los Angeles, 1977.

71. Wu, Jian-xin (吴建新). A Minimal Analysis of *dou*-quantification [D]. University of Maryland College Park, 1999.

72. Xiang, Ming (向明). Plurality, Maximality and Scalar Inferences: A Case Study of Mandarin *dou*[J]. Journal of East Asian Linguistics, 2008, 17: 227 - 245.

73. Xu, Liejiong (徐烈炯). Manifestation of Informational Focus[J]. Lingua, 2004a, 114: 277 - 299.

74. Xu, Liejiong. Remarks on the Meaning of *dou*[R]. Talk given at the linguistics seminar at City University of Hong Kong, 2004b.

75. Xu, Liejiong. Topicalization in Asian Languages [M] // Martin Everaert & Henk van Riemsdijk. The Blackwell Companion to Syntax, volume V, 2006: 137 – 174.

76. Xu, Liejiong & Donald Terence Langendoen. Topic Structures in Chinese [J]. Language, 1985, 61(1): 1 – 27.

77. Yang, Chung-yu (杨中玉). Quantification and Its Scope Interpretation in Mandarin Chinese [D]. Tsing Hua University (Taiwan), 2002.

78. Yang, Rong Rachel. Common Nouns, Classifiers, and Quantification in Chinese [D]. New Brunswick, New Jersey, 2001.

主题与语言索引
Subject and Language Index

作者通讯录
CONTRIBUTORS

胡建华

中国社会科学院语言研究所

E-mail：ctjhu@126.com

花东帆

上海外国语大学语言研究院

E-mail：dfhua@shisu.edu.cn

罗仁地(Randy J. LAPOLLA)

北京师范大学珠海校区

新加坡南洋理工大学

E-mail：randylapolla@protonmail.com

李宝伦(Peppina P.-L. LEE)

香港城市大学中文、翻译及语言学系

E-mail：ctplee@cityu.edu.hk.

潘海华

香港中文大学语言学及现代语言系

E-mail：panhaihua@cuhk.edu.hk

潘露莉(Dory POA)

Chiang Kai Shek College，274 Padre Algue，Tondo Manila 1012，Philippines

E-mail：dorypoa@yahoo.com

沈园

复旦大学外文系

E-mail：ctlyuan@163.com

徐烈炯

加拿大多伦多大学语言学系

E-mail：liejiong.xu@utoronto.ca

张蕾

东北师范大学文学院

E-mail：zhangl120@nenu.edu.cn

后　记

　　本书第一版于 2005 年 4 月由外语教学与研究出版社出版。这次增补修订再版，主要由潘海华主持。这里作一些相关说明。

　　本书的再版有两个初衷。一是复旦大学的盛益民同我们讲，学界很多对焦点研究感兴趣的学者以及研究生，都想读这本书，想全面了解焦点研究的理论渊源、研究成果，也想快速掌握该领域在早期研究中还存留哪些争议和难题，从而与新近研究接轨。但由于第一版发行较早，且印数不大，目前市场上已经很难买到，这不免会给相关研究带来遗憾。二是我们在仔细评估了最近二十多年国内外学界在焦点研究的新进展之后，认为本书所展现的研究蓝图、所提供的研究成果还不过时，仍然具有一定的参考价值。鉴于以上两个方面的考量，我们决定再版。

　　本书初版一共有十三篇论文。此次再版，内容方面，除了请各章节的作者做了进一步的校对和一些文字上的修订外，没有做更多的改动。最大的改动是新增了两章，即排在第十三章的"焦点的音系、语义与语用——焦点研究的新视野"和第十五章的"汉语的话题、焦点和全称量化研究"。第十三章主要回顾和总结了 2000 年以后的十年间，焦点研究在界面视野下的新进展：一是焦点与音系的界面关系，探讨音系与焦点投射、已知性的关系；二是焦点与语义、语用的界面关系，探讨焦点敏感算子的分类等。第十五章主要回顾了汉语的与话题和焦点相关的一些研究议题、有关争议和观点，并介绍了汉语全称量化的一些表现手段和相应的研究方法。

　　本书自 2005 年出版以来，受到了学界的广泛关注，很多读者当面或来信向我们表达读后的心得和收获，不少青年学子由此对焦点研究产生了浓厚兴趣，开始深入研究，并取得丰硕成果。我们非常感谢学界对本书的厚爱。深感这部小书只是一个对早期研究成果的介绍和总结，只起到了一个"启示性"作用。

　　同时，我们也认为这一工作非常值得继续下去，因为最近二十年来，国内外又有不少新作大作问世。比如 2016 年，牛津大学出版社出版近千页的《牛津信息结构手册》一书，涵盖了国外（包括汉语）对焦点研究的新进展，所涉领域广泛，所涉方法多样化，所涉语言上百种。国内新近也涌现了不少以焦点为题的论文和专著。这些都值得我们去好好梳理,也迫切需要我们去总结发现其中的研究动态和发展方向。因此,在本书的增补再版之际,先向热心读者透露一点下一步的计划。我们准备挑选最近十余年来发表在国内外重要期刊上有关焦点研究的新作力作,编成另一部集子,作为本书的姊妹篇,方便学者们在短时间内对焦点研究的新进展有一个全面了解,也方便学者们在该领域进行深耕细作。

最后,我们要表达一下深深的谢意。特别感谢外语教学与研究出版社为本书第一次出版所提供的大力支持,感谢编辑部老师们的辛勤劳动! 特别感谢上海教育出版社支持本书的再版,感谢编辑部老师们的辛苦工作,是你们的严谨负责和认真工作,才让本书得以顺利再版面世! 感谢广大焦点研究爱好者的支持和厚爱,感谢所有读者的支持和厚爱!

2022 年 11 月 28 日

图书在版编目（CIP）数据

焦点结构和意义的研究 / 徐烈炯，潘海华主编. —
增订本. —上海：上海教育出版社，2023.2
ISBN 978-7-5720-1589-2

Ⅰ.①焦… Ⅱ.①徐… ②潘… Ⅲ.①语言学－文集
Ⅳ.①H0-53

中国国家版本馆CIP数据核字(2023)第002905号

责任编辑　毛　浩
封面设计　郑　艺

焦点结构和意义的研究（增订本）
徐烈炯　潘海华　主编

出版发行　上海教育出版社有限公司
官　　网　www.seph.com.cn
地　　址　上海市闵行区号景路159弄C座
邮　　编　201101
印　　刷　启东市人民印刷有限公司
开　　本　700×1000　1/16　印张16　插页1
字　　数　280千字
版　　次　2023年2月第1版
印　　次　2023年2月第1次印刷
书　　号　ISBN 978-7-5720-1589-2/H·0049
定　　价　68.00元